中国法制史考证续编

第十二册

杨一凡 主编

中国近代法律文献与史实考

张希坡 著

社会科学文献出版社

SOCIAL SCIENCES ACADEMIC PRESS (CHINA)

图书在版编目（CIP）数据

中国近代法律文献与史实考／张希坡著. －北京：社会
科学文献出版社，2009.8
　（中国法制史考证续编；第十二册）
　ISBN 978-7-5097-0821-7

　Ⅰ. 中…　Ⅱ. 张…　Ⅲ. 法制史－研究－中国－近代
Ⅳ. D929.5

　中国版本图书馆 CIP 数据核字（2009）第 104917 号

序　言

本书定名为《中国近代法律文献与史实考》，分为上下两篇。

在长期的教学和科学研究工作中，发现在中国近代法律文献与史实方面，存在许多疑难和争议问题。经过多方考察核实，对其中的某些问题，已得到澄清。有的已经发表在有关论著中，有的还未发表。现在重新加以整理加工，写成几个专题，概括为"对我国近代法律文献与史实的几点考证"，即上篇的六章。

下篇是"广州武汉国民政府法制建设考察研究"。第一次大革命时期，实现国共合作后，建立了广州武汉国民政府。连同其前身广州军政府，在法制建设方面是一个承上启下的重要发展阶段。在政治体制和法律制度改革方面，开创了中国反帝反封建革命法制的新篇章。例如在政权制度方面，创立了从中央到省、县的政府委员会议制，以及行政委员公署制，准备召开以各社会团体代表组成的乡民会议、县民会议、省民会议以至国民会议，作为各级政权的临时权力机关，选举各级政府委员会，制定各种法律及地方法规。在行政和民事立法方面，制定了各种官制官规，首创了支持工农运动的《工会条例》、《农民协会章程》，实行"二五减租"和《保护佃农法》以及失业工人救济办法。确定了实行男女平等、婚姻自由的婚姻政策，颁布了保护女子继承权的继承法规。在刑事立法方面，废除了旧刑律中与革命原则相违背的某些反动条款及《治安警察条例》，制定了《反革命罪条例》、《惩治土豪劣绅条例》和《陆军刑律》。此外，在军事、内政、外交、侨务、教育、财政、实业、交通以及监察、考试等行政法规方面，都有许多革命性的建树。例如在外交方面，基本上坚持了独立自主的外交方针，发布了拒绝"调查法权外国委员会来粤"的命令，特别是在革命人民收回汉口、九江英租界之后，破天荒地创建了中国历史上最早的特别行政区法规——《汉口第三特别行政区市政局条例》，开辟了废除不平等条约和建立特别行政区的先河。在司法制度方面，武汉国民政府也进行了历史性的重大改革。除了核准农民运动中新建立的审判土豪劣绅特别法庭之外，还在废除审判检察两厅的基础上，建立了从中央到地方的四级法院体制（最高法院、控诉法院、县市法院、人民法院），实行由工农各界代表参加的参审陪审制度，并明确宣布废除"法官不党"的原则。此外，还制定了《法官学校章程》、《法官考试条例》和《律师暂行章程》等，并准备对于各种法律条例进行系统的改革与修订。尤其是在某些文件中，明确提出"以法治国"，"欲张大国法治之徽帜"①的崇高愿望，更是难能可贵的。

　　总之，这一时期的法制改革，在历史上是空前的，其内容十分丰富。可是，过去对这一方面的研究，却非常薄弱。不仅中华人民共和国成立之前的论著很少涉及，就是中华人民共和国成立以后，也重视不够。除了主观上的认识偏颇之外，在客观上这一时期的史料确实不易查寻。即或历史学界偶尔出版的有关史料，

① 　前一句，见 1926 年 3 月 26 日国民政府令《关于修正民法草案问题》；后一句，见 1924 年 4 月 12 日内政部核准备案的《法学共济会请立案呈》。参阅本书相关章节。

对法律文献也极不重视。例如中国社会科学出版社 1981 年出版的《陆海军大元帅大本营公报选编》，不仅缺少最后一年多的公报，就是已经翻印的前期公报，也将许多重要的法律文献加以删除。如 1923 年 10 月 22 日孙中山发布的《国有林开放规则》和 1924 年 2 月 29 日的《商标条例及施行细则》，只见在文件目录之后加一"略"字，却不见条例全文。这不能不使人望"略"兴叹，深感遗憾。

为了弥补上述缺陷，并对这一时期的法制建设进行系统的研究和深入挖掘，笔者首先对史料进行多方查寻，找到了许多鲜为人知的法律法规的全文及其制定情况。最主要的有《孙中山全集》、《孙中山集外集》及其续编，其中包括由孙中山发布的大量行政法规。特别是查到了全部的《陆海军大元帅大本营公报》和广州国民政府成立后的《国民政府公报》，并以上海和汉口的《民国日报》与《国闻周报》、《中华民国史档案资料汇编》等报刊作补充。从这些史料中，可以比较系统完整地了解到这一时期法制建设的全貌。这便为本书下篇的编写，打下了有利的基础。当然，还有某些有关的史料，一时难以查到，只有留待将来继续解决。

现在已经进入 21 世纪。在新的世纪里，我认为中国法制建设的战略任务，是在为"振兴中华法系——创建有中国特色的社会主义法律体系，为实现法治国家而奋斗"。要完成这一历史任务，需要全国人民的共同努力。中国法律史学界，更要在总结古今中外法制建设的基础上，为创建和完善我国的社会主义法制做出应有的贡献。特别是中国共产党成立 80 多年来，为实现反帝反封建的革命纲领而制定的新民主主义的法律法规，是创建社会主义法制体系的直接历史渊源，因而更需要作系统深入的总结。其中也包括第一次国共合作时期，孙中山法律思想的新发展，以及以孙中山为首的军政府和后来的广州武汉国民政府所制定的法律法规。这一时期所确立的许多重要政策原则和法律制度，为后来革命根据地及中华人民共和国成立后的法制建设所继承，并在新的基础上得到不断的完善和发展。因此，为了全面总结、深刻理解这些革命法制的经验及其理论原则，需要从第一次国共合作时期的广东革命根据地开始，探究其历史的源流。

本书只作为一颗引玉之砖，希望能有更多更好的论著，对这一课题进行不断研究。不足之处，恳请国内外学者与广大读者批评指正。

作　者

2008 年 2 月

目　录

上 篇

对我国近代法律文献与史实的几点考证

一 应当恢复《中华民国临时
约法》的条文原貌

辛亥革命后，南京临时大总统孙中山于 1912 年 3 月 11 日公布的《中华民国临时约法》（以下简称《临时约法》），是中国近代法制史上一部重要的宪法性文献。九十多年来，已有许多学者对该约法的性质、特点、内容及其历史意义，写过不少论著。关于该约法的起草经过及其起草人员的争议，也有人作过专门论述。本文对以上问题不再涉及，主要侧重对该约法的条文在文字表述上存在的种种歧异讹误，力求尽快澄清，以恢复其条文的原貌。

（一）疑问的产生与权威性原始版本的查寻

据查该约法自公布之日起，在社会上全文翻印该约法的报刊书籍不下几十种。可是只要仔细考察一下这些文本，便会发现大多数翻印的条文歧异纷纭，矛盾百出。如果不查找具有权威性的原始文本进行核实，一时却是真假难辨，无所适从。例如：

（1）第 14 条，有的印作"人民依法律有服兵役之义务"，有的在"兵"字之后，加一带标号的役字，即"兵〈役〉"，有的印作"服兵之义务"。到底原文有没有"役"字呢？绝不能凭空猜断，任意增删。

（2）有几个条文印有"临时政府"或"临时大总统"，有些版本却没有"临时"二字。究竟哪个对呢？

（3）有的条文印作"参议院参议员"，有的却印成"参议院议员"，也不知孰是孰非？

（4）特别是该约法有5处涉及10个分数，如弹劾大总统或修改约法时，明确规定了出席人数和投票人数的比例。有的版本在标明该分数时，带有"之"字，如"五分之四以上之出席，出席员四分之三以上之可决"。有的则没有"之"字，如"五分四以上之出席，出席员四分三以上之可决"。原文到底如何规定的？也需要作出有根有据的回答。

此类问题还很多，此处不再列举（详见下文）。

近年结合科研需要，就近查阅了全文翻印《临时约法》的有关报刊书籍共24种。对每种版本的正误，作了必要的核查。认定有四种是正确的，特别是具有权威性的原始版本有以下两种：

一是《临时政府公报》第35号，民国元年3月11日出版，临时政府公报局编辑，印铸局工厂印刷，第二辑第五本第35号第1~9页，全文公布了《中华民国临时约法》共7章56条。

二是《参议院议事录》和《参议院议决案汇编》，1912年1月至4月南京参议院编印，北京大学出版社复印本，1989年10月出版，甲部一册"法制案"第25~31页，全文发布《中华民国临时约法》。

以上两种是具有法律效力和权威性的原始版本。两者在文字上完全相同。其不同点，只有第48条，前者在编排上将第二款另起一行，后者则是连排的。

此外，还有两种版本也是正确的，一是《辛亥革命》（八）中国史学会主编，上海人民出版社 1957 年 7 月版，第 30～36 页。原注其出处为《临时政府公报》。经核对与《临时政府公报》一字不差。二是《孙中山全集》第 2 卷，中华书局 1982 年 7 月版，第 219～224 页。原注也是出自《临时政府公报》。除第 14 条在"兵"字之后，加一"〈役〉"字外，其余皆与《临时政府公报》相同。

掌握了前两种具有权威性的原始版本，就可以为鉴别各种翻印本的是非正误提供科学的根据。依照这一标准，对照其他 20 种翻印《临时约法》的书籍报刊，发现每本书中都程度不同地存在文字上的错误。有的错几个字，有的错十多字，有的竟达六七十字。综观解放后翻印的文本，多是来源于解放前出版的各种论著附录及史料选编。一般是前人出错，后人照抄，并有新的错抄错排或任意增删。这种以讹传讹，因循往复之风，至今仍在海峡两岸和国内外，愈演愈烈。至于一般论著中，引用带有讹误的条文，更是无法统计。

（二）各种翻印文本中的主要错误

为了进一步澄清事实真相，现将已经查阅的 20 种书报中存在的主要问题，提出来进行商榷。这些翻印《临时约法》的书刊，有 6 种是解放前出版或在台北出版的。有 14 种是解放后在大陆出版的。现以前 6 种为典型，作重点阐述。

1. 解放前出版或台北翻印本的概况

在查阅的有关书刊中，解放前出版的 2 种，台北出版的

4 种。

（1）上海《民立报》，1912 年 3 月 11 日第二版，全文刊载《临时约法》。共有错误 8 处，涉及 10 个字，计漏掉 6 字，多出 1 字，错字 3 个。

（2）《中国宪法史》，陈茹玄著，1922 年 9 月初版，1947 年 7 月增订版。后收入沈云龙主编"近代中国史料丛刊续编第 44 辑"，台湾文海出版社印行，附录 1～6 页。共有错误 3 处，涉及 7 个字，计漏掉 6 字，多出 1 字。

（3）《中华民国宪法史前编》，吴宗慈 1923 年 11 月编著。后收入沈云龙主编"近代中国史料丛刊 3 编第 38 辑 379 号"，台湾文海出版社印行。共有错误 8 处，涉及 10 个字，计漏掉 6 字，多出 1 字，错字 3 个。

（4）《中华民国宪法史料》，张耀曾、岑德彰 1933 年 5 月编著。后收入沈云龙主编"近代中国史料丛刊续集 803 号"，台湾文海出版社印行，第 1～8 页。共有错误 13 处，涉及 19 个字，计漏掉 14 字，多出 2 字，错字 3 个。

（5）《宪法辞典》，谢瑞智博士编著，台北文笙书店 1979 年 6 月出版，第 347～350 页附录。共有错误 14 处，涉及 15 个字，计漏掉 9 字，多出 2 字，错字 4 个。

（6）《比较宪法》，王世杰著，1927 年商务印书馆初版，1928 年再版。1935 年增订第三版，署名王世杰、钱端升合著。1999 年商务印书馆根据 1937 年增订第 5 版重排。该书所印《临时约法》，共有 29 个错误，涉及条款 18 处，计错 3 字，漏掉 13 字，多出 13 字。

至于解放后有关单位翻印的《宪法资料选编》或《中国法制史参考资料》等所印《临时约法》中的错误，与以上所述大同小异，即不一一列举。

以下仅以影响较大的《比较宪法》为例，进行典型剖析，其他19种书刊中有雷同者附带说明。

2. 王世杰、钱端升著《比较宪法》所印《临时约法》中的主要问题

（1）第十二条"人民有选举及被选举之权"漏一"之"字，有雷同错误者，另有7本。

（2）第十四条"人民依法律有服兵之义务"，在"兵"之后，多加一"役"字。有雷同错误者，另有11本。

（3）第十五条"本章所载人民之权利……得依法律限制之"。将"依"字改为"以"字。有雷同错误者，另有9本。

（4）第十七条"参议院以第十八条所定各地方选派之参议员组织之"，在"地方"之后，多加一"所"字。有雷同错误者，另有12本。

（5）第十九条第九款"得提出质问书于国务员，并要求其出席答复"，将"国务员"错印作"国务院"，有雷同错误者，另有12本。

（6）第十九条第十款，"得咨请临时政府查办官吏纳贿违法事件"，漏掉"临时"二字。有雷同错误者，另有8本。

（7）第二十四条，"参议院议长，由参议员用记名投票法互选之"，漏掉"由参议员"四字。有雷同错误者，另有9本。

（8）第二十五条"参议院参议员于院内之言论及表决"，漏掉后一个"参"字。有雷同错误者，另有13本。

（9）第二十六条"参议院参议员除现行犯……"，也漏掉后一个"参"字。有雷同错误者，另有14本。

（10）第三十二条"临时大总统统帅全国海陆军队"，将

"帅"字改为"率"字。有雷同者另有十多本（早期版本中，严格按《临时政府公报》翻印者，皆为"帅"字，印作"率"字者，是后人修改的）。

（11）第四十三条"国务院总理及各部总长，均称为国务员"，漏掉一个"部"字。有雷同错误者，另有16本。

（12）第四十七条，"国务员受参议院弹劾后，临时大总统应免其职"，漏掉"临时"二字。有雷同错误者，另有10本。

（13）第五十五条，"本约法由参议院参议员……"，漏掉后一"参"字。有雷同错误者，另有14本。

（14）第十九条第十一款和第十二款、第二十三条、第二十九条、第五十五条，涉及10个分数，多加11个"之"字。有雷同错误者，另有10～13本。

此外，还有三处作为第二款，应当另起一行而没有起行（即第十八条第二款、第四十九条第二款、第五十六条第二款）。与此雷同者，有多种。

3. 别种版本中存在的其他问题

在其他19种翻印本中，除上述雷同者外，还有以下几种错误：

（1）第六条"人民得享有下列各项之自由权"，漏掉"各项"二字者，有6本。

（2）第十九条第四款，"议决公债之募集及国库有负担之契约"，将"募集"误作"募积"，或将"负担"误作"担负"者，有3本。

（3）第二十一条，"出席参议员"，将"员"字错为"院"者，有3本。

（4）第三十四条，"临时大总统任免文武职员，但任命国务员及外交大使公使须得参议院之同意"，将"任免"误为"任命"，"须得"误为"须由"或"须有"者，有3本。

此外，还有少数翻印本将"出席"误为"到席"，"去职"误为"失职"等等。

（三）重点说明两个例证

第一，第十四条"人民依法律有服兵之义务"，原文确实无有"役"字，其证据如下：

（1）具有权威性的《参议院议决案汇编》和具有法律效力的《临时政府公报》，第十四条皆无"役"字。

（2）据《参议院议事录》第50页记载，当1912年2月17日逐条审议到第十四条时，无人提出异议，最后表决结果是："议决原文"。说明约法草案原文，此处就没有"役"字。

（3）所有早期版本，皆无"役"字。如与《临时公报》同日公布该约法的上海《民立报》，1912年3月11日第二版，此处没有"役"字。南京第二档案馆保存的临时约法手抄本，也无"役"字。1917年商务书馆出版的《中华民国法令大全补编》，全无"役"字。还有王世杰《比较宪法》的早期版本，本无"役"字，直到30年代以后的增订本，才加了"役"字。其他翻印本，凡是带"役"字者，都是后来增加的。

笔者认为，关于这一条文，在中国近代宪法文献的表述方法上经历了以下演进过程。据查1908年（光绪三十四年）《钦定宪法大纲》规定："臣民按照法律所定，有……当兵之义务"。1912年制定《临时约法》时，将"当兵"改成"服兵"。到1913年起草"天坛宪法草案"时，才改为"服兵役"。以后袁世凯制定的《中华民国约法》和曹锟制定的《中华民国宪法》，一律规定为"有服兵役之义务"。综上所述不难看出，1912 年的《临时约法》对本条的表述，正处在由"有当兵之义务"，向"有服兵役之义务"的过渡阶段，因而才写为"有服兵之义务"。可见将这一问题，放在当时的历史条件下来考察，这种写法并不是不可理解的。

第二，关于 10 个分数的表述，也应予以历史的考察。

首先说明，在《临时约法》中，10 个分数的表述确实皆无"之"字，这不仅为所有早期版本所证实，（包括《临时政府公报》、《参议院议决案汇编》、《民立报》以及南京档案馆的手抄本），就是当代的翻印本中（包括台湾出版的）也有相当数量的版本，没有"之"字。

据查辛亥革命时期，宪法文献中关于分数的表述方法，大体上有以下三种情况：

（1）所有的分数，皆有"之"字，如 1911 年 10 月 13 日《中华民国临时政府组织大纲》。第一条"三分之二以上者为当选"，第十二条"到会参议员三分之二之同意"。

（2）采取混合用法，如 1912 年 8 月 10 日《中华民国国会组织法》有的条文有"之"字，如第六条"每年改选三分之一"。有的条文没有"之"字，如第二十二条"总议员五分三以上之出席""出席议员三分二以上之同意"。同年 8 月 10 日《参议院议员选举法》，也采取混合用法。

（3）所有分数一律没有"之"字，如 1913 年 10 月 5 日《大总统选举法》第二条"总数三分二以上之列席"，"得票满投票人数四分三者当选"。以上说明辛亥革命时期，对于分数的表述方法没有统一规定，有"之"无"之"，或者混合用法，都是可以的。每个文件如何用法，全由起草人来决定。据分析《临时约法》的原稿几个分数都没有"之"字，所以在参议院二读三读审议时，对此无人提出异议。可是当时参议员对其他条文中"之"字的增减用法，都是非常慎重的。据《参议院议事录》第100页记载，当参议院于3月8日三读议决第一章时，特别提出"第四条'之'字写误删去"。然后"以全体起立可决第一章全文"。当三读议决第三章第十七条时，原文是"参议院以各地方选派参议员组织之"。据《参议院议事录》100页记载："议决原第十七条，'以'字下增"第十八条所定"五字，"选派"下增一"之"字，就成为："参议院以第十八条所定各地方选派之参议员组织之"。可是，查遍《参议院议事录》并无参议员提议对几个分数增加"之"字的记载。可见，当时参议员对几个分数皆无"之"字的表述是认同的。

（四）几点思考

综上所述，我们似乎可以从中得出以下几点启示：

（1）研究法制史料文献，是一件十分严肃而又艰辛细致的工作，需要有一定的耐心和毅力，应想方设法力求查到真实可信的权威根据，给后人留下准确可靠的史料。不要为图省事，而轻信或传播那些不准确的二三手材料，致使以讹传讹或以假乱真的现象继续发生。

（2）对历史文献中的某些文字和史实，如怀疑可能有误，应以注解或标记，说明其可疑点，以供他人再作进一步的探讨。不宜凭主观臆断任意增删修改，使人难辨真伪。例如中华书局在出版《孙中山全集》时，怀疑《临时约法》中"有服兵之义

务"可能漏一"役"字，便作出特有标记，印成"有服兵
〈役〉之义务"，而没有直接改作"有服兵役之义务"。这种做
法，既是认真的，又是严肃的，值得学习和提倡。

（3）翻印史料文献应注明其直接来源以便人们跟踪核查。
这是一种负责任的表示。如果不注明出处，或注得不真实，就会
造成不必要的麻烦。例如，现在流传的《宪法资料选编》和
《中国宪法参考资料选编》，在《临时约法》之后，注有"转自
《临时政府公报》第35号，中华民国元年（1912年）3月份"。
这种注法，使人怀疑编印者似乎没有直接查阅《临时政府公
报》。理由之一，如果真正按《临时政府公报》翻印，不会出现
与公报不符的种种错误。理由之二，《临时政府公报》第35号，
只能是一个固定的日期3月11日。如果笼统地标作"三月份"，
就是个很大的漏洞。因为《临时政府公报》每天出一期，每期
一个编号。除星期日休息、星期一不出刊之外，三月份共有28
个号（从3月1日第26号至3月31日第53号）。《临时约法》
是公布在1912年3月11日出版的《临时政府公报》第35号上
（该日星期一，因公布《临时约法》而没有休刊）。因此，正确
标法应是"1912年3月11日第35号"，而不能标作"三月份"，
后者与《临时政府公报》不相符。

（4）对于法制史料和历史事实，都应放到当时的历史条件
下加以考察，不能用现代的标准和习惯，衡量判断历史上的是
非。如《临时约法》中"服兵之义务"与几个分数的表述，若
从其历史演变的总体进程中来观察，当时的写法是可以理解的。
如果套用现代的习俗和规范，而对历史文献滥加删改，势必造成
不应有的混乱。总之，任意增删历史文献的做法是不可取的，一
定要保持其历史的本来面目。以上个人意见，仅供读者参考，并

请海峡两岸和国内外学者赐教。本文写完后，回头再看，自己感到似有吹毛求疵咬文嚼字之嫌。但仔细想来，只要能引起世人的关注，对澄清问题有所补益，不使这一文献再以混乱的面目流传到新的世纪去，就算达到目的。同时，感到这也是符合经典作家教导的。恩格斯在《卡尔·马克思〈政治经济学批判〉》一文中指出："即使只是在一个单独的历史实例上发展唯物主义的观点，也是一项要求多年冷静钻研的科学工作，因为很明显，在这里只说空话是无济于事的，只有靠大量的、批判地审查过的、充分地掌握了的历史资料，才能解决这样的任务。"①

---

① 《马克思恩格斯选集》第2卷，人民出版社，1972，第118页。

二 新发现的《民立报》载孙中山 《对神州女界共和协济社复书》

近来在查阅有关辛亥革命法制资料时，偶然从民国元年上海《民立报》上，发现孙中山以临时大总统名义，对神州女界共和协济社的一封复信，谈到有关女权运动的许多重要问题。但是，此前在一般法制史和法律思想史的论著中，却无人涉及到这封复信。后来在《孙中山全集》第 2 卷看到一篇标题相近似的文章，即《复女界共和协济会函》。经核对发现两者在发布时间和文字方面，存在许多歧异。为了全面了解辛亥革命后女权运动的发展情况，以及孙中山的女权思想，并为澄清上述两种文本的分歧所在，本文准备就以下几个问题，进行重点探讨：

（1）辛亥革命后孙中山与女权运动。

（2）《神州女界共和协济社致孙大总统函》与《孙大总统复书》的基本内容。

（3）对《民立报》所载《孙大总统复书》与《孙中山全集》所载《复女界共和协济会函》存在歧异的考证辨析。

（一）辛亥革命后孙中山与女权运动

辛亥革命时期，中国妇女呈现一派活跃气象，在斗争中发挥了重要作用。她们纷纷组织"女子北伐队"、"女子国民军"，成立"女子参政同志会"、"神州女界共和协济社"，创建"女子法政学校"，积极兴办女子工商业。特别是一些激进女士先后在为争取女子参政权而努力奋斗。领导女权运动的进步女士有湖南的唐群英、张汉英、王昌国、蔡蕙（蔡锷之妹），福建的林宗素（《革命报》林白之妹），浙江的林宗雪、张馥真、沈佩贞，广东的张昭汉（后改为张默君）、徐慕兰（后改为徐宗汉，富室孀妇，冲破世俗观念，嫁黄兴为妻），江西的吴木兰，江苏的吴芝英等人。这些女士，大多出身名门，受过教育，有的出洋留学，颇有知识和胆识，参加过革命党活动。民国初建，便四出联络，组织各种妇女团体，发宣言办报纸，并上书请愿。具有代表性的有以下组织和活动（以时间先后为序）。

1. "女子参政同志会"代表与大总统访谈录

1911 年 11 月，在光复不久的上海，由福建留日女学生、同盟会员林宗素发起成立"女子参政同志会"。参加人有唐群英、[①] 张汉英、王昌国、蔡蕙等人。发表《宣言书》，[②] 公开宣布："共和后人民平等，女子参预政事要求，欧美已渐有效，中国女子何

---

① 唐群英（1871～1937 年），湖南衡山人。1895 年与秋瑾、葛健豪（蔡畅之母）等结为挚友，过往甚密。1905 年东渡日本寻求救国救民之道。同年 8 月加入同盟会，是第一个加入该会的女会员。1906 年成立"留日女学生会，"先后任书记和会长，1911 年回国。武昌起义后，首先组织"女子北伐队"，率队挥戈疆场，受到临时大总统孙中山的嘉奖，被誉为"巾帼英雄"。

② 《民初女权运动概述》，参见《民国春秋》1995 年第 3 期。

能后人?"结社的宗旨是:"普及女子之政治学识,养成女子之政治能力,期得国民完全参政权。"活动办法,主要是改良女子教育方法,建立参政研究所,聘请讲师补习政法知识,加入各种政治集会结社,呈请临时政府要求参政权,联络各国同志共为声援。

1912 年南京临时政府成立不久,林宗素便于 1 月 5 日访问临时大总统孙中山,当面表达了女子要求参政的愿望。孙中山《在南京与林宗素的谈话》① 记录了这次谈话的要点:

> 林君先陈述该党②组织情形及参政同志会成立情形。
>
> 孙面允曰:"将来必予女子以完全参政权,惟女子须急求法政学知识,了解平等自由之真理。"
>
> 林曰:"本会现正办理法政讲习所,拟为将来要求地步,但此事总统虽极力赞成,仍恐不免有横生阻力者。"
>
> 孙曰:"我必力任排解保护之责。"
>
> 林谓:"本党女党员若联络上书要求参政,能否有效力?"
>
> 孙曰:"我甚承认贵党可以为全国女同胞之代表而尊重之。"
>
> 林曰:"总统既承认,我将宣布此言,为他日之证据。"
>
> 孙曰:"甚善。"

上述访谈录公布后,引起社会守旧势力的攻击和阻挠,林宗

---

① 《孙中山集外集》,上海人民出版社,1990,第 158、159 页,原载上海《申报》1912 年 1 月 8 日《女子将有完全参政权》。

② 林宗素为中国社会党女党员。

素也据理予以驳斥。

2. 神州女界共和协济社致大总统请愿书与孙大总统的复书

1912年3月初，神州女界共和协济社发起人张昭汉联络伍廷芳夫人、张静江夫人等百余人联名致函孙大总统，要求支持女界参政运动，并准予该社立案。孙中山立即复书予以支持。

关于上述请愿书与大总统复书的内容，以及对该复书版本歧异的考证，单列专题在本章第（二）、（三）中进行重点论述。

3. 女子参政会上书孙总统要求修改《临时约法》

1912年3月11日公布《中华民国临时约法》后，女子参政会立即上书孙总统，提出以下观点和要求：

（1）读《临时政府公报》载大总统公布参议院议决《中华民国临时约法》，此约法者，虽属临时，为期甚暂，然与宪法同等之效力，亦即将来成文宪法之张本，国家组织人民与政府之权利义务系焉，胡可轻而〔视〕之。苟有疵戾，非国家之福也。

（2）乃读至第二章人民第五条云："中华民国人民一律平等"。而其下复曰："无种族、阶级、宗教之区别"。就其条文寻绎之，既曰"中华民国人民一律平等"，则凡为中华民国人民，均须平等，则种族也，阶级也，宗教也，或其他之种种也，而皆为中华民国人民也，均须平等，已了无疑义，何必复为解释之语曰"无种族阶级宗教之区别"，以狭小条文之意耶，在立法者之意岂不曰吾国固尚有种族阶级宗教之区别也。明言之或足以释不平等之疑，而昭大公无我之风，斯言诚是也。独不计及种族阶级宗教之外，固尚有不平等之嫌者在耶。列举既有未赅，则不如仅以概括的规定，尤能以解释而尽善也。况立法者之意，并不如是。既以一律平等之言，欺人耳目，复怀鄙吝之见，而为限制之辞，司马昭之心，已路人皆知之矣。吾女子之要求参政权也，既已一再上书参议院，求其将女子共男子权利一律平等，明白规定于临时政府约法之中。今观此项条文，不独不为积极的规定，反为积极的取消。是参议院显欲与吾侪女子为竟气之年，而不暇求义理之正。

（3）吾女子者，对于约法第五条，或请删去"无种族阶级宗教之区别"一语，或者于"无种族、阶级、宗教"之间，添入"男女"二字，以昭平允。二者惟择其一。

（4）查约法第五十五条规定"约法增修之事，有临时大总统之提议云云，等因理合呈请大总统据情提议，以重法律，以申女权，不胜迫切待命之至。

上述要求本是合理合法。按法定程序与孙中山的观点，他定会以临时大总统名义立即转咨参议院审议。但至今尚未查到孙大总统的此项咨文。

4. 参议院否决《女子参政请愿案》

参议院早在 1912 年 2 月 23 日会议上，即宣布女界代表唐群英等请求女子参政权案，决定"交请愿审查会审查"。① 至 3 月 18 日会上，宣布审查女子参政请愿案报告。审查员报告审查大旨，讨论未终。3 月 19 日会上，女子参政请愿案开第二读会，讨论结果"多数可决审查报告原文"，公议省略第三读会，② 即于 1912 年 3 月 19 日参议院通过了否决《女子参政请愿案》③ 全文如下：

查女子请求参政，风动欧美，尚未见诸实行。吾国若能

① 《参议院议事录》，第 63 ~ 64 页。
② 《参议院议事录》，第 123 ~ 129 页。
③ 《参议院议决案汇编》附编，否决案，甲部 2 册，第 3 页。

创开其例，亦属历史之光荣。据来书所称，世界潮流日趋平等，各国女子之有参政权，特迟速之问题，非有无之问题云云。本审查会一再讨论，多数认为吾国女子参政亦应有之权利。惟兹事体重大，非可仓卒速定，应俟国会成立再行解决，以昭慎重。

不仅如此，同年3月27日参议院通过的《参议院法》第五条明文规定：只有"中华民国之男子，年龄满二十五岁以上者，得为参议员"。①

可见，辛亥革命后对于女子参政权问题，尚未得到解决。主要是由于"欧美尚未见诸实行"这一可悲的"理由"，而被搁置起来。因此，以后在民国二年制定的《天坛宪法草案》第四条，民国三年《中华民国约法》第四条，民国十二年《中华民国宪法》第五条，皆沿用"中华民国人民，于法律上无种族、阶级、宗教之区别，均为平等"，仍无男女平等之规定。只有到了新民主主义革命时期，无产阶级政党产生之后，才在1922年中国共产党的宣言中，明确规定："废除一切束缚女子的法律，女子在政治上，经济上、社会上、教育上一律享有平等权利"。到1924年又规定在改组后的中国国民党的宣言中，并在工农运动中，逐步付诸实施。

5. 辛亥革命后女界的请愿活动

南京的女界代表，为了争取参政权利，曾组织各种请愿活动。这些请愿活动得到孙中山的肯定与支持，与此同时，也给以中肯疏导。但当这些女界代表的要求不能得到满足时，也曾出现

---

① 《参议院议决案汇编》法制案，甲部第1册，第41页。

一些过激的言行，当时的舆论，对女界的请愿活动，除原则上予以同情外，对某些过激言行，也含有渲染讥讽之议。这从当年的报道中，可窥见当时女界的斗争情况。

1912年3月20日《民立报》报道：今日（指19日）参议院议决以女子参政权一案付将来国会议决时，旁听有多数女子忽发言力争。

3月23日《民立报》报道：女子参政权问题，前经该同志会具呈大总统要求参政，尚无下文，乃于十九日参议院会议时，有唐群英、张汉英等十二三人，假会客为名，闯入议场，坐而不去，意非当时决议随即列席不可者，经议长婉言劝导，犹复以恶语抵触，大肆咆哮。至二十日复连结六七十人，再至该院，思与议长为难，适午前已经闭会，议长得以避其凶锋。该女子等复向议场乱窜，守卫兵士上前拦阻时，抵抗不服，并将议场门帘玻璃击碎数扇，入就议席上，任意扰乱，历时五六点钟之久不去，扰乱秩序，莫此为甚。照章得令警察拘拿。该院以专制初倒，女权萌芽，不忍过事诛求，听其所为而已噫异矣！

3月20日，唐群英、蔡惠二人被推为女子代表，谒见孙中山，为力争女权，上第三次请愿书求大总统提议于参议院。孙婉言劝谓："此事未有一经提议即行通过者，倘能坚忍耐劳至再三，将来或能达此目的，幸毋为无意识之暴举，受人指摘。否则，殊非本总统赞成女子参政权之始意。"①

3月28日《民立报》报道：念五日，女子多人到总统府求见唐总理（指新任内阁总理唐绍仪），自晨至暮久候未见，乃散。念六复来求唐总理，仍未接见。

---

① 《女子以武力要求参政权》，原载上海《申报》1912年3月24日。《与唐群英等的谈话》，录自《孙中山集外集》，上海人民出版社，1990，第171页。

3月31日《民立报》报道：有女子唐群英率女数名闯入议院，强行改正《临时约法》，大肆哮骂，势将武，议长唤卫兵戒严。某女士声言，若不容，再来必诉以武力。

孙中山在1912年4月1日正式解除临时大总统职务后，仍在惦记这伙从事女权运动斗士们。4月2日下午，孙中山偕胡汉民等前往四象桥女子参政同盟会话别。与该会吴木兰等谈话时，再次勉励她们说："此次身虽返粤，而心仍不忘民国，望贵会极力振兴女学，以期与男子并驾争雄，共维中国前途。"①

总之，孙中山在担任临时大总统时期及其解职之后，对女权运动的积极关注，使全国女界同胞受到极大鼓舞。例如在南京1912年4月8日宣告成立的女界联合团体"女子参政同盟会"。该会是由中国社会党女党员发起，联合"女子后援会"、"女子尚武会"、"金陵女子同盟会"、"湖南女国民会"等而组成的。推举唐群英为会长，并通过了《女子参政同盟会简章草案》。在这一简章草案中，提出的政纲，更具有重要历史意义。

该简章第二条规定："本会以实现男女平等，实行参政为目的"。第三条规定本会政纲如下：②

（1）实行男女权利均等。

（2）实行普及女子教育。

（3）改良家庭习惯。

（4）禁止买卖奴婢。

（5）实行一夫一妻制度。

（6）禁止无故离婚（但指以后实行自由结婚而言）。

---

① 《与吴木兰等的谈话》，《孙中山集外集》，第172页。《女子参政会公钱孙总统》，《民立报》1912年4月5日。

② 原载《女子白话报》第3期。录自《北洋军阀》第1卷，第307页。

（7）提倡女子实业。

（8）实行慈善事业。

（9）实行强迫放脚。

（10）改良女子装饰。

（11）禁止强迫卖娼。

从此不难看出，在当时的历史条件下，能够将男女平等原则，推广到政治、经济、教育以及社会生活的各个方面，是十分难得的。特别是在婚姻家庭方面，提出男女平等，一夫一妻，婚姻自由等项思想，更是极为可贵的。这些具有先导性的思想纲领，对于后世婚姻制度的改革，具有重要借鉴价值。

1912 年 9 月孙中山到达北京后，在 9 月 2 日《复南京参政同盟会女同志函》①重申："男女平权一事，文极力鼓吹，而且率先实行。试观文到京以来，总统府公宴，参议公宴，皆女客列上位可证也。至党纲删去男女平权之条，乃多数男人之公意，非少数人可能挽回，君等专以一二理事人为难无益也。文之意，今日女界宜专由女子发起女子之团体，提倡教育，使女界知识普及，力量乃宏，然后始可与男子争权，则必能得胜也。未知诸君以为然否？更有一言奉献：切勿依赖男子代为出力，方不为男子所利用也。此复，并期努力进行。"

孙中山在上述复函中，谈到党纲中删去男女平权之条，确实是个历史性的倒退。其历史真情是：辛亥革命胜利后，同盟会于 1912 年 3 月 3 日在南京召开会员大会，选举孙中山为总理，制定《中国同盟会总章》，在其政纲第 5 项规定："主张男女平权。"②到 1912 年 8 月，同盟会联合四个小党派（即统一共和

①《孙中山全集》第 2 卷，中华书局，1982，第 438 页。

②《孙中山全集》第 2 卷，第 160 页。

党、国民公党、国民共进会、共和实进会），组成"国民党"。但在国民党的政纲中，却删去"男女平权"的规定，这是对反对派的妥协让步。为此，在会场曾引起一番争论。据《时报》（1912 年 9 月 1 日）所载《国民党成立大会纪略》称：成立国民党大会，到会千余人，女士四五十人。会上有郑师道质问主席（张继为临时主席）何以新政纲将男女平权一项删去。唐群英、王莲阁、傅玉等亦环起质问，与张继君辩驳良久。又有程某大声演说，谓会员选举权尚不能平等，何况男女。此时秩序稍乱，主席极力摇铃，不能镇压，乃大书"男女平权"四字，揭示会众，谓政纲应否加入此条，请众表决，举手者占少数。并声明国民党职员自由选举，不必受推荐名单拘束。于是会场复静。孙中山莅会演说，指出："男女平权，本同盟会之党纲。此次欲组织坚强之大政党，既据五大党之政见，以此条可置为缓图，则吾人以国家为前提，自不得不暂从多数取决。然苟能将共和巩固完全，男女自有平权之一日。"又说："惟鄙人亦深望诸君赞助女界达此目的，并深信吾国女界亦必终能达到此目的也。"①

中国女权运动先驱者，在辛亥革命时期的许多要求，虽然没有达到目的，但是，这一斗争的历史意义是不容抹杀的。不仅如此，我国辛亥革命时期的女权运动，还引起世界女权运动的关注，并给以高度评价。当时"万国女权参政会"会长美国嘉德夫人曾称赞说："以中国妇女界程度之高尚，性情之诚挚，为欧美人所佩服，将来女子参政之成就，必以中华为最完美。"② 国内的女权运动还得到"伦敦女子政治及社会联合会"的通电赞

① 《在国民党成立大会上的演说》，《孙中山全集》第 2 卷，（1912 年 8 月 25 日），中华书局，1982，第 409、411 页。

② 《辛亥女杰唐群英》，转引自《光明日报》1993 年 4 月 20 日。

许。据《民立报》1912 年 3 月 29 日《旅英女界赞同要求参政电》指出：全英急进女子参政团对于支那妇女之苦战奋斗，敬申祝意。并愿彼辈防止男子垄断政治权利，速见成功，使妇女政治上之平等，首为支那妇女所得，开世界女子参政之新纪元，作全球文明各国之模范。

（二）《神州女界共和协济社致孙大总统函》的
基本内容与孙大总统复书的全文

1. 《神州女界共和协济社致孙大总统函》① 的主要内容

1912 年 3 月初，张昭汉等联名上书孙大总统，其要点是：

首先，指出辛亥革命后的政治形势和妇女的伟大功绩。"鄂中起义，各省响风，天人思汉，亿众一心，不数月而共和政府成立，洄祖国数千年未有之盛业，即先生廿余载之惨淡经营及吾同盟兄弟姐妹掷无数头颅靡无量血肉之效果也。"同时指出："此番改革，女子幸能克尽天职，或奔走呼号，捐募饷糈，或冒枪烟弹雨，救护军士，或创业报章，发挥共和，鼓吹民气，或投笔从戎，慷慨（杀）敌，莫不血战垒愓，视死如归，侠肠毅力，奚让须眉。其于祖国爱而能助，此固神明华胄应具之美德，要亦先生数十年来苦心提倡化人以道之所致也。"

其次，说明组织神州女界共和协济社的宗旨。迩者民国初立，万政更新，非全国努力，无以善后。兹特联合女界各团体组织大会，命名"神州女界共和协济社"。以普及教育，研究法政，提倡实业，养成共和国高尚纯全女国民为宗旨。首当创办女

---

① 《民立报》1912 年 3 月 3 日，第 10 页。

子法政学校及发刊女子共和日报，协力进行，勉为将来参政之预备。际兹宪法将定，国会未集，敢代表全国女界专诚请愿，乞赐赞成，于参议院存案。

最后，提出几点要求。（1）待国会决议时，为女界预留旁听及参政一席。数载后，女子之政治知识既具，资格一满，乃可实行。（2）女子法政学校，为铸造女子政治学识之基础，女子共和日报为灌输女子政治及实业思想之机关。准今春开办，惟经济未充，规模不远，务祈鼎力扶持，赐拨款项，为各省先导，庶敝社声势顿增。（3）社章呈现上，幸教正之。

文后署名为神州妇女界共和协济社全体发起人，并附列发起人姓名一百余人，如伍廷芳夫人、张静江夫人、张昭汉、唐群英、张汉英等。

2.《孙大总统对神州女界共和协济社复书》① 的全文

女界共和协济社公鉴：来书具悉。天赋人权，男女本非悬殊，平等大公，心同此理。自共和民国成立，将合全国以一致进行。女界多才，其入同盟会奔走国事，百折不回者，已与各省志士媲美。至若勇往从戎，同仇北伐，或投身赤十字会，不辞艰险，或慷慨助饷，鼓吹舆论，振起国民精神，更彰彰在人耳目。

女子将来之有参政权，盖所必至。贵社员等才学优美，并不遽求参政，而谋联合全国女界，普及教育，研究法政，提倡实业，以协助国家进步，愿力宏大，志虑高远，深堪嘉尚。所请开办女子法政学校，应由该社员等呈明教育部核夺

---

① 《民立报》1912 年 3 月 4 日，第 10 页。这是在《民立报》上新发现的一种版本，故将其全文刊出（参见本书第 31 页《民立报》复印件的下端）。

办理。并由本处拨助五千元为该社扩充公益之用。该社员等宜力行无倦，以光吾国，而促进步。

至女子应否有参政权，定于何年实行，国会能否准女界设榜（旁）听席，皆当决诸公论，俟咨送参议院议决可也。此复，并候公益，孙文。

（三）对《民立报》所载《孙大总统复书》与《孙中山全集》所载《复女界共和协济会函》存在歧异的考辨

1. 关于这封复函的确切时间的考证

在《孙中山全集》第 2 卷第 52 页《复女界共和协济会函》的标题之下，注明其年月是"一九一二年一月下旬"。这一时间是根据什么推断的呢？在该编者的说明中解释说："《神州女报》第一期《本社纪事》：民国元年正月既望，上书前总统孙先生，请款开办，蒙先生嘉许，拨款五千元。"因此，该编者断定："此函当在一九一二年一月下半月。"在该文之末注明史料来源是："《神州女报》第二期《孙中山先生复本会书》（上海一九一二年十二月版）。"

从上述说明中可以看出，这封复函的全文，曾发表在 1912 年 12 月出版的《神州女报》第二期。在该刊第一期的《本社纪事》曾记载过上书孙总统之事，但未注明上书时间和该刊出版时间。从"上书前总统"分析，该刊第一期的出版时间，应在 1912 年 4 月 1 日孙中山解职之后。经查阅《辛亥革命辞典》(1991 年 8 月武汉出版社出版)，认定《神州女报》是上海神州女界协济社主办，于 1912 年 11 月创刊。张昭汉为经理，唐群英、梁国梨主编。孙中山以"发达女权"四字相题赠。从而说明《神州女报》第一期《本社纪事》是 1912 年 11 月追述的。第二期刊登孙中山复函也是在事后（同年 12 月）补发的。

《孙中山全集》推断这一复函的时间是在 1912 年 1 月下半月，笔者认为是缺乏足够证据的。根据现有史料认定此信应在 3 月初，不可能提前到 1 月。

理由之一，据查《民立报》于 1912 年 1 月登载的广告和消息中，涉及女界社团者有女子同盟会经武练习队，女界协赞会，中华女子共和协进会等。民国元年一月十六日举行元旦补庆时，参加大会的女子社团除上述团体外，还有中国女子保险会、妇女青年会、世界女子协会、女子赞政同志会、女子后援会，女子法政学校、中国女子公学等，全无"神州女界共和协济社"这一名称。

理由之二，据当时的报纸记载，"神州女界共和协济社"的成立时间是在 3 月中旬。如《民立报》1912 年 3 月 13 日登载的《神州女界共和协济社紧急广告》定于 3 月 16 日午后一时（即阴历正月廿八日）在爱而近路纱业公所开成立大会，并选举正式职员。不久，《民立报》又在 3 月 20 日报道，前日神州女界共和协济社开成立大会，所选职员姓名是：名誉会长孙中山夫人，伍廷芳夫人，社长张昭汉，以及各部部长姓名，并邀请吴稚晖先生在会上作了讲演。从而证实神州女界共和协济社成立于 1912 年 3 月无疑。对此，也可从《辛亥革命辞典》得到证实。该辞典第 28 页认定"女界共和协济社"于 1912 年 3 月 16 日成立。

理由之三，《孙中山全集》编者认定这封复函是在"一九一二年一月下半月"的主要根据，是《神州女报》记载的"民国元年正月既望"。因此，问题的关键是如何正确理解"正月既望"的真实含意。其要害是究竟应按阳历计算还是按阴历计算？应当指出，孙中山在民国元年元旦就任临时大总统后，虽然于元月2日宣布改用阳历（辛亥年阴历十一月十三日，为民国元年元旦），但在民间仍按传统习惯沿用阴历。因此，后来决定在制定历书时，采用"新旧二历并用"。

关于"既望"的理解，《辞海》解释说："既望，殷周以阴历每月十五、十六日至二十二、二十三日，为既望。后世以阴历每月十五日为望，十六日为既望。"大家知道，中国传统的"望""朔"，是随着月球的圆缺而演变的。因此只能与阴历相结合而不能按阳历推算。如果按阳历计算，民国元年阳历一月十六日，是辛亥年阴历十一月廿八日，根本与"既望"无关。如果按阴历计算，民国元年阴历正月十六日，正好是阳历3月4日，这恰好与历史事实相吻合。

此次从《民立报》上发现《孙大总统复书》及其他有关记载，对于澄清这一问题，提供了可靠的直接证据。请看以下例证：《民立报》1912年阳历3月3日（阴历正月十五日）第10页报道，大字标题是"女界参政之要求"，副标题是"神州女界共和协济社致孙大总统函"。3月4日（正月十六日）第10页又接着报道，大字标题仍是"女界参政之要求"，副标题是"续女界共和协济社函"即接昨日的报道，附有发起人的姓名一百余人。在名单之后，另起一行，"附孙大总统复书"的全文。

为什么《民立报》刊登孙中山的这封复书，延续九十多年未被人发现呢？这是与该报当时没将这封复书列入大字标题有直接关系。如上所述，该报将这封复书，附在发起人名单之后，如不仔细阅读其全文，是不易发现的。

综上所述，可以得出以下结论：关于《孙大总统复书》的准确时间，在没有查到原始文献的真实记载之前，可认定为"1912年3月4日（阴历正月十六日）"，并注明"此为《民立报》公布时间"。

最后为了引起读者的重视，更为了便于国内外学者作进一步的研究，现将《民立报》1912年3月3日第10页所载《神州女界共和协济社致孙大总统函》和《孙大总统复书》复印件，照录如图1。

2. 《孙中山全集》所载《复女界共和协济会函》在文字上的讹误

关于该女子社团的正式名称。该社团的名称本是"神州女界共和协济社"，这在《民立报》的广告及其成立前后的多次报道中，都是一致的。

但在《孙中山全集》第2卷第52~53页，却极不统一。有的称"社"有的又称"会"。如在标题注解中写作《神州女界》第一期《本社纪事》，但在文末却写成《孙中山先生复本会书》。据查《民立报》1912年3月4日刊登的《孙大总统复书》的正文，涉及该社团名称者共有5处，全是"协济社"，或"贵社员"、"该社员"、"该社"。但在《孙中山全集》所载《复女界共和协济会函》正文中，除两处写作"该社员"外，却有三处写成"会"，如"协济会"、"贵会员"、"该会"等。造成上述文字上不统一的原因，究竟出自《神州女报》，还是收入《孙中山全集》时的误排，因未查到《神州女报》，不便妄自推断。

此外，该复函末尾一句，《民立报》刊为："俟咨送参议院议决可也"。《孙中山全集》印作"应咨送参议院议决可也"。"俟""应"之差，也不知出于何因？《民立报》有一处误排作

"傍听",《孙中山全集》印作"旁听",后者是正确的。

　　总之,笔者认为,《民立报》1912 年 3 月 4 日刊登的《孙大总统复书》,除一字误排之外,全文是正确可信的。这一历史文献,对于研究辛亥革命时期的女权运动,以及研究孙中山的女权思想,都具有重要史料价值。

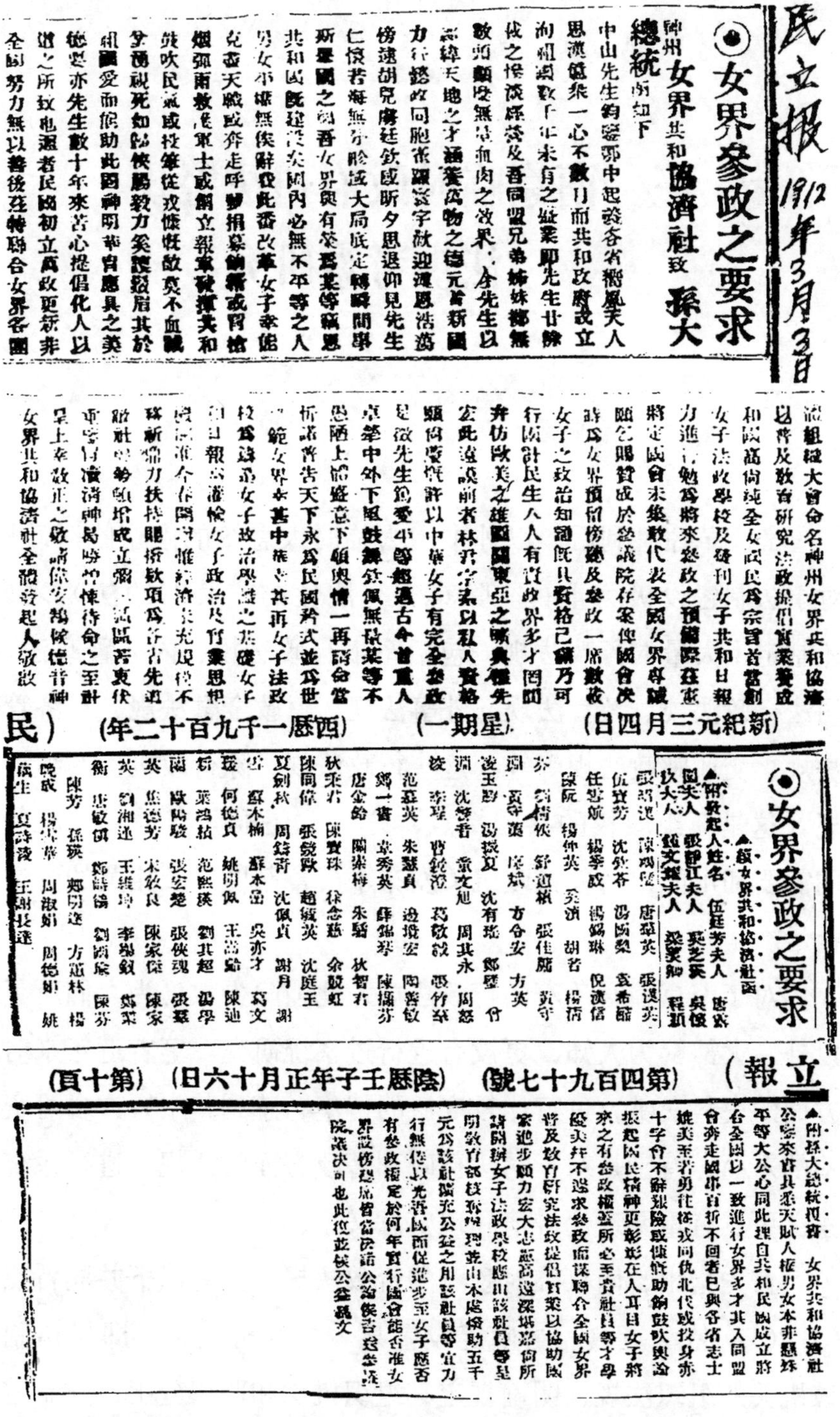

图1　1912 年 3 月 3 日、4 日《民立报》局部

三 南京临时政府司法警政
法规考察研究

　　辛亥革命胜利后，以孙中山为临时大总统的南京临时政府，对于法制建设极为重视。除具有宪法性的《临时约法》之外，还制定了大量的行政法规，包括军事行政法规、内务警政法规、司法行政法规、教育法规、外事法规、财政金融法规、经济管理法规、交通邮政法规等等。这些行政法规，除行政机构的组织法规（这是新组政权的共同特点）之外，还根据当时主客观条件的需要和可能，由各行政机关发布了规章制度以及相关的咨文或批示。

　　对于南京临时政府的行政法规，此前除少数已为人们所了解以外，大部鲜为人知，更没有进行过系统研究。笔者近年来对这方面的史料文献，进行比较广泛的搜集，感到其中有许多可资借鉴的东西，特别是对于司法行政和警政方面的法规，进行系统考察，更具有重要理论价值和现实意义。

　　首先指出，南京临时政府的行政法规，具有以下共同特点：

　　（1）依法行政。当确定设置某一行政机关后，即尽快制定该机关的组织法规，明确规定其组织机构和职权分工，并制定具体的办事细则，如《司法部分职细则》和《司法部办公规则》

等。使各机关的工作皆有章可循，即或主管长官未到任或者偶遇人事上的变动，该机关所属各机构，仍能各司其责，维持正常的运作。

（2）制定行政法规由简到繁。各种行政法规，都经历一个由比较原则到相对具体的发展过程，即由临时性的暂行条例或草案，到长远性的由立法机关通过的正式法律。如司法部成立初期，由法制局拟定的《司法部官职令草案》，到最后由参议院正式审议通过的《司法部官制》。

（3）法律法规皆有较好的透明度。《临时政府公报》是南京临时政府发布公文的正式刊物，"以宣布法令发表中央及各地政事为主旨"。不论大总统的命令，或各部的咨文批示以及各地的重要呈文来电，都可在公报上刊出（每天出一期）。同时，许多重要法律条例还在当时的各主要报刊上（如《民立报》）随时发表。这样，可以使京内外官署和广大民众从中了解各行政机关的工作动态以及各项方针政策，这也是进行群众性法制宣传教育的好形式。

（4）临时政府的官员与各界民众保持密切联系。上自临时大总统孙中山到各部总长，对于各界民众的呈文函电较为重视，基本上能够做到件件有答复，有的还是一事多复，如对同一问题，一方面令（咨）某部或某省查办，一方面也还直接批复该本人，使其知道下一步应如何洽办。这对于加强政府与人民大众的密切联系，具有极其重要的意义。

以下就将司法行政法规和警政法规，分两节加以阐述。

（一）南京临时政府的司法行政法规

1. 司法部的组织机构与职责分工

《中华民国临时约法》规定：国务总理及各部总长，均称为国务员，辅佐临时大总统负其责任。临时大总统任命国务员，须得参议院之同意。1912 年 1 月发布的《中华民国临时政府中央行政各部及其权限》规定，各部设总长一人，次长一人。次长辅佐部长，整理部务，监督各局职员。次长由大总统简任，次长以下各员，由各部长按事之繁简，酌定人数。同时规定司法部长的职责是：关于民事、刑事、非讼事件、户籍、监狱、保护出狱人事务，并其他一切司法行政事务，监督法官。以后在《中华民国各部官职令通则》中，又重申上述规定。

司法部于 1912 年 1 月成立。部长伍廷芳，次长吕志伊。依照《司法部官职令草案》（共 5 条）的规定，司法部内设置承政厅和法务司、狱务司两司，设有秘书长、秘书、参事、司长、签事、主事、录事各职员。后来参议院通过了《司法部官制》（7条），规定了司法部总长及承政厅和各司的职责，以及各类职员的定额。司法部制定的《司法部分职细则》具体规定司法部各厅、司所属各科及各类职员的分管事项，使司法部的组织机构及其职责分工一目了然。

（1）承政厅的组织与职责。

承政厅设有秘书长、参事、秘书及 6 科。

秘书长，承部长之命，掌管机要文书，并总理承政厅事务。参事，承部长之命，掌理审议及草拟稿案事务。秘书，承上官之命，分掌承政厅事务。承政厅内设以下 6 科：

铨叙科　掌全国法官及其他职员之考试、视察、任免及陪审员、辩护士之身份名籍等事项。

经画科　掌全国审判厅之设置、废止，审判管辖区域及其变更事项。

统计科　掌调制全国审判厅民刑诉讼案件及监狱之统计事项。

稽核科　掌稽核全国审判诉讼费用、罚金及没收物品事项。

文牍科　掌理一切公牍函电事项。

文涉科　掌理华洋会审及犯人引渡，并其他涉外事项。

以上各科各置下列事务官：①庶务官，掌本部厅司各庶务，掌理一切夫役人等事务。②会计员，掌收支本部金钱事项。③收发员，掌收发本部文牍事项。④监印员，掌保管及启用本部印章事项。

（2）法务司的组织与职责。

法务司设司长1人，承部长之命，总理本司一切事务。设立以下4科：

民事科　掌全国民事诉讼，及非诉事件之报告存案事项。

刑事科　掌全国刑事诉讼，及报告存案事项。

户籍科　掌全国户籍之报告存案事项。

执行科　掌赦免、减刑、复权及执行死刑事项。

（3）狱务司的组织与职责。

狱务司设司长1人，承部长之命，总理本司一切事务。设以下3科：

经画科　掌全国监狱之设置、废止及变更事项。

监视科　掌监督全国狱官，视察罪犯习艺所，及假出狱、免幽闭、出狱人保护事项。

营缮科　掌全国监狱之建筑事项。

以上各科各置科长 1 人，科员由司长酌量事务之繁简，呈部长定置。

2. 各级审判机关体制建设的初步方案

南京临时政府成立后，对全国各级审判机关的体制，即着手调查研究，并拟制方案。由于时间短促尚未完成整个立法程序，只是某些准备工作的设想和初步方案，但从中可以窥见审判机关体制改革的轮廓。

（1）临时中央裁判所和特别法庭。

《修正中华民国临时政府组织大纲》第六条规定："临时大总统得参议院之同意，有设立临时中央审判所之权。"《中华民国临时约法》第 48 条规定："法院以临时大总统及司法总长分别任命之法官组织之。法院之编制及法官之资格，以法律定之。"第 41 条规定："临时大总统受参议院弹劾后，由最高法院全院审判官互选九人组织特别法庭审判之。"

从以上规定可以看出，当时的构想是，在中央暂时设立"临时中央审判所"，待条件成熟时，正式成立"最高法院"。必要时，最高法院得组织"特别法庭"。至于全国法院的设置与编制，由法律另行规定。

根据上述规定，司法部拟制了《临时中央裁判所官制令草案》，呈送大总统。在呈文中指出：本部经已成立，所有全国裁判所各官制令，自应陆续编定，以重法权，而便执行。兹由本部拟就《临时中央裁判所官制令草案》15 条另册缮就，理合备文一并呈送钧案，交法制局审定后，咨由参议院议决，再请察核颁布施行。孙中山当即以《大总统令法制局审定临时中央裁判所草案文》，发送法制局审定呈复。1912 年 3 月 20 日《司法部批法学士辛汉等组织高级法院呈》，指出：所拟请组织上诉机关，洵为切要。惟本部已拟就临时中央裁判所官制令草案，呈请大总统咨交参议院议决后，即可发表施行。但在临时政府存续期间，没有完成该法案的立法程序。据查1912年3月12日《民立报》，只刊登司法部的原呈和大总统令，没有公布该草案的全文，故对临时中央裁判所的组织状况，毫无所知。

（2）司法部关于建立各级审判厅检察厅的若干规定。

1912年2月《司法部咨各都督调查裁判检察厅及监狱文》，指出本部成立，拟实行司法独立，改良全国裁判所及监狱，以保护人民生命财产，亟应统筹全局，力图进步，现正督饬各职员分科办理。但因民国初建，本部既无卷案可稽，各省司法事务多不一致，非自行调查明确，不足以谋司法之改良。特请各省都督办理下列事务：①咨送裁判所及监狱调查两表样式，请转饬所属各府厅州县，将所有审判、检察各厅及监狱，已成立者若干处，按表式分别填写。②凡未成立审判、检察各厅及监狱者，应规仿新制，赶速设置，总期逐渐改良完善，一扫从前黑暗时代之恶习。

（3）司法部对各地成立审判、检察机关的批文。

第一，对江宁地方审判检察厅呈请立案的批文。1912年3月20日《司法部批江宁地方审判厅厅长杨年报请备案呈》和《司法部批江宁地方检察厅厅长刘焕报请立案呈》，指出该厅既于光复之初，由前江苏都督委任组织成立，应即准予立案，嗣后务率各该员等，认真供职。

第二，关于高等、地方审判检察厅不得相互兼任的批文。

1912年3月《司法部批江宁地方审判检察厅长杨年、刘焕组织高等审判检察两厅请备案呈》，批文指出：查审判检察各厅，关于人民生命财产至为重要。各国法律均无各能兼任之规定。该审判检察两长，以南京为民国首都不能无上诉机关，亦应先行据情禀报核准，俟呈请大总统后，方能委任开办。该员等竟于上月28日组织高等审判检察两厅，所有办事人员仍以该地方人员兼任，殊属不合，所请备案，实难照准。

第三，关于地方审判厅长无权委任民刑庭长的批文。

1912年3月《司法部批南京地方审判厅厅长杨年申报夏仁沂等调补该厅庭长各职呈》和《司法部批南京地方审判厅厅长杨年申报委任该厅刑二庭长及各职员呈》，指出该厅民二庭庭长及民一庭推事和刑二庭长相继辞职，该厅自应呈由该管官厅申请司法部分别核办。该厅长本无任用法官之权，竟敢擅自委任，"实属藐玩已极"。为此，特批示该厅长速将所委人员调回原任。所遗空缺，听候司法部咨由江苏都督饬该管官厅派员接任。

（4）大总统关于审级制度的批文。

1912年3月《大总统据法制局局长宋教仁转呈江西南昌地方检察长郭翰所拟各省审检厅暂行大纲令交司法部藉备参考文》，孙中山认为"四级三审之制，较为完备"，不能以前清曾经采用，遂尔鄙弃。该检察长拟于轻案采取二审制度，不知以案情之轻重，定审级之繁简，殊非慎重人民生命财产之道。且上诉权为人民权利之一种。关于权利存废问题岂可率尔解决。

综上可见，南京临时政府关于审判机关体制的初步方案是：在中央设立临时中央裁判所，在地方设立高等、地方审判厅与检察厅。审级制度基本上实行"四级三审制"。

后来司法部曾通电各省，具体规定：前清之四级三审制度，凡已设立者，无庸废止，未设者待新编制法颁布后，逐渐增设。

3. 关于禁止刑讯和体罚的法规

（1）关于禁止刑讯的规定。

1912年3月《大总统令内务司法两部通饬所属禁止刑讯文》和3月8日《司法部咨各省都督禁止刑讯文》，指出近世文化日进，刑法之目的亦因而递嬗。昔日揭威吓报复为帜志者，今日则异。刑罚之目的在于维持国权，保护公安。故其惩罚之程度，以足调剂个人之利益与社会之利益之均平为准，苟暴残酷，义无取焉。前清政以贿成，教育不兴，实业衰息，生民失业，其罹刑网，三木之下，何求不得。本总统提倡人道，注重民生，奔走国难二十余载。对于亡清虐政，曾声其罪状，布告中外人士。而于刑讯一端，尤深恶痛绝，不夜以思，情逾剥肤。今者光复，大业幸告成功，五族一家，声威远暨。当肃清吏治，休养民生，荡涤烦苛，咸与更始。为此特令司法、内务两部转饬所属：不论行政、司法官署，及何种案件，一概不准刑讯。"鞫狱当视证据之充实与否，不当偏重口供"。其从前不法刑具，悉令焚毁。不时派员巡视，如有不肖官司，日久故技复萌，重煽亡清遗毒者，除褫夺官职外，付所司治以应得之罪。

司法部伍总长在答复沪军军法司蔡冶民2月25日来函时，也重申上述原则。指出共和确立，人民之自由权亟宜竭力保障。但闻各处官司审讯案件仍用刑罚，又不依据法律逮捕拘禁，及至逮捕拘禁多日尚不解赴法庭讯问判断，实属蹂躏人民之自由权，违犯《临时约法》第六条。倘不严加限制，必有启人民之惊疑，决非民国之福。执事精通法律，谅有同情。兹敢掬诚忠告，心在贵司范围之内，如有此等侵权违法之事发现，尚希严加禁止，以重人权，而维法纪。

可见，南京临时政府从各个方面注重保障人权，三令五申宣布禁止刑讯，并确定实行重证据不偏信口供的原则，这是辛亥革命在法制建设方面的一大成就。

（2）关于禁止体罚的规定。

1912 年 3 月《大总统令内务、司法部通饬所属禁止体罚文》，提出近世各国刑罚，对于罪人，或夺其自由，或绝其生命。体罚制度，为万国所屏弃，中外所批评。前清末叶，虽为禁令，而督率无方，奉行不力。顷闻上海南市裁判所审讯案件，犹用戒责，且施之妇女，以沪上开通最早，四方听闻系之也，而员司犹踵故习，则其他各省官吏，保无有乘民国初成，法令未具之际，复萌故态者。亟宜申明禁令，迅予革除。为此特令该部速行通饬所属：

不论司法、行政官署，审理及判决民刑案件，不准再用笞杖、枷号及他项不法刑具。其罪当笞杖、枷号者，悉改科罚金、拘留。

民事案件，有赔偿损害，回复原状之条；刑事案件，有罚金、拘留、禁锢、大辟之律。详细规定，俟之他日法典。

可见，此令文已初步确定了改革刑罚制度的基本原则。

4. 律师法草案与律师公会章程

（1）律师法草案与大总统的批文。

警务司长孙润宇拟制律师法草案的呈文

《临时政府公报》登载《内务部警务司长孙润宇建议施行律师制度呈孙大总统文》，[①] 从各方面阐述了建立律师制度的重要意义。首先指出"司法独立，为法治国分权精神所系，而尤不可无律师以辅助之"。他认为清末颁行法院编制法，设置司法官厅，但仅在少数都会成立，而民间已咸称不便。司法机关所以不

---

① 《临时政府公报》1912 年 4 月 1 日第 54 号。

能发展，是由于律师制度之不施行，因而人民对于司法官厅不免生出种种恶感。他又进一步探究其原因，列举了清朝旧制存在以下三种现象：①司法、行政掌于一人，诉讼胜败往往视诉讼者之人情势力以为差。②清朝官吏听诉，惯行专制手段，枉尺直寻，惟意所欲。近虽另设官厅，而以司法人才之缺乏，类多以旧时官吏考充。此等法官不过粗习法政，而旧时积习，渐染已深，时有渎职之行，授人以口实者。以一浊而累众清，此恶之由于不肖法官者一也。③从前受诉，胥归州县，并蓄兼收，无所区划。自法院设立以来，厅分审检，案别民刑，其间复多阶级权限之殊。诉讼人不察，动以管区违却下东西奔走，几于欲诉无门，此恶感之出于不谙法律之徒者一也。综此三者，致生诉讼上无穷之障碍。欲去障碍，是非设置律师制度不可。盖有律师，为诉讼人攻击辩护，事事依据法律。而自起诉检查一切手续，皆有律师为之前导，不致仍前无所适从。民间恶感非但可以消除，而律师之信用既彰，则于司法机关且可因以发展，其关系诚非浅鲜。其次，列举外国的经验，指出泰西各邦，皆有律师之规定。日本维新之初，于明治二十三年颁行裁判所构成法，随后即颁行辩护士法。诚以司法独立，推检以外，不可不置律师，与之相辅相制，必使并行不悖，司法前途可达圆满之域。再次，谈到辛亥革命后的实际需要，指出自光复以后，苏沪各处，渐有律师公会之组织，于都督府领凭注册，出庭辩护，人民称便，足为民国司法界放一线之光明。然以国家尚无一定之法律巩固其地位，往往依都督之意向，可以存废。故各处已设之律师机关，非但信用不昭，且复危如巢幕。若竟中止，则司法前途，势必重坠九渊。因此，特于公余之暇，采取东西成法，就吾国所宜行者，编成《律师法草案》若干条，呈请大总统，准予咨送参议院议决施行。庶司法机关得以完固，民间冤抑凭以雪伸。

大总统对律师法草案的批文

孙中山在《大总统令法制局审核呈复律师法草案文》，指出律师制度与司法独立相辅为用，夙为文明各国所通行，现各处既纷纷设立律师公会，尤应亟定法律，俾资依据。合将原呈及草案发交该局，仰即审核呈复，以便咨送参议院议决。

但是，当时的《临时政府公报》上却没有转载《律师法草案》的全文。在《参议院议事录》中，也未提到律师法的议案。据推测该草案交到法制局后，尚未完成审核程序，南京临时政府即宣告结束。尽管如此，孙润宇在呈文中强调律师在诉讼中的重要地位，并须以明确的律师法保障律师的权利及其一切合法活动，则是完全应予肯定的。该呈文就是在九十年后的今天读来，仍不失其借鉴意义。

（2）中华民国律师总公会章程。

辛亥革命后，上海《民立报》于1912年1月11日开始连载的《中华民国律师总公会章程》，这是了解当时律师管理制度的一篇重要历史文献。该章程共计6章18条。各章的名称是：总纲、资格、会员、职员、职务、公费。

组织律师总公会的宗旨是：巩固法律，尊重人权，经沪军都督核准，咨请司法总长备案，凡本会律师得有在国内各级审判厅及公共会审公堂庭莅辩护之权。

律师资格，分甲乙两项。甲项资格是：①曾任各级审判厅推事，检察厅检察官，或取得推事检察官之职位。但曾因罣误落职而实为公论所不容者，不在此例。②留学各国法律专科毕业者。③法科毕业曾充任法政学堂教习在三年以上者。取得以上三项资格之一者，均得入会充当律师。乙项资格是：①本国法律学堂或法政学堂三年毕业者。②曾受司法人员名位，视等推事检察官者。取得以上两项资格之一者，均得入会为试用律师。试用期间为1年，10起以上无谬误失职者，由本会备文咨明各省高等检察厅准其销去试用字样。

会员。入会者须纳入会费30元，每年纳经常费30元。会员有遵守律师规则之义务。会员违反律师规则，经本会全体议决，呈请高等检察厅请求惩戒。但本厅长官证明其违犯规则呈请惩戒时，不在此限。

职员。本会置会长1人，主持全会事务。置副会长二人，赞助会长处理本会事务。置书记员、翻译、会计各员若干人。

律师职务。①律师为原告办理诉讼事件时，其职务是：为原告缮具诉词及搜集各项证据，以备携呈法庭，须同原告到庭办理所控事件；于审案时待原告申诉毕，得当庭质问原告及其证人，如被告对于原告及其证人责诘其证据不充分者，应当查明后再行复问原告及证人；被告或律师向法庭申辩后，原告律师可将被告或律师所申辩之理由向法庭解释辩解。②律师为被告办理诉讼事件时，其职务是：代被告缮具诉词，详细诉辩所控事件，并检齐有益于被告各证据，以备携带法庭；同被告到庭辩护，俾法庭审诉明确依律审判，毋使屈抑；原告及其证人申诉，得将被告辩词说明理由或与被告之证人到庭辩驳。③凡买卖契约及遗嘱赠与等，律师均有证明之责。④刑事重罪犯无力延请律师，由本会会长指定本会律师代为辩护，以免冤滥。

收费标准。①本会律师到庭辩护，每次民事15元，刑事10元，华洋讼案，临时酌定。②仅为原被告作呈词、辩诉状，每纸2元以上10元以下，随事之大小难易而定。③讨论案情，每小时收费3元。④买卖契约须律师证明者，所纳之费千元以下不得过 5%，千元以上不得过 3%。⑤律师办案除审判庭委任及刑事重罪犯人无力延请，由会长认许代为辩护外，不得从事义务办案或收受当事者致送分外之酬谢金。

依照上述章程，1912 年 1 月 28 日在上海召开了中华民国律师总公会成立大会，选举蔡寅为临时会长，许继祥、涂景耀为临时副会长。另据《民立报》报道，浙江省业已于辛亥年十二月初二成立"辩护士预备会"。被称作"辩护士之先声"。

5. 司法部关于监狱建设的咨（批）文

《临时政府公报》登载的有关监狱建设的咨文或批文，有以下两件，从中可以窥见当时的狱政动态，以及南京临时政府的狱政方针。

（1）1912 年 3 月 20 日《司法部咨江苏都督提江宁模范监狱旧存款项文》，据江宁模范监狱副典狱官王春生呈报，该监狱设在南京城内，有房屋 200 余间，可收留囚犯 500 余人。是由原江宁粮道拨银 10 万两，开办时用去 1 万两，尚余 7.95 万两，存在裕宇官银钱总局，其支配权操在江苏都督手中。现监房毁损严重，急需加修葺。司法部了解上述情况后，向江苏都督发出咨文指出：查监狱关系人民生命至为重要，现南京为临时政府所在地，全国具瞻，尤应亟加修葺，以更改良，而资表率。该监狱既确有存款 7 万余两，以固有之赀财，仍作为该狱改良之用度，事关尊重人道主义，谅贵都督亦表同情。相应咨明贵都督请烦查照转饬该裕宇官银钱总局总经理照数解交到部，以清官款，而利狱务。

（2）1912 年 3 月 20 日《司法部批筹办南京监狱改良进行总会发起人孔繁藻等请立案呈》指出：①改良监狱最为文明各国所注意，现当民国初建，尊重人道主义尤应实行。该员等研究有年，热心组织，所拟该会简章亦属可行，殊堪嘉许，应准立案。②但该会既为调查事实，研究学理起见，自应因义立名，宜改"总会"为"学会"或"协会"，较为适当。③章程规定"交际部，本会选任东西语言熟习之员，任交际各事，与万国监狱改良会联络，以为加入同盟之地步"等语。一云"选任"，一云"加入同盟"，而未叙明赴会加盟之手续，似与行政官厅权限不明，应即更正后，再予立案。根据这一批示，该会重订章程改名为"中华监狱改良协会"后，司法部正式批示"准予立案"。

据1912年4月2日《民立报》报道，该监狱协会于1912年3月31日召开成立大会，推举王宠惠为中华监狱改良协会会长，吕志伊、陈英士为副会长。这是我国法制史上以研究监狱学为对象的最早的学术团体之一。

6. 司法部关于法政教育的批文和民国法律学校专章

（1）司法部关于法政教育的批文。

南京临时政府司法部成立后，收到不少关于建立法政学校或研究所的申请立案报告，司法部一一予以批复。有的符合条件，立即批准立案；有的指出不妥之处，予以退回；有的需要等待有关法律颁布后，再行依法申请。现将《临时政府公报》公开批复者，简介如下。

1912年3月《司法部批金陵法政学校请立案呈》，决定"所请立案之处，应即照准"。《司法部批法政毕业生杨大燮请开办监狱学校呈》决定"应即照准，简章存此"。《司法部批江宁地方检察厅审判研究所所长刘焕请立案呈》指出：拟筹自费组织审判研究所，由该所长担任义务照旧开办补习，"实堪嘉尚，所请准立案可也"。

《司法部批江南开通法政学堂监学商寅等开办司法警察研究

所请立案呈》指出：①该监学等组织司法警察研究所，择期开办招生，研究司法警察，事属可行，应准立案。②惟章程过于简单，未尽详明，应即重新规定，以为将来监督其行为根据。③章程第一条"专门养成司法警察官吏"等语，应改为"专为研究司法警察学术，以备各地司法官厅取用"等字，方与该所之名义相符。又第五条"由地方民政长交送学生"一层，查该所纯系法人性质，不能直接要求地方民政长交送学生。须一并更改，详定章程，呈候核夺，仍报江苏都督查核。

《司法部批日本警务毕业生等筹办司法警察养成所请立案呈》指出：司法警官一项亟应造就专材，所呈简章第一条定名"司法部司法警官养成所"，实为侵越本部权限，"所请由部立案之处，碍难照准，章程发还"。

《司法部批蒋彦邦等拟组织法政男女两学校请立案由》，指出：①该生等纠合同志组织法政男女两学校，所有经费均自行担负，以翼养成国民法政智慧，热心教育，殊堪嘉许。②因文官、法官、辩护士之资格，必俟部章颁行，始有根据。女子参政权，必经参议院通过，方可实行。该简章宗旨在此两事未决以前，碍难照准。③该生等专以研究学问为目的，着即依据法政学堂章程，逐条更正，再行呈请立案。

（2）民国法律学校专章。

1912 年 3 月公布的《民国法律学校专章》① 是当时具有代表性的法政学校办学章程。分为总则、学额及学生资格、学科课程、入学退学、考试及毕业、职员及职务、附则等 8 章 24 条。其要点是：第一，总则规定本校宗旨，以法学知识普及为目的，

---

① 《民立报》1912 年 3 月 9～11 日连载。

养成法律人才，增进公民程度，为民国建设作必需之准备。本校分为本科、别科两种。本科3年（9学期）毕业，别科1年（3学期）毕业。先招收别科生400名。第二，别科生按下列资格考试入学：①中学毕业或有与中学相当之程度者。②曾在法政讲习所毕业或听讲者。③年龄25岁以上，于民国地方议会、地方自治章程合乎公民资格者。第三，入学退学。别科生入学考试，以国文、历史、地理、算学4门通达者为主旨，习外国文者入学时报明。学生中途遇有疾病或其不得已事故须退学时，由校查明，方能照准。如有不遵守校规者，痼疾或沾染嗜好者，学期考试不及格者，不缴清学费者，得由校长核定令其退学。第四，别科所学课程。第一学期：法学通论、比较宪法、刑法（总论、分论）、民法（总则、物权）、法院编制法。第二学期：民法（债权、亲族）、商法（总则、海商法、保险法）、行政法（总论、各论、地方自治）、民事诉讼法，刑事诉讼法。第三学期：商法（会社、契约）、国际公法（平时、战时）、国际私法、中国法制史、监狱学。第五，考试及毕业。考试分为学期考试及毕业考试两种。别科考试合格者，本校给以毕业文凭，介绍各地任事。如愿留校加习本科者，听便。第六，学费。别科生于第一学期入学时，交纳全年学费80元。中途退学者，概不退还。本校不备宿舍。第七，职员。本校发起人组织校董会，由校董会推举校长1人，另设教务员1人，教员庶务员若干人，由校长聘任。本科章程另定。

（二）南京临时政府的警政法规

南京临时政府的警务工作，由内务部的警政司和中央巡警厅管辖。《内务部官制》规定，内务总长管理警察、卫生、宗教、礼俗、户口、田土、水利工程、公益善举、著作出版、地方行政并选举事务。下设民治、职方、警政、土木、礼教、卫生6司。警政司掌理之事务是：①关于行政警察事项；②关于高等警察事项；③关于监理著作出版报章事项。警政司后改警务局，局长孙润宇。南京临时政府制定的警政法规，主要有以下各种。

1. 警务局分科职掌规则

根据1912年初制定的《警务局分科职掌规则草案》，① 警务局设置4科。

第一科　职掌中央地方巡警条例之颁布，警员之编制与经费之计划事项，以及警察官吏之考绩事项。

第二科　职掌关于集会、结社、聚众事项，出版著作新闻杂志事项。

第三科　职掌各种行政警察事项，及消防事项。

第四科　职掌中央或地方巡警教育之计划事项，及巡警学生和教职员之成绩。

关于本局之不属于各科专管，由局长临时委托各科办理。每科置科长1人，科员若干人，办理本科事务。

2. 中央巡警厅官职令

南京定为临时首都后，为了维持治安，特将原有江宁巡警路工总局改为中央巡警厅，专管巡警事务。根据大总统的命令，法制局编订《中央巡警厅官职令草案》② 30条，主要内容如下。

（1）中央巡警厅置于临时政府所在地，直隶于内务部。置总监1人（特任），承内务总长之指挥，监督管理南京府下之警

---

① 《民立报》1912年2月3日，第1页。
② 《中华民国史档案资料汇编》第2辑，江苏人民出版社，1981，第41、42页。

察消防及指定之卫生事务，执行法律命令，监督所属职员及南京府下之下级地方官、地方自治团体，并掌握所属职员之吏事。

（2）总监就于所管行政事务，依其职权或特别委任，对于管内发布厅令。总监就于所管行政事务，有认为必要时，得停止下级警察官之命令处分，或取消之。总监得以职权内事务委任一部于下级警察官、下级地方官及地方自治团体。总监在认为非常紧急必要时，得移请南京卫戍总督出兵警护援助。

（3）中央巡警厅置总务处和行政、司法、卫生、消防4科。总务处掌理参与机务、收发文书、典守印信、调查统计、记录吏事、编纂图书、管理会计及不属于他科事务。行政科所掌之事务：关于高等警察事项；关于保安风俗工程户口之警察及监理危险物事项；关于营业交通警察事项。司法科所掌之事务：关于司法警察事项；关于刑事侦探事项。卫生科掌理卫生及卫生警察，并防疫禁烟事项。消防科掌理关于水火消防事项。

（4）中央巡警厅总监下置下列各职员：秘书官，承总监之命，掌管机要文书并总理总务事务。书记官，承上官之命分掌总务处事务。稽查员承总监之命，掌稽查事务。科长承总监之命，主管一科事务指挥科员以下各员。科员承上官之命，分管一科事务。队员承上官之命，掌理一队事务，指挥所属各员（中央巡警厅设保安、侦探、卫生、消防4队）。区长承上官之命，掌理一区事务，指挥所属各员（各区之数及管辖区域由总监呈请内务总长定之）。巡官承上官之命掌辅佐队长区长襄理事务。督操员承总监之命掌理教练事务。医官承上官之命掌理卫生警察事务。工师、工手承上官之命掌理技术事务。消防机士承上官之命掌理消防机关运转事务。司事、录事承上官之命分掌庶务。此外还规定中央巡警厅置巡长、巡士，其规则另定。

3. 内务部警务管理法规

南京临时政府成立后，内务部制定了若干警务行政法规。

（1）内务部收回下关商埠巡警统辖权令。

1912 年 3 月 19 日《临时政府公报》刊载《内务部令江宁巡警总监收回下关商埠巡警统归管辖文》，据陆军部函告：南京光复之后，下关第一楼、大观楼、万华楼三旅馆，窝娼聚赌，私卖鸦片，无所不为，除致函卫戍总督严禁军人冶遊外，要求内务部将该旅馆严行取缔。原由于江苏都督府外务司派员接管，"不受巡警总局管辖"。因此，内务部令文提出：巡警权限，必须统一。下关虽系商埠，所有巡警，亦应归由总局管辖。本部经咨会江苏都督令知外务司，将该司所辖下关巡警权限即日取消，下关商埠一切巡警事务，统归巡警总局管辖办理。上述三旅馆有窝娼等不法情事，即着督饬该处区巡警各员，即于 5 日内，切实取缔，严密查禁。事关地方治安，慎勿稍有纵延。

（2）内务部限制巡警蓄发令。

1912 年 3 月 21 日《内务部令江宁巡警总监限制巡警蓄发文》指出：江宁巡警虽早一律剪发，但短长不一，甚至披垂帽外，殊于观瞻不雅。查巡警含有军人性质，东西各国对于巡警蓄发，皆有一定限制。兹经酌核确定以 5 分为限，不得再蓄长发，立即令知所属长警人等，一律遵照执行，毋任玩违。

（3）内务部巡警佩用刺刀规则。

1912 年 3 月 8 日《内务部令复南京巡警总监呈请巡警改佩刺刀并颁布拔用规则文》，决定准于改佩刺刀，但因刺刀比木棍肇祸尤烈，非严加限制不可，特酌定拔用刺刀规则 4 条如下：①遇有持凶器对他人之身体财产为暴行，非拔佩刀无保护之术时。②暴行人持凶器，非拔佩刀无防御之术时。③犯罪人逮捕之时，或逃囚追捕之时，持凶器抗拒，非拔佩刀无防御之术时。④以上三条于凶人有畏服之模样时，不得使用刺刀。

（4）内务部核准南京旅店管理规则。

为了防止奸宄盗贼在南京潜踪为害，江宁巡警总局厘定《管理旅店规则》18条，于1912年2月5日《临时政府公报》公布。1912年4月4日《临时政府公报》又刊载《内务部令巡警总监取缔旅馆规则文》，核准《南京旅店营业取缔规则》24条，并命令巡警总监"遵照办理，事关地方治安，慎勿稍有宽纵"。该旅店管理规则的主要内容是：

①旅店种类及登记手续。旅店分三种：客店；货栈之宿有旅客者；饭铺之宿有旅客者。旅店须将店主姓名、年龄、籍贯，营业房屋之坐落、间数及所有权者姓名、籍贯，旅店之种类及字号，呈报该管巡警署转呈巡警总局核准，方许营业。伙计及使用人之雇入或解雇时，须呈报其姓名、籍贯及保人于该管巡警署。

②对旅店设施之要求。旅店门首须悬挂字号牌，夜则标灯。门内须悬挂名牌书明旅客之姓名籍贯。旅店外招接旅客之伙计须标明旅店字号，夜间并须持有标灯。招接旅客时，在交于旅客之招牌纸上须加盖旅店之图章，并注明招接者之姓名及接受行李物品之数目。客室之门户须坚固而可上锁，且锁须各异。不得住客允许不得招引或放任他人滥入客室。房饭价目及给付期日，须揭示于帐房及客室。

③对旅店管理之要求。旅店之店主、伙计及使用人不得为下列各事：引诱旅客为不正之行为或浪费金钱之事；欺侮旅客；供给不洁之饮食；或向旅客索取不当利得之金钱物品。旅客寄存旅店之行李物品如有损失毁坏时，旅店应负赔偿之责（事前须示明于店主而使其检验）。旅店置备循环号簿两册，登载旅客姓

名、年龄、籍贯、职业及往来地址，每晚 10 时前呈送该管巡警署查验。旅店于巡警入店稽查时，不得拒绝。旅店有下列事项时，须报告巡警署；非军人带有军械或禁制物者；带有妇女儿童而迹近诱拐者；语言举动形迹可疑者；妇女孤身投宿者；留有行李物品不辞而去越五日不知所往者；以行李物品抵偿房饭金者；为未发觉之犯人或犯人逃逸者；去旅馆后有遗忘行李物品者；患有重病或传染病者；死亡者。旅店有下列事项时，店主须予劝止；夜间唱歌喧哗有碍他人安眠者；娼妓引诱旅客或留客同宿者；招致娼优弹唱或同宿者；赌博或私吸鸦片者。有上述事项不听劝止者，须报告巡警署。

罚则。旅店违犯以上规定者，处一日以上、六日以下之拘留，又二角以上二元五角以下之罚金。

4. 内务部新闻广告管理法规

（1）内务部《暂行报律》的制定与撤销。

1912 年 3 月 8 日《临时政府公报》登载的《内务部规定暂行报律通告各都督电文》，提出民国统一，前清政府颁布一切法令，非经民国政府声明继续有效者，应失其效力。在民国报律未编定公布之前，兹特规定《暂行报律》3 条：①新闻杂志已出版及今后出版者，其发行人及编辑人姓名，须向本部呈明注册，或就近地方高级官厅呈明咨部注册。否则不准发行。②流言煽惑或关于共和国体有破坏弊害者，除停止出版外，其发行人及编辑人并坐以应得之罪。③调查失实，污毁个人名誉者，被污毁人得要求更正；要求更正而不履行时，经被污毁人提出诉讼，讯明得酌量科罚。以上三条仰希转令新闻杂志各社一体遵行，俟《民国报律》公布时，即行废止。

内务部制定的《暂行报律》发下后，引起上海报界的反对，

"上海报界俱进会"上书大总统表示"万难承认"。大总统于3月9日出版的《临时政府公报》上发布《令内务部取消暂行报律文》指出：①内务部所布《暂行报律》，虽出于补偏救弊之苦心，实昧先后缓急之要序，使议者疑满清钳制舆论之恶政，复见于今。②民国一切法律，皆当由参议院议决宣布，乃为有效，该部所布《暂行报律》，既未经参议院议决，自无法律之效力。不得以"暂行"二字，谓可从权办理。③查三章条文，或为出版法所必载，或为国宪所应稽，特立报律，反形裂缺。最后令示："民国此后应否设置报律，及如何订立之处，当俟国民议会决议，勿遽亟亟可也。除电复上海各报外，合行令仰该部知照。"

内务部提出的《暂行报律》，虽因条件不成熟并不符合立法程序，而被否决，但其规定的要点，对以后制定类似法律，却具有重要借鉴作用。

（2）内务部核定告示广告张贴规则。

1912年3月8日《临时政府公报》刊载《内务部核定告示广告张贴规则》12条。其要点是：①本规则为保持清洁整肃观瞻而设。须择适当地方，定为告示及广告张贴处。本规则也适用于外国人之告示或广告。②张贴处分为以下三种：公署局所告示张贴处；学堂广告张贴处；商业广告张贴处。③各种张贴处皆置木栏竖于冲要地方，或于偏僻街巷择定适宜之处设立指标，也可高悬墙壁。必须书明某张贴处，以示区别。但是设置木栏或指标之处，须征询所有权者的认许，方可钉立。④木栏为宽1丈长5尺，广告纸宽不得过1.5尺，长不过2.5尺。张贴日期，学堂及商业广告最多不过十日，公署局所所贴告示根据具体情况自行注明张贴日期。

1912年3月2日《临时政府公报》刊载《内务部令巡警总

监撤去日商广告文》：奉大总统令，着将日商在钟鼓楼及城门悬挂之广告，即日派警丁直行撤去，毋稍延误。

5. 警察教育法规

南京临时政府成立后，对警察教育极为重视，连续发布几个重要文件。

（1）内务部关于设立警务学校的规定。

1912年2月24日《临时政府公报》公布《内务部呈报开办警务学校并委孙润宇为校长文》，内务部长程德全在向大总统的呈文中提出："保民卫国，警务实为行政之枢机，选贤任能，学校尤为储才之渊薮"。南京现为首善之区，一应警察事宜，必先切实改良，方足为各省所表率。特决定将原有之江南高等巡警学堂，改为内务部警务学校，先招教练所学警240人，分科教授，为急则治标之计。至于正班学生，待解决筹款后，再行招考。委任本部警务局长孙润宇兼任警务学校校长。

同年4月1日《临时政府公报》公布的《内务部规定巡警学校暨教练所章程咨各省都督文》，指出：本部现在整顿警政，先从改良入手。本部自行筹办的警务学校及附设警务训练所，业于日前开校，所有一切章程已呈经大总统核饬准照办理。但现在各省警察大都沿用旧制，欲改良，非振兴警校不可。为了统一警校规制，兹将本部所订章程，咨送各省都督，以便筹办警校时查照办理。

（2）内务部警务学校章程。

1912年3月7日《临时政府公报》公布的《内务部警务学校章程》，共10章40条。章名是：总纲、职掌、学期及学科、授业时间及假期、入学及退学、考试及录用、礼节、服式、附则。其主要内容如下：本部设立警务学校，以养成警务人员为宗

旨，教授警察必需之学术及其重要之精神教育。本校定额 100
名，学生一律住校，均穿制服。本校设校长 1 人，教务长 1 人，
各科教习若干人，另有文牍、庶务、会计、学监、舍监、校医、
司事等。

学制和学科：学制 3 年毕业，3 个月一学期，共 9 个学期。
第 3 学期后，分发各区见习长警任务 1 个月。学满 6 学期后分发
各区见习巡官书记任务 1 个月。学满九学期后分发各区见习区长
任务 1 个月。第一学年学习科目有：法学通论、宪法、刑法、民
法、行政法要论、警察学、历史、政治地理、公牍、英语、精神
讲话、军事学、操法、柔术、剑术等共 15 门。

第二学年学习科目有：违警律、民法、商法、行政警察、司
法警察、卫生警察、国际警察、消防警察、自治制度、户籍法、
英语、精神讲话、军事学、操法、柔术、剑术等 16 门。

第三学年学习科目有：商法、刑事诉讼法、民事诉讼法、国
际法、国际私法、警察实务、监狱学、统计学、法院编制法、英
语、生理卫生、各种现行法规，以及精神讲话、军事学、操法、
柔术、剑术等 16 门。

每周授业时间以 42 小时为限。每年年假半月，暑假 40 天，
星期日纪念日休假。

入校及退学条件：年龄 20～25 岁。要求身体健康（章程具
体规定身长、胸围、体重、肺量、左右手提重、目力等标准）、
品貌端正、言语清楚、曾在中学校毕业或具有同等学力者。经考
试录取者，须出具志愿书并觅得保证人。学生如有品行不端，荒
废学业至三次考试不及格者，故违本校章程及命令，身患痼疾难
胜学课、记大过三次以上者，得由校长审定勒令退学。

考试及录用：考试分为学期考试、学年考试和毕业考试。见

习勤务以见习所在长官之报告书及学生见习期限内的日记为衡。评定分数，以 100 分为满格，不及 60 分为不及格，准其补习一个月复试。品行分数一学期作 100 分，记小过扣 10 分，记大过扣 30 分。勤学分数一学期作 100 分，请假者扣分（事假每次扣一分，上课请假每一小时扣 2 分，操法请假每一小时扣 3 分）。一学年内考试均在 80 分以上者，由校长酌予名誉证书和相当奖品，或免学费膳费一学期。毕业考试及格者，发给毕业证书，得充任中央或各省巡警厅的属官。

此外，还对学生礼节和师生的服式佩刀等，专章作了具体规定。

（3）内务部警务学校附设教练所章程。

1912 年 2 月 25 日《临时政府公报》发布《内务部警务学校附设教练所章程》21 条，主要规定以下要点：巡警教练所以教养长警为目的，修业两个月，实习两个月。满期由本校发给毕业证书，在校期间免收学膳费。学警入所资格是，年龄 20 岁以上 30 岁以下，身体健康、文理通顺、品貌端正、言语清楚。学警应习科目：刑法大意、违警律、地方自治大意、警察要旨、行政警察大意、司法警察大意、刑事诉讼法大意、厅区各项现行章程、算学、南京地理、公牍、精神讲话、礼式、操法、柔术、剑术等共 16 门。授业时间每周以 48 小时为限。

凡学警考试及格者，由本校呈报内务部派往中央巡警厅充当各区巡警实习两个月，成绩最优者，得派充巡长。

此外，各地也制定警察教育法规，如 1912 年 3 月 3 日《民立报》所载《南京巡警厅令各区设立巡警传习所文》等。

四　关于《暂行新刑律》删改
颁行诸问题的考辨

（一）几十年来存在的分歧意见

1912年（民国元年）颁行的《暂行新刑律》，是在《大清新刑律》的基础上略加删改而成的，一直施行到1928年（民国十七年），在中国近代刑法史上是一部颇有影响的刑法典。但是，多年来学术界对于该刑律删改颁行诸问题，存在各种分歧意见，例如1987年第1期《法学杂志》登载的《〈暂行新刑律〉是南京临时政府颁布的吗？》，对群众出版社1985年出版的《中国刑法史》（以下简称《刑法史》中有关对该刑律的公布时间、地点和公布人诸问题的论点，提出异议。认为1912年3月10日临时大总统发布的"暂准援用新刑律令"，是袁世凯在北京发布的，《暂行新刑律》是袁世凯为首的北京政府于同年4月30日公布的。而《刑法史》则认为1912年3月10日的临时大总统令，是孙中山为临时大总统的南京临时政府公布的。3月30日孙中山又批准了经过法部拟定的对新刑律删除章条字句的呈文，并随文发下。另外，1986年北京大学出版社出版的《中华民国法制简史》对这一问题作了比较详细的论述。认为1912年3月

10 日临时大总统令是北京的袁世凯公布的，不是南京的孙中山公布的。该令是准予援用清末新刑律，而不是公布《暂行新刑律》的，并指出《暂行新刑律》不是 3 月 10 日或 4 月 30 日公布的，而是 3 月 30 日由北京临时大总统颁布的。该刑律公布后，4 月 3 日北洋政府法部便通令京外司法机关遵照施行。

笔者认为上述第三种意见基本上是正确的。第一种意见指出了《刑法史》的部分错误，但仍有不确切的地方（如《暂行新刑律》4 月 30 日公布说）。特别是《刑法史》对这个问题的论述，涉及面比较广，问题也很多，确有进一步澄清的必要。

综观以上争议，主要集中在以下几个问题上，一是公布的时间，究竟是 3 月 10 日、3 月 30 日、4 月 3 日或 4 月 30 日？二是公布的地点和公布人，究竟是由孙中山在南京公布的，还是由袁世凯在北京公布的？三是颁行的内容，究竟是指大总统的"暂准援用新刑律令"，还是指颁布删除新刑律中与国体抵触的章条字句等清单，抑或指的是经过删除后的《暂行新刑律》全文？

因此，本文不想对《暂行新刑律》的实质内容发表评论，只是针对上述争议问题，提出自己的商榷意见，并附列若干必需的史料根据，供读者研究核察。

关于这些问题的争议，早在解放前出版的有关论著中，就已存在。更确切些说，正由于解放前有关论著中存在某些误导，才造成解放后继续沿用这些错误说法。

例如杨鸿烈著《中国法律发达史》① 写道："元年三月十一日公布的临时大总统宣告暂行援用前清法律及暂行新刑律……接着在四月三十日就公布附删修新刑律与国体抵触各章条。"

---

① 参见杨鸿烈著：《中国法律发达史》，商务印书馆，1930，第 1032～1033 页。

在这段话里有两处错误：①"三月十一日"应是"三月十日"。②"四月三十日"可能是"三月三十日"或"四月三日"的笔误（详细说明见后文）。

又如谢振民编著《中华民国立法史》①却将孙中山和袁世凯两位临时大总统的有关活动混淆在一起，也有几处日期的错误。

《中华民国立法史》第二编总论第一章第七节"适用旧有法律之议决"（该书第58~59页）写道："民国初建，所有法制，均未遑制定，临时大总统于元年三月十一日下令宣布暂行援用前清法律及新刑律……"（引者按：这段话是指袁世凯在北京的活动，"三月十一日"应是"三月十日"）。"三月二十一日，临时大总统据司法部呈请转咨参议院承认，将前清制定之各项法律及草案，以命令公布遵行，覆咨参议院议决……"（引者按：这段话是指孙中山在南京的活动）。在第七章"刑法"（该书第1085页）又说"三月二十一日临时大总统据司法部呈请将清末制定之各项法律，以命令颁行，即咨请参议院议决（按一），于四月三十日，公布删修新刑律与国体抵触各章条及文字并撤销暂行章程五条，改名称为暂行新刑律（按二）。司法部并通告各省，暂行新刑律以公布之日为施行期……"（按三）。

这段话的安排有些杂乱无章。

按一：以上是孙中山与司法部在南京的活动。

按二：以上是袁世凯与法部在北京的活动，即法部于3月28日上报删修刑律的呈文，袁世凯于3月30日批准该呈文，法部于4月3日公布"通行京外衙门"遵照执行。但皆与"四月

---

① 谢振民编著：《中华民国立法史》，正中书局，1937，第54~59页、第1085~1120页；又见中国政法大学出版社，2000，（上册）第54~55页，（下册）第887页。

三十日"公布之说无关。

按三：这段是南京临时政府迁至北京后新司法部的活动，即6月8日发布的《司法部令》，规定以公布之日为施行日期（详见后文）。

以上论述问题的方法，很容易使人们把两地两个政府的活动相混淆，要么全部误认为是孙中山的活动，要么误认为全是袁世凯的活动。事实证明，前一种错误倾向已经给后世造成很大影响。例如在《中华民国立法史》第七章"刑法"第四节"中华民国刑法"（该书第912～913页）①明确写道：当1928年2月27、28日国民党中央常务委员会审议《刑法草案》时，"谭（延闿）委员等并拟刑法议决后，于本年三月十日公布，因《暂行新刑律》系于民国元年三月十日经孙大总统在南京公布，今于经过十六年后，于同日同地公布刑法，足资纪念"。很显然，这段话更是完全错误的。也就是把袁世凯的活动，误植到孙中山身上，并且堂而皇之地列入官方的决议中，真是极大的讽刺，难道这不是以讹传讹之风所结出的酸果吗？

无独有偶，这一错误论点，在1936年陈应性编著《中华民国刑法解释图表及条文》（商务印书馆印行）附表第三表中，再次认定"元年三月十日孙总统公布的刑法草案"（引者按：这里所指的刑法草案，从其列举的章名看，即《暂行新刑律》）。可是，《中国刑法史》仍在继续沿用上述错误做法（详见后文）。此外，现在世面流传的许多工具书，如《刑法词典》、《法制史词典》，也在套用上述各种不实之词，需要以史实为根据，一并澄清。

---

① 《中华民国立法史》（下册），中国政法大学出版社，2000，第912～913页。

现在根据已有史料，就以下几个问题分别进行论述。

（二）民国元年三月十日发布临时大总统令的是袁世凯，不是孙中山

首先，应该指出，产生上述混乱现象的客观原因，是由于在民国元年的一段时间内，在南京和北京同时存在两个临时大总统和两个司法行政机关及两种政府公报。以孙中山为临时大总统的南京临时政府，是在 1912 年 1 月 1 日成立的。到同年 4 月 1 日发布解职令止，共历时 92 天（该年 2 月为 29 天，4 月 1 日孙中山仍在行使职权，公布了《参议院法》等法令。《刑法史》计为 91 天，不够精确）。在北京的情况是，1912 年 2 月 12 日清帝下诏"辞位"，授袁世凯"以全权组织临时共和政府与民军协商统一办法"。2 月 15 日南京参议院选举袁世凯为临时大总统（按：《刑法史》将 2 月 15 日误作 3 月 15 日，这是该书作者认为袁世凯不可能在 3 月 10 日发布大总统令的主要论据之一）。2 月 16 日袁世凯就开始以大总统名义发出"铣电"即《袁大总统致南京参议院电》，接受大总统之职。3 月 10 日袁世凯在北京正式宣誓就任临时大总统。可见自 2 月 16 日至 4 月 1 日，在中国同时存在南北两个临时大总统和两个临时政府，都在行使职权。

其次，还应指出，在这一时期内，南北政府存在两种司法行政机构。南京临时政府的司法行政机构，称作"司法部"，总长伍廷芳。北京政府的司法行政机构，开始时仍称作"法部"，以原司法大臣沈家本继续担任法部首领。"南北统一"之后，第一届内阁又改称"司法部"，王宠惠任司法总长。

这一时期的政府公报，也有两地三种之分。一种称《临时

政府公报》，是以孙中山为临时大总统的南京临时政府出版的。自 1912 年 1 月 29 日起，至 4 月 5 日止。另一种称《临时公报》，是由袁世凯为首的北京政府出版的，自 1912 年 2 月 13 日起，至 4 月 30 日止。南北统一后，袁世凯的北洋政府自 1912 年 5 月起，将《临时公报》改名为《政府公报》，直至 1928 年 6 月止。

以上几个既有联系又有区别的历史事实，应该首先分辩清楚，然后下面的问题，就容易判断了。

（1）据查袁世凯为首的北京政府出版的《临时公报》，在民国元年三月十一日第一辑第 130 页，除了登载袁世凯的就职誓词外，还有临时大总统发布的 6 道令。其中包括暂准援用新刑律令，全文如下：

> 临时大总统令现在民国法律未经议定颁布，所有从前施行之法律及新刑律，除与民国国体抵触各条应失效力外，余均暂行援用，以资遵守。此令！
>
> 中华民国元年三月初十日即壬子年正月二十二日
>
> （大总统盖印）

（2）对于这一法令，还可从南京《临时政府公报》上得到印证。据查民国元年 3 月 17 日出版的南京《临时政府公报》（第 41 号）"附录·电报栏"，转载了袁世凯的上述就职电和有关的 5 道令。其中关于"暂准援用新刑律令"的全文，与北京《临时公报》完全相同。该电报最后注明的地点和时间是"京真"。"京"者，当然是指北京，《临时政府公报》也注明"（北京来电）"。"真"者，即电报代日韵目中的"十一日"。也就是 3 月 11 日北京发电。这一时间与北京《临时公报》的登载时间，完全相符。通过上述历史资料，足以证明，该项法令是袁世凯以临时大总统名义在北京发布的。有些论著之所以误认为孙中山发布此令，可能是把南京《临时政府公报》转载的北京来电，当成南京临时政府直接发布的法令。

　　最后还应指出，关于发布这一法令的时间，在袁世凯的令文中已明确写明是"三月初十日"，并注明是农历正月二十二日。而有些论著中为什么写成"三月十一日"呢？据推测可能是把在北京刊登公报的时间和发出电报的时间（均为"三月十一日"），误认为是该法令的发布时间，因而是不正确的。

　　（3）袁世凯在发布《暂准援用新刑律令》之后，接着又在3月19日和21日连续发布两道与适用新刑律有关的法令。袁世凯于3月10日发布的"除免罪犯令"（即大赦令）中，规定凡民国元年3月10日以前犯罪者"除真正人命及强盗外，无论轻罪重罪，已经发觉未发觉，已结正未结正者，皆除免之"。为了执行这一法令，3月19日《法部呈酌拟不准除免条款文》，具体列出关于犯真正人命和强盗案，而不准赦免的条款，计44条（关于新刑律者9，关于现行刑律者35）。[①] 同年3月21日，袁世凯为了镇压各地的"扰乱治安"事件，又专门发布《临时大总统令》，重申："前经通令在民国刑法未公布以前，治罪之法，除与国体抵触各条外，暂行适用新刑律。嗣后各地方遇有此等犯罪行为，即按照新刑律各本条，分别审断"（参见北京《临时公报》3月22日，第2辑170页）。

---

① 全文参阅北京《临时公报》中华民国元年3月19日，第2辑，第161～162页。

（三）以孙中山为首的南京临时政府关于
暂准适用旧有法律的议案

以孙中山为首的南京临时政府确曾着手研究援用前清法律问题，但尚未完成立法程序即宣告结束。

1. 南京临时政府司法总长伍廷芳向孙中山提出的呈文

　　窃自光复以来，前清政府之法规既失效力，中华民国之法律尚未颁行，而各省暂行规约，尤不一致。当此新旧递嬗之际，必有补救方法，始足以昭划一而示标准。本部现拟就前清制定之民律草案、第一次刑律草案、刑事民事诉讼法、法院编制法、商律、破产律、违警律中，除第一次刑律草案关于帝室之罪全章，及关于内乱罪之死刑，碍难适用外，余皆由民国政府声明继续有效，以为临时适用法律，俾司法者有所根据。谨将所拟呈请大总统咨由参议院承认，然后以命令公布，通饬全国一律遵行，俟中华民国法律颁布，即行废止。是否有当，尚乞钧裁施行。①

2. 1912 年 3 月 21 日，临时大总统孙中山向参议院提出《咨参议院请核议暂行法律文》②

该咨文除复述司法总长的上述呈文外，特别指出："查编纂法典，事体重大，非聚中外硕学，积多年之调查研究，不易告

---

① 《孙中山全集》第 2 卷，中华书局，1982，第 276 页。
② 《孙中山全集》第 2 卷，中华书局，1982，第 276 页。

成。而现在民国统一，司法机关次第成立，民刑各律及诉讼法，均关紧要。该部长所请，自是切要之图，合咨贵院，请烦照前情议决见复可也。此咨。"孙中山在这一咨文中明确提出两个重要观点：①指出编纂法典的重要性及其艰巨性，即编纂法典事体重大，非集中外硕学，进行多年调查研究不可。②在没有制定新法典之前，可通过立法程序有选择地暂时适用前清的某些法律，以应急需。

3. 参议院通过的《新法律未颁行以前暂适用旧有法律案》

南京参议院在收到孙中山的咨文后，便于 1912 年 3 月 25 日开始讨论本案，4 月 3 日议决《新法律未颁行以前暂适用旧有法律案》，① 全文如下：

参议院咨

三月二十一日，准前临时大总统孙咨略开：司法部现拟前清制定之民律草案、第一次刑律草案、刑事民事诉讼法、法院编制法、商律、破产律、违警律中，除第一次刑律草案关于帝室之罪全章及关于内乱罪之死刑碍难适用外，余皆由民国政府声明继续有效，以为临时适用法律，俾司法者有所根据，呈请咨由参议院承认，然后以命令公布，通饬全国，一律遵行，俟中华民国法律颁布，即行废止，等情前来，合咨本院查照前情议决见覆等因，经本院于四月初三日开会决议，佥以现在国体既更，所有前清之各种法规，已归无效。但中华民国之法律，未能仓猝一时规定颁行。而当此新旧递嬗之交，又不可不设补救之法，以为临时适用之资。此次政

① 《参议院议决案汇编》法制案，北京大学出版社，1989，第 119 页。

府交议当新法未经规定颁行以前，暂酌用旧有法律，自属可行，所有前清时规定之法院编制法、商律、违警律，及宣统三年颁布之新刑律、刑事民事诉讼律草案，并先后颁布之禁烟条例、国籍条例等，除与民主国体抵触之处，应行废止外，其余均准暂时适用。惟民律草案，前清时并未宣布，无从援用。嗣后凡关于民事案件，应仍照前清现行律中规定各条办理。惟一面仍须由政府饬下法制局将各种法律中，与民主国体抵触各条签注或签改后，交由本院议决，公布施行。应即咨请查照办理可也。此咨

大总统

但是，此时（指 1912 年 4 月初）孙中山已经解除临时大总统职务，整个南京临时政府（包括司法部法制局）业已停止办公，不可能再拟制具体方案，参议院于 4 月 6 日召开最后一次会议后，即行休会，准备北迁。所以参议院上述咨文下达后，即无法继续完成下一阶段的立法程序，当然也就不存在由孙中山公布援用新刑律的任何文告。关于删改颁行新刑律的有关工作，皆由以袁世凯为临时大总统的北京政府相继完成。

谈到这里不能不指出，在《刑法史》中，恰恰颠倒了上述事实，不仅把袁世凯颁布的大总统令错安在孙中山头上，而且把孙中山领导的南京临时政府司法总长伍廷芳的上述活动，又误植到袁世凯的统属之下。如《刑法史》第 383 页说："如其司法总长伍廷芳就清律效力向袁世凯建议所说……（以下即上文所引《孙中山全集》第 2 卷，第 276 页 12、13 行的话）"。这种移花植木的错误，只要细心查一下有关史料，是完全可以避免的。

（四）《暂行新刑律》"四月三十日公布说"是不正确的

——北京政府删修颁布新刑律之始末

上述 3 月 10 日袁世凯的大总统令，只是确定了暂准援用新刑律的基本原则，但是，具体要删改哪些章条字句，以及确定新刑律的正式名称，当时，还未明确规定。为了完成此项任务，以袁世凯为临时大总统的北京政府，采取了下述工作步骤。

1. 3 月 28 日《法部呈请删修新刑律与国体抵触各章条等并删除暂行章程文》①

北京政府法部为了具体执行 3 月 10 日袁世凯发布的临时大总统令，于 3 月 28 日拟制《法部呈请删修刑律与国体抵触各章条等并删除暂行章程文》，全文如下：

> 为呈请事，三月初十日，临时大总统令：（令文省略）等语。查新刑律与民国国体相抵触之处，有关涉全章者，有关涉全条者，有关涉某条中之某款者，亦有仅关涉条文中之数字者。自非悉加修正，不足以昭国体，而期划一。惟修正之法，有法理上之修正，有法文上之修正。盖新刑律本非为民国而定，其刑罚轻重之是否适当，实为一大问题。而因国体不同，其抵触者固属应废，其阙如者尚属应增。前之问题，须提出民国法律案于正式国会议之。后之问题，亦须提出修正案于临时参议院议之。是二者均属法理上之修正，而

---

① 北京《临时公报》中华民国元年 4 月 3 日，第 2 辑，第 36~37 页。

皆非目前所及为之事。惟断讼逐日发生，审判难容瞬息，势不得不思急就，则惟有修正法文一法，由法部拟定作为暂行，俟临时参议院成立，再行提议，庶可免施行之困难，而亦不致侵越立法之权限。兹经酌拟删除条款字句及修正字面各节，如蒙核准，即由法部通饬京外司法衙门遵照。抑更有进者，新刑律后附暂行章程五条，或违死刑惟一之原则，或失刑当其罪之本意，或干涉各人之私德，或未谙法律之解释，即以经过法而言，亦无法律章程两存之理。以上虽无关于国体，当兹法令新颁，断不可留此疵类，自应一概删除。相应缮单呈请大总统迅速批示可也。

紧接下文"计开"之后，即列举应删除各章条字句清单，全文如下：

计开

应删除全章者：第二编第二章。①

应删除全条者：第十一条，第二百三十八条，第二百四十七条，第三百六十九条，第三百七十五条，第三百八十七条，第四百零二条，暂行章程第一条至第五条。

应删除某款者：第三条第一款。

应删除数字者：第三条第七款内"第二百三十八条"七字；第四十六条第一项第二项内"御玺国玺文"各五字及第一项"制书"二字，第二项内"之制书"三字；第二百五十条内"制书御玺国玺文"七字，"御玺国玺"四字；

---

① 指"侵犯皇室罪"自第89~100条均删除。

第三百七十二条内"第三百七十五条"七字。

就修改字面者：本律名称应改为《暂行新刑律》。①

本律中"帝国"二字，应改为"中华民国"者如左：第二条、第三条、第四条、第五条、第六条、第七条、第一百零八条至第一百十三条、第一百十六条、第一百二十五条、第一百三十三条、第二百三十条至二百三十三条、第三百五十条、第三百五十二条。

本律中"臣民"二字，应改为"人民"者如左："第四条、第五条、第一百十六条。"

本律中第四十条"覆奏"二字，应改为"覆准"。

本律中第十四章第六十八条"恩赦"二字，应改为"赦免"。

因本律中条文删除应修改互见之处者如左：第五条第十四款内"第三百八十七条"应改为"第三百八十六条"，第三百八十九条内"第三百八十七条"应改为"第三百八十六条"。②

2. 3 月 30 日袁世凯对法部呈文的批示

1912 年 3 月 30 日，临时大总统袁世凯对上述法部呈文作如下批示：

据呈已悉，所拟删除各条款字句及修改字面各节，既系与民国国体抵触，自在当然删改之列。至暂行章程应即撤

---

① 从此正式定名为《暂行新刑律》。
② 录自北京《临时公报》中华民国元年 4 月 3 日，第 2 辑，第 36~37 页。

销。由该部迅速通行京外司法衙门遵照。此批！①

有的论著认为《暂行新刑律》是 1912 年 3 月 30 日颁布的，即以袁世凯的这一批文作为根据。不过严格来讲袁世凯的这一批文不是直接向全国发布的大总统令，而是给法部呈文的批示，然后再由法部通知京外各司法衙门遵照执行删改后的《暂行新刑律》。

3. 4 月 3 日北京政府法部正式公布删除新刑律与国体抵触各章条字句清单，宣布新定名的《暂行新刑律》在全国通行

北京政府法部接到临时大总统袁世凯的上述批示后，发布了《法部通行京外司法衙门文》，正式登载 1912 年 4 月 3 日的《临时公报》上，全文如下：

> 为通行事，本部修正新刑律与国体抵触各条清单。中华民国元年三月三十日奉大总统批……（批文见前文）等因。相应刷印原呈，通行京外司法衙门遵照可也。

文后附有上述法部呈文及修正新刑律与国体抵触各条清单。

上述法部的行文，在《临时公报》刊印时，专门标出“通行文件”。这就意味着全国各地只要收到公报，即应立即执行。因为《政府公报条例》第五条规定：凡法令除专条别定施行期限外，京师以刊布公报之日起，各省以公报到达之日起，即生一体遵守之效力。

后来北京国务院成立后，针对山东省拟对《暂行新刑律》

---

① 北京《临时公报》中华民国元年 4 月 3 日，第 2 辑，第 36 页。

自定实施日期的提议，便在 6 月 8 日的《政府公报》上发布《司法部令》，明确规定："此项新刑律及修正抵触各条，既未另定施行日期，自应以公布之日期为施行期。但全国交通未便，不得不分别办理。均应自接到或按照事例应能接至政府公报及法律原文之日施行。断难任听各省自定施行日。致滋歧异。为此通令京外各该司法衙门一律遵行。"总之，关于《暂行新刑律》的实施日期，如果在接到 3 月 10 日临时大总统令后已开始实施者，亦属合法；如未实施者，即以 4 月 3 日《临时公报》刊登法部行文，作为正式在全国的通行日期。

4. 4 月 30 日公布《暂行新刑律》之说，是不能成立的

据查 1912 年 4 月 30 日的《临时公报》以及以后出版的《政府公报》，皆无 4 月 30 日公布《暂行新刑律》全文的正式记载。在《政府公报》公布的与刑律有关的法律，只有 1912 年 8 月 12 日颁布的《暂行新刑律施行细则》和 1914 年 12 月 24 日颁布的《暂行新刑律补充条例》。此外，在 1912 提 7 月 20 日至 8 月 17 日《政府公报》上，却连续登载了法制局拟订的《刑法草案》共 290 条。当时的实际情况是，因为《大清新刑律》已在宣统二年十二月颁行全国，各地只要依照法部对新刑律的删改清单，即可自行改订出《暂行新刑律》的全部条文。北洋政府即不准备全文发布《暂行新刑律》。因此北洋政府不仅在《政府公报》上没有登载《暂行新刑律》，就是正式出版的《法令大全》《法律辑览》等类书中，也都未收入《暂行新刑律》。当时的通用本，多是民间抄本或由书商出版的翻印本以及个人注释性的著作，如冈田朝太郎编辑的《中华民国暂行新刑律》，《中华民国新刑律笺释》，《中华民国暂行新刑律释义》以及《中华民国新刑律集解》等。现以葛遵礼编民国三年（1914 年）1 月上海会

文堂出版的《中华民国新刑律集解》为例，可以说明当时的出版情况。他在该书的"自识"中指出："自大总统通令援用新刑律后，坊间印本甚多。……拙者爰据大总统批准前法部删定之公布通行本，悉心精校。"在该书第一章第一条的"鳌头增辑"中，解释得更为清楚明白："前法部修正本律与国体抵触各条，呈奉大总统批准，于元年四月三日刊登公布通行。"此处皆无"四月三十日公布"的记载。

后来国民党政府正式出版的《六法全书》或《中华民国六法理由判解汇编》中，作为历史文献，全文转载了《暂行新刑律》。在《暂行新刑律》的标题之下，皆注明："民国元年三月十日大总统令暂准援用，同年四月删改颁行"，也全无"四月三十日颁行"之说。

可见，《中国法律发达史》和《中华民国立法史》中所谓"4月30日"公布《暂行新刑律》的说法，是缺乏史料根据的。笔者判断"4月30日"很能可能是"4月3日"的笔误或出版时的误排，根本不足为凭。现在市面流传七八十年的"4月30日公布说"，皆是讹传。因此，建议今后在有关论著及工具书中，请不要再让这一不实之词继续沿用到新世纪去。

（五）《中国刑法史》在论证新刑律问题时存在的其他错误观点

1. 认为袁世凯的北京政府是 1912 年 4 月建立的，不可能在 3 月发布《暂行新刑律》，这一说法与历史事实不符

《刑法史》第 388 页第三段说："实际上以袁世凯为首的北洋军阀政府直到一九一二年四月才建立起来，它怎么能在建成以前就制定刑律呢？那是违反事理常情、不可思议的。"这一推论，是只知其一，不知其二。历史事实是袁世凯在北京执掌政权，可分为前后两个时期。在四月以前，以袁世凯为首的北京"临时政府"是受清朝政府之命而建立的，正如其外务部2月13日《致各国公使照会》宣称："现在大清皇帝业已辞位，由前内阁总理大臣袁世凯以全权组织中华民国临时政府"。"各部大臣均暂留办事，改名各部首领"。这就是说在2月12日宣布清帝退位之后，北京就有一个以袁世凯为首的所谓"中华民国临时政府"。其各部首领基本上是清末最后内阁的原班人马（包括"法部"）。2月15日南京临时参议院推举袁世凯为临时大总统之后，使其取得了合法的地位。至于四月以后建立的北京政府，是袁世凯于3月10日就任临时大总统后，3月13日特任唐绍仪为内阁总理，3月30日又任命了新内阁的各部总长，4月21日宣布国务院开始办公，"在京原有各部事务应即分别交替，由各部总长接收办理"。可见，《刑法史》作者试图以4月成立的唐绍仪政府，否定袁世凯3月10日发布的临时大总统令，是根本站不住脚的。

2. 认为袁世凯在宣布就职当日不可能发布"暂准援用新刑律令"，也是缺乏历史根据的

《刑法史》第388页第（二）段认为：袁世凯在1912年3月10日宣誓就任临时大总统时，"他还没有经过临时参议院正式选举（前已指出，2月15日已经选袁为临时大总统了——引者注），怎么就一经袁世凯本人宣布承认《临时约法》，愿意就任大总统，他就成了临时大总统并颁布法律呢！"这种议论，未免太天真了。须知袁世凯毕竟是被称作"独夫民贼"的袁世凯。他为了篡夺辛亥革命的成果，攫取更大的统治权力，早已急不可耐。所以一旦有规可乘，便将一切大权统统抓到手中。除了众所周知的史实不再重述外，这里只补充一个例证，就可说明问题。袁世凯在2月15日收到参议院推他为临时大总统的电文后，没等到宣誓就职，就已开始行使职权。如2月17日袁世凯就发布了《新举临时大总统布告》，宣布自壬子年正月初一日起，改用阳历。此后又连续发布多起任免官吏令。这样经过二十多天后，他为了进一步扩大在全国的政治影响，以显示他的"权威"和"德政"，便在3月10日宣誓就职当日，一连发出"暂准援用新刑律令"等通令，完全是顺理成章，没有什么不可理解的。如果按照该作者的逻辑推论下去，袁世凯于3月10日发布的大赦令和除免地丁钱粮令，更会成为不可思议的了。但是历史事实毕竟是客观存在的，是不能抹杀的。

3. 认为删除"侵犯皇室罪"与袁世凯的"皇帝梦"和清室优待条件相矛盾，因而否定《暂行新刑律》是袁世凯颁布的，也是不对的

《刑法史》第388页第（四）段认为：《暂行新刑律》全章删除"侵犯皇室罪"，这对一心要当"洪宪皇帝"的袁世凯来讲，是不可思议的。并且与其泡制的"清室优待条件"也是矛盾的。"既需优待，更应保护，哪能删除呢？"这一推论纯属主观臆断。

"清室优待条件"与删除新刑律中的"侵犯皇室罪"两者都是不容置疑的铁的事实。不仅不矛盾，而且有其共同的政治基础。"清室优待条件"有个大前提，就是大清皇帝必须退位，并"宣布赞成共和国体"，"清皇族对于中华民国国家之公权及私权与国民同等"。因此，删除《暂行新刑律》中与民国国体相抵触的"侵犯皇室罪"是理所当然的，也是当时的大势所趋，人心所向。因为废除帝制是辛亥革命的一大胜利成果。不管袁世凯主观上愿意与否，他在当时是不能公开反对的。至于认为袁世凯日后想当皇帝，就不会删除"侵犯皇室罪"，这完全是形式主义的看问题。此一时也，彼一时也。袁世凯在民国初年标榜拥护共和，同意删除"侵犯皇室罪"，这并不妨碍他日后在时机成熟时，登上皇帝宝座后，再行恢复"侵犯皇室罪"。君不见，当袁世凯当上正式大总统后，不是就在刑法草案中写上"侵犯大总统罪"的专章吗？将来再把它改成"侵犯皇室罪"，那还有什么障碍呢？

此外，《刑法史》第388页，为了论证《暂行新刑律》不是北洋政府颁布的，还把国民党政府说成北洋政府的"对立物"，因而就不会承认北洋政府的《暂行新刑律》，作为其《中华民国刑法》立法和施行的根据。以此推断，《暂行新刑律》只能是孙中山颁布的，而不会是袁世凯颁布的。这种推断，既不符合历史事实，更缺乏说服力，因而毋庸赘述。

4. 在方法论上，缺乏可靠的史料根据和必要的考证，单凭推理式的议论替代严谨的科学研究方法

《刑法史》的论证方法是，前面提出"据有关资料考证"，后面便得出武断式的结论，中间既没说明考察过任何史料根据，因而举不出具有说服力的证明。这种既无"考"又无"证"的结论，势必成为空中楼阁，经不起核实与推敲。例如《刑法史》第386页提出："据有关资料考证，它（指《暂行新刑律》——引者注）实是一九一二年南京临时政府的产物"，此间没有说明作者作过什么考证。接下去作者在说明"制定经过"时，更是采取"偷梁换柱"的方式，必然得出"张冠李戴"的结论。为了说明问题，请读者耐心看一下两段引文。

第一段引文，《刑法史》第 386 页，是这样论述的："以孙中山先生临时大总统的中华民国南京政府于一九一二年三月十日发布前述《临时大总统令》的同时（引者注：已如前述，这全是袁世凯在北京的活动），即着由法部对《大清新刑律》拟就删除章条项款目句字作为暂行（引者注：法部只能是北京政府的司法行政机构决不能考证到南京临时政府去）……遂于同月三十日获得临时大总统的'批准'"（引者注：这本是袁世凯所批），最后的结论是"足证《暂行新刑律》是南京临时政府制定的"（引者注：此处只能足证是北京政府制定的，根本与南京临时政府无关）。

如果说上一段引文是"张冠李戴"的话，那么下一段引文恰又成为"李冠张戴"。《刑法史》第 387 页写道："如果说《暂行新刑律》为袁世凯北京政府所制定，且于一九一二年三月十日公布施行（按一），那末北京军阀政府怎么又在一九一二年四月三日以临时总统的名义咨请其参议院议定'当新法律未经规定颁布以前，暂酌用旧有法律，自属可行'的决议呢（按二）……（转引自《中华民国立法史》见正中书局，一九三七年一月版，第 59 页）"（按三）对于上述这段话需要说明以下几点：

按一：第一句本是对的，已如前述，袁世凯确于 1912 年 3 月 10 日发布《暂准援用新刑律令》。只是这点不应作为反问的前提条件。

按二：这段话有两处错误：①当时北京尚无参议院，北洋军阀政府，没有也不可能向南京参议院提出适用旧法律的方案。②四月三日以临时总统的名义咨请参议院作出决议的，是在南京的临时大总统孙中山和南京参议院。把这段史实硬与北洋政府扯在一起是人为地自造疑团，因而作者的反问是不能成立的。

按三：此处引证《中华民国立法史》，是《刑法史》在本课题中唯一的一处引文。可惜，在《中华民国立法史》这段话中，已如前述没有明确区分哪些是北京政府的活动，哪些是南京政府的活动，这种将两地政府的活动混在一起的叙述方法，不能不说是导致《刑法史》产生"张冠李戴"的重要原因之一。

第二段引文，《刑法史》第 387 页又说："该决议中既有'新法律未经规定颁布'，又有准于'暂酌用旧有法律'，即包括有前清政府颁行的《新刑律》（即《大清新刑律》），就清楚无误地说明了《暂行新刑律》并非北洋军阀政府所制定。否则，于史于文都不通且自相矛盾。不仅如此，而且袁氏政府在专就法律所作的决议里，对《暂行新刑律》视而不见，只字未提，也说明他们压根儿把它视为异己的东西，而不予理睬，这是毋庸置疑的，假如说《暂行新刑律》是北洋军阀政府自己制定的，它怎么一概而论地说什么'新法律'都'未能规定颁布'呢？它自己上个月制定的法律都不算新，那还有什么可被称得上新呢？"

这段话，尽管文字很长，议论也颇激烈，但是其致命的要害首先是无的放矢选错了论敌对象（把南京政府的决议，当成北京政府的决议），然后又推理式地盲目乱加攻击，什么"于史于文都说不通"啊，"自相矛盾"啊，什么"只字未提"，"视为异己"啊，特别是在"新法律""旧法律"这一概念中，绕来绕去，结果，陷入自钻牛角尖的绝境。其实弄清上述问题，并非难事，只要翻阅一下有关史料，即可迎刃而解，用不着在文字上绕圈子。

综上所述，可见《刑法史》在方法论上有个致命的弱点，就是简单地沿用他人的二手资料，缺乏经过切实考证的第一手史料作根据，更多的是以推理式的议论代替严谨的科学研究方法。因而得出的结论显得软弱无力，或者强词夺理。笔者认为对于历史事件如何评价，可能会有"仁者见仁，智者见智"之分，但是对于历史事实本身，必须首先搞清楚，史料证据必须扎实可靠。否则，得出的结论则是靠不住的。老一辈历史学家陈垣老先生告诫我们，必须重视"史源学"。他在《史源学·绪论》中指出：对于学术著作（特别是名著）绝不能盲目轻信。应当"一一追寻其史源，考证其讹误，以练习读史之能力，警惕著论之轻心"。愿我们以此共勉，尽力而为之。

五 对中国第一个工会法①的考证

（一）问题的提出与查寻结果

早在 1937 年，谢振民编写的《中华民国立法史》（正中书局出版，第 1308 页）②写道："民国十二年三月二十九日，北京农商部有《暂行工厂通则》之颁布；十三年十一月③广州军政府又有《工会条例》之颁行，此为我国有劳动法规之始。"很显然，这是把作为劳动法规之一的《工会条例》，作为我国第一个工会法。这一论断，已被法学界和工运史学界沿用了六七十年。

笔者以前业曾认同上述说法。但是，自《孙中山全集》出版后，对上述论断产生了怀疑。据查《孙中山全集》第 11 卷，（中华书局 1986 年版，第 125 页）登载孙中山以大元帅名义公布《工会条例》的全文，是这样写的：

---

① 这里所说的"第一个工会法"，是指由革命政权正式颁布的工会立法，不包括由工人组织自行制定的工会章程，如 1920 年 10 月《上海机器工会章程》，1922 年 5 月《安源路矿工人俱乐部总章》，1925 年 5 月全国第二次劳动大会通过的《中华全国总工会总章》等。

② 中国政法大学出版社 2000 年 1 月翻印出版的《中华民国立法史》（上下册），第 1061 页。

③ 应是 10 月。

　　大元帅令

　　兹修正《工会条例》公布之。此令

　　（中华民国陆海军大元帅之印）

　　中华民国十三年十月一日

　　从上述命令中，不难看出，该《工会条例》既然是修正公布的，当然就不可能是中国最早的（或第一部）工会法，肯定在此之前还会另有一部同名称的条例存在。可是，在《孙中山全集》中，却未收入另一《工会条例》，说明该条例长期以来尚未被学术界出版界所发现。

　　到1992年，这一问题，由一位研究工运史的同志提了出来。中国工运研究所编印的《工运理论政策研究资料》1992年第8期，发表了王玉平同志的《1949年以前中国工会法立法活动述略》，并附有《久被遗忘的我国第一部工会法》。该文主要指出两点：①"六十年来，我国法学界和工运史学界谈到我国的第一部工会法，无不指为孙中山先生于1924年10月在广州以大元帅名义颁布的《工会条例》。事实上，它是我国的、也是孙中山先生颁布的第二部工会法。在它之前的1922年2月23日，孙中山先生曾以非常大总统的名义颁布了我国第一部工会法——《工会条例》。"该文还列出旁证，即《孙中山年谱》和《中华民国大事记》中都记载孙中山在1922年2月23日公布过《工会条例》。②该文作者继续写道："关于这一条例，笔者搜集数年迄今未见原文，仅在日本南满洲铁道株式会社于大正15年（1926年8月）出版的《经济资料》第12卷第9号中发现了日译本。今将这一条例全文翻译如下，衷心希望今后能找到中文原件取而代之。"我认为在条例原文未找到以前，以日文译本作为研究参考，并力求尽快找到中文版本，这一态度是审慎而积极的。

1993 年，笔者从关怀教授处见到王玉平的文章后，对这一问题很感兴趣，以后便在搜集其他法制文献时，注意查找这一条例的原文。不久发现在《民国日报》（上海版）1922 年 3 月 6 日第三版上，全文登载了这一条例。经仔细审阅条例全文，我认为是真实的。但应指出，该报在排印上存在几处文字错漏。原想再找到另外版本，互相校正，加以核实，但经查阅当时的《大公报》（长沙版和天津版）、《东方杂志》、《申报》、《晨报》等，都未发现转载这一条例。现在只能作为孤证，将这一条例介绍给大家，待发现他种版本时再作全面核实校正。后来看到陈旭麓、郝盛潮主编的《孙中山集外集》（1990 年 7 月上海人民出版社出版，第 589 页）收入了 1922 年的《工会条例》，其来源也是出自上海《民国日报》。经核查《孙中山集外集》在翻印该条例时，一方面纠正了"民国日报版"的某些讹误，同时在文字上也有几处错漏。为了节省篇幅，此处恕不附列条例全文，只将有错漏之处，综合说明如下，供读者研究参考。

《暂行工会条例》排印中之讹误：

（1）第一条"凡从事于同一职业之劳动者有五十人以上，得依本条例组织工会"。《孙中山集外集》将《民国日报》原文的"依"字，误改为"以"。

（2）第三条"……其合两区域以上设立工会者，须经省之主管官署认可"《孙中山集外集》漏一"官"字。

（3）第五条"……呈送中央及省立之主管官署"，其中的"立"字，疑为多加的。

（4）第六条第七款"经费征收额征收法"，《民国日报》将两个"征"字，误排为"惩"，《孙中山集外集》予以改正。

（5）第七条第三款"以工人之公共利益为目的，得设立共济会……各种合作社，并管理之"。《民国日报》将"管理之"误作"管之理"，《孙中山集外集》予以纠正。

（6）第七条第四款，参照上述第三款，应是"以工人之公共利益为目的……"《民国日报》漏一"之"字。

（7）第七条第五款"以共同的条件，得与其他合作社、公司、商店、工场、官营事业之管理局所，得缔结雇佣契约"，第二个"得"字似是多余的。

（8）第七条第七款"主张并防卫同业者之利益"，《孙中山集外集》漏一"者"字。

（9）第十条"非从事于各该工会所属之业务一年以上……不得为该工会职员"，《民国日报》将"职员"误排为"职务"，《孙中山集外集》予以改正。

（10）第十五条第一款"职员姓名及其履历"，《民国日报》将"职员"误作"职业"；《孙中山集外集》标作："职业〔员〕姓名及其履历"。

（11）第十七条《民国日报》和《孙中山集外集》皆印作："依本条例所设立之工会，得以两工会以上之结会，组织工会联合会，计用本条例之规定"。参照1924年〈修正工会条例〉第一条、第六条及第二十条，"结会"应是"结合"，"计用"应是"适用"。

（12）第十八条之前款，《民国日报》《孙中山集外集》皆印作："违反本条例之工会职员……并得其资格职员之取消"，疑为"并得取消其职员之资格"的误排。第十八条之后款"关于本条例第四条、第十五条所规定之事项"，《民国日报》缺一

"于"字，《孙中山集外集》标作："关〈于〉本条例……"。

（13）第十九条"关于工会之解散及清算，准遵用商会法第三十二条至三十八条之规定"，其中的"遵用"可能是"适用"的误排。

（二）1922年第一部《工会条例》的制定及其基本内容

1. 1922年《工会条例》的制定

1920年11月，孙中山回广州重建军政府，1921年5月5日，孙中山就任大总统职，成为与北洋军阀政府相对抗的广州革命政权，对工人运动采取同情和支持态度，并从法律上予以保护。例如孙中山在1920年11月发布的《内政方针》规定："保护劳工，谋进工人生计，提倡工会。"① 1921年1月19日，广州军政府明令废止北洋政府的《治安警察条例》，使工人运动在广东取得合法地位。

1922年1月，中国工人运动开始掀起第一个罢工高潮，其中最著名者属香港海员大罢工。自1月12日起至3月8日止，经过流血斗争共坚持罢工56天。最后在全国和全港工人的声援下，取得了罢工胜利。经过海员工会代表和广东政府交涉署同香港代表谈判，达成如下协议：每个海员工人按航线的不同，分别增加工资一成半至三成；释放被捕工人；对沙田惨案死亡者给以抚恤；特别是承认原有海员工会的合法地位。据邓中夏记载："三月六日香港政府只得明令取消二月一日封闭海员工会的命令，工会招牌亦只得恭恭敬敬地给还海员。当重行挂上工会招牌

---

① 《孙中山全集》第5卷，中华书局，1985，第433页。

时，罢工全体海员及香港全市工人都来庆贺"。①

香港海员大罢工的胜利，极大地推动了全国工人运动的发展，同时也使孙中山从工人运动中，看到中国工人阶级的力量和希望，认识到罢工和组织工会的重要意义，因而在劳动立法方面给以积极支持，并与北洋军阀政府镇压工人运动的反动行径展开斗争。例如：1922 年 3 月 14 日广州国会召开非常会议，通过决议，宣布《暂行新刑律》第二百二十四条关于惩治工人罢工的规定，应予废止。与此同时，广州军政府内务部起草了《工会条例》。据《民国日报》（上海版）1922 年 3 月 6 日登载："新政府公布工会条例。粤函云：日前内务部以近年国中工会陆续成立，非速编订工会条例，无以为成立工会之标准。因是特编订条例二十条，提交国务会议，复由国务会议发交法律审查会郑重核议。二十三日国务会议已据法律审查会核议原文略加修正，即予通过公布。此为各国破天荒之条例。将来正式国会当再有工会法之编订也"。

1922 年 2 月 24 日，② 孙中山以大总统名义，予以公布：

大总统令

兹制定暂行工会条例，公布之。此令。③

为了使孙中山先后颁布的两个工会条例相区别，依照大总统或大元帅令文，第一个条例定名为《暂行工会条例》，第二个条

---

① 《邓中夏文集》，人民出版社，1983，第 478 页。

② 一般论著多认为《暂行工会条例》公布时间是 1922 年 2 月 23 日。实际情况是，国务会议通过的日期是 2 月 23 日，大总统正式公布的日期是 2 月 24 日。

③ 《大总统命令》之二，录自上海《民国日报》1922 年 3 月 5 日第 2 版 "要闻"。

例定名为《修正工会条例》。

2. 1922 年《暂行工会条例》的基本内容

《暂行工会条例》共 20 条，其要点是：

（1）组织工会的条件和审批程序。第一条规定：凡从事于同一职业之劳动者，有五十人以上，得依本条例组织工会。第二、三条规定：工会为法人。工会之区域以市或县之区域为准，其合两区域以上设立工会者，须经省之主管官署认可。第四条规定组织工会的手续是：由发起人连署提出注册请求书，并附职员履历书及章程各三份于地方官署，请求注册后，始得受本条例之保护。注册之地方官署在市为市政厅，在其他地方为县公署。第六条规定工会章程须记明：①名称及业务种类。②目的及其职务。③区域及所在地。④会员入会出会之规定。⑤职员之职权并选任解任之规定。⑥会议之规定。⑦经费征收额征收法及会计等之规定。⑧关于调查及统计编制之规定。第五条规定备案程序为，地方公署于工会注册后，应以其职员履历及章程各一份，呈送中央及省之主管官署。第十七条规定依本条例所设立之工会，得以两工会以上之结合，组织工会联合会，适用本条例之规定。

（2）工会委员会的组成及其职务。第八条规定：工会之职务由委员会处理之。委员会由各该工会会员以投票法于会员内选举七人以上之委员组织之。委员得因事之繁简互选若干人为职员，执行事务。第七条规定：工会的职务是：①图工业之改良发展。②关于工业法规之制定、修改、废止及其他有关系之事项，得陈述意见于行政官署及议会。③以工人之公共利益为目的，得设立共济会、生产、消费、住宅、保险等各种合作社并管理之。④以工人公共利益为目的，得设立图书馆、研究所、试验所、科学教育、社会教育、职业教育、印刷出版等业并管理之。⑤以共同的条件，得与其他合作社、公司、商店、工场、官营事业之管理局所，缔结雇佣契约。⑥同业者之职业介绍。行五、六两款之职务时，不得以任何名义分取就业者之利益。⑦主张并防卫同业者之利益，但不得有强暴胁迫事情。⑧凡遇雇主与佣人有争执事件时，对于各当事者发表或征集意见，并调处之。⑨调查同业者之就业失业，制成统计。⑩调查劳动者之经济及生活状况。

（3）关于工会会员和职员的规定。第九条规定：成年之男女劳动者，得自由为工会会员，且得自由退会。第十一条规定：工会对于会员不得设有等级之差别。第十条规定：职员的条件是：非从事于各该工会所属之业务一年以上，且现从事于其他业务者，不得为该工会职员。

（4）工会会费及工会财产的保护措施。第十二条规定：会费标准是：工会经常会费之征收，不得超过会员收入百分之三，但会员自愿多纳者不在此限。第十三条规定：工会之基金及关于第七条第三、四款所定事业之经营，除该工会会员自愿认捐外，得受省县及其他公共团体之补助。第十四条规定：工会所有之下列各项财产，非依法律不得没收：①基金。②集会所、图书馆、研究所、试验所、学校以及关于共济、生产、消费、住宅、保险等合作事业之动产与不动产。

（5）对工会的管理监督。第十五条规定：工会每年应将该工会下列各事项造具统计表册呈报于所注册之地方官署：①职员姓名及其履历。②会员之人数、入会退会及其就业、失业、死亡、伤害之状况。③财产状况。④事业之成绩。⑤争执事件之有无及其经过。第十六条规定：地方官署对于所辖区域内之各工会报告，应每年一次，汇编统计表册及状况说明书，呈报中央及省之主管官署。凡违反本条例之工会职员，审判厅因检察厅之论告，得科以五元以上五十元以下之罚金，并得取消其职员之资格。关于本条例第四条第十五条所规定之事项，工会发起人及职员为虚伪之呈报或不呈报者，审判厅因检察厅之论告，得科以十元以上百元以下之罚金。第十九条规定：关于工会之解散及清算，准适用商会法的规定。

以上《暂行工会条例》的颁布，对于南方各省建立工会组织，起了一定指导作用，因而奠定了我国工会立法的历史基础。

（三）1924 年《修正工会条例》的主要发展变化

1. 国内政治形势和工人运动的新发展

自 1922 年 2 月至 1924 年 10 月，国内政治形势发生很大变化，工人运动也得到进一步发展，工运纲领和组织工会的经验更为丰富，原有工会条例已不符合实际需要，有必要也有可能将《工会条例》修订得更加充实完善。

在这一时期内，与工运纲领和制定新工会法有密切关系的活动，主要有以下各项：

第一次全国劳动大会在 1922 年 5 月于广州召开。大会通过的《全国总工会组织原则决议案》确定：①在全国总工会未成立以前，委托中国劳动组合书记部作为全国总通讯机关（中国劳动组合书记部成立于 1921 年 8 月，是中国共产党领导工人运动的公开机关）。②确定组织工会的方针是，凡能采用产业组合的，都应一律采用产业组合法去组织工会，确实不能采用产业组合办法的，不妨用职业组合。③务必将每个地方所有各种产业组合和职业组合的工会，结合为地方劳动联合会，将来由各地方联合会组成全国总工会。

1922 年 6 月 15 日《中共中央第一次对于时局的主张》中的劳动纲领，明确提出采用无限制的普通选举制，保障人民结社、集会、言论、出版自由权，废止治安警察条例及压迫罢工的刑律。同年 7 月中国共产党的"二大"宣言和决议，将上述内容确定在反帝反封建的革命纲领中。

1922 年 8 月，中国劳动组合书记部制定的《劳动法案大纲》，明确规定承认劳动者的集会结社权、同盟罢工权、缔结团体契约和国际联合权。还规定在国家制定保障工人法律时，必须准许全国总工会的代表出席。

1923 年 2 月孙中山再次回广州，3 月 1 日成立海陆军大元帅大本营，就任大元帅职。在共产国际和中国共产党人的帮助下，积极筹备国民党的改组工作。1924 年 1 月，《中国国民党第一次代表大会宣言》接受了中国共产党的反帝反封建的主张，重新解释并丰富了三民主义。该宣言中关于工人政纲有："确定人民有集会、结社、言论、出版、居住、信仰之完全自由权"；"实行普通选举制，废除以资产为标准之阶级选举"，"制定劳工法，改良劳动者之生活状况，保障劳工团体，并扶助其发展"。① 以上规定对《工会条例》的修订，提供了正确的指导方针。

为了适应中国工人运动的发展和各地组织工会的需要，在共产党人和国民党左派人士的共同努力下，总结了两年多工运纲领和组建工会的经验，由国民党中央执行委员会及政治委员会通过了《修正工会条例》，共 21 条，于 1924 年 10 月 1 日由孙中山以大元帅名义加以公布。

与此同时，还制定了《工会条例理由书》（以下简称《理由

---

① 《孙中山全集》第 9 卷，中华书局，1986，第 124 页。

书》)。《理由书》指出："在中国今日大机械工业尚极幼稚之时代，大部分之手工业工人，又多不感觉于组织团体之切要，故本草案注意之点，即首在确认劳工团体之地位，次在允许劳工团体以较大之权利及自由，三在打破其妨碍劳工运动组织及进行中之障碍，使劳工团体得渐有自由之发展。基于此种理由，故对于本草案中特列入十大要点如下"①《理由书》的十大要点，即成为《修正工会条例》的纲要。与条文结合一起作如下阐述。

2.《修正工会条例》的发展与变化

《修正工会条例》的主要发展变化如下：

（1）明确规定扩大工会会员的范围，使工会真正成为整个工人阶级群众性的组织。第一条规定凡是年龄在 16 岁以上，同一职业或产业之脑力或体力之男女劳动者，家庭及公共机关之雇佣，学校教师职员，政府机关事务员，集合同一业务之人数在 50 人以上者，得适用本法组织工会。从此不难看出，组织工会者，不仅有体力劳动者，而且包括脑力劳动者；不仅各厂矿企业的职工有权按职业或产业系统组织工会，就是家庭及公共机关的佣人、学校的教职员、政府机关的事务员，都有组织工会的权利。

（2）关于工会的组织方针，明确规定以产业工会为主，并加强国内国际的联合。第六条规定：工会以产业组织为主，但因特殊之情形，经多数会员之同意，亦得设职业组织。已设立之同一性质之工会有两个或两个以上者，应组织工会联合会。工会或工会联合会，得与别省或外国同性质之团体联合或结合。这样便为建立全国总工会和全国性的产业工会以及参加国际劳工组织取得法律根据。不久，于 1925 年 5 月在广州召开的第二次全国劳

① 原件为中国国民党中央执行委员会 1924 年翻印的《孙大元帅公布工会条例》，录自《孙中山集外集补编》，上海人民出版社，1994，第 432～433 页。

动大会，决定成立中华全国总工会，并加入"赤色职工国际"。第十一条规定：工会委员由工会会员按照本工会选举法选出之职员充任之，对外代表本会，对会员负其责任。这在实际上是确认以民主集中制作为工会的组织原则。

（3）扩大工会的职责权利。①第二条规定：在重申工会为法人后，又补充规定会员私人对外行为，工会不负连带责任。②第三条明确规定工会与雇主团体处于对等地位，于必要时得开联席会议，计划增进工人之地位，及改良工作状况，讨论及解决双方纠纷或冲突事件。③第四条规定：工会在其范围以内，有言论、出版及办理教育事业之自由。④新增加罢工权。第十四条规定：工会在必要时，得根据多数会员决议，宣告罢工。但不得妨害公共秩序之安宁，或加危害于他人之生命财产。⑤补充规定改善会员劳动条件。第十五条规定：工会对于会员工作时间之规定、工作状况、及工场卫生事务之增进及改良，得对雇主陈述意见，或选出代表与雇主方面的代表组织联席会议，讨论及解决之。⑥第十条具体列举工会职务13项，即主张并拥护会员间之利益；会员之职业介绍；与雇主缔结团体契约；为会员之便利或利益而组织合作银行、储蓄机关及劳动保险；为会员组织各项娱乐事务、会员恳亲会及俱乐部；为会员组织生产、消费、购买、住宅等各种合作社；为增进会员之智识技能而组织各项职业教育、通俗教育、劳工教育、讲演班、研究所、图书馆及出版物；为会员组织医院或诊治所；调解会员的纷争；关于工会或会员对雇主之争执及冲突事件，得对于当事者发表并征集意见，或联合会员作一致之行动，或与雇主之代表开联席会议，执行仲裁；或与雇主方面共推第三者参加主持仲裁，或请求主管官厅派员调查及仲裁；对于有关工业或劳工法制之制定、修改、废止等请求事项，得陈述其意见于行政官厅、法院及议会，并答复行政官厅、法院及议会之咨询；调查并编制一切劳工经济状况，及同业间之就业、失业暨一般生计状况之统计及报告，其他有关增进会员利益、改良工作状况、增进会员生活及智识之事业。

（4）会费及工会财产的保护。①会员对工会之经常费，不得超过该会员收入的百分之五。但特别基金及为会员利益之临时募集金或股份，不在此限。②第十三条规定：工会会员于必要时，得选派代表审核工会簿记，并调查财产状况。③第十七条规定：工会基金、劳动保险金、会员储蓄等之存贮于银行者，该银行破产时，此类存款得有要求优先赔偿之权利。④工会及工会所管理的会所、学校、图书馆、俱乐部、医院、诊治所、各类合作社的动产及不动产，一律不得没收。维护会员利益的基金、劳动保险金和会员储蓄，也不得没收。

（5）对工会的管理与监督。①第七条规定：发起组织工会者，须向县公署或市政厅提出注册请求书，并附具章程及职员履历表各二份。第八条具体规定了工会章程须载明的内容。②第五条规定：工会组织之区域范围，如有超过行政区域者，须呈请高级行政官厅指令管辖机关。③第九条规定：工会每六个月应将职员姓名履历、会员情况、财产状况、事业经营成绩、罢工或冲突事件，造具统计表册，报告主管官厅。④第十六条规定：行政官厅对于辖区内之工会与雇主间发生争执或冲突时，得进行调查并执行仲裁，但不得强制执行，[①] 只有公用事业[②]之工人团休与雇

[①] 《工会条例理由书》第七要点说明如下："行政官厅对于非公用事业之雇主与工人间冲突，只任调查及仲裁，不执行强制判决，以养成工会自动之能力。"

[②] 《工会条例理由书》第七要点说明："草案中所指之公用事业，系指一切有关于日用交通如电灯、电话、煤气、自来水、电车、铁道、航船等而言。"

主冲突扩大或延长时，行政官厅经过调查仲裁后，双方仍相持不下者，得执行强制判决。⑤第十九条规定：工会发起人及职员，如不按本条例第八、九条之规定，进行呈报或呈报不实不尽者，主管官厅得命令其据实呈报或补报；在未据实呈报或补报以前，该工会之行动不受本法之保护。删去了第一个条例中关于司法处罚的规定。

（6）新增加一条，即第二十条：凡刑律违警律中所限制之聚众集会等条文，均不适用于本法。即明确宣布废止北洋政府制定的《暂行新刑律》和《治安警察条例》关于压迫工人的种种规定。据查1912年4月袁世凯颁布的《暂行新刑律》第二百二十四条规定：从事同一业务之工人同盟罢工者，首谋处三年未满一年以上有期徒刑、拘役或三百元以下罚金。其余人处拘役或三十元以下罚金。1914年3月颁布的《治安警察条例》规定：警察官吏对于劳动工人聚集，进行"同盟罢业"、"同盟解雇"或"强索报酬"者，得禁止之。不遵禁令者，处以五个月以下之徒刑，或五元以上五十元以下之罚金。可见这是北洋政府制定的两种极其反动的迫害劳工法。这次在《修正工会条例》中，再次明令加以废止，这是中国人民在20年代向北洋军阀反劳工法律进行斗争，在部分地区取得的初步胜利。同时也是为了杜绝广州军政府管辖下的法院警厅，对于工人运动滥行干扰的法律依据和种种借口。正如《工会条例理由书》第九点所指出的："特别声明对于刑律及违警律中所禁止之聚众集会等条文，不得适用于工会法，以免法院警厅之比附，而妨碍工会之进行。"

此外修正条例还删掉关于工会解散及清算的规定。

综上所述，不难看出，1924年修正的《工会条例》，是在1922年第一个《工会条例》的基础上，总结了工会运动的新经验而制成的相对完善的工会法。如果说第一个《工会条例》是初期工人运动的积极产物，那么修正后的《工会条例》便成为国共合作和孙中山实施"扶助农工"政策在法制建设上结下的丰硕成果。总之，这两部《工会条例》在中国工会立法史上的历史功绩，是永远不会磨灭的。

六 关于毛泽东对赵五贞花轿
自杀评论的考察

——"五四运动"后毛泽东等
对改革婚制的基本主张

1919 年 11 月 14 日，长沙城发生一件新娘花轿自刎的悲剧，一时引起社会舆论的极大关注。湖南《大公报》（以下简称《大公报》）等报刊，连续发表数十篇消息报道和评论文章，对赵女士之死的原因以及如何改革中国的婚姻制度，开展了一次社会大讨论。其涉及范围之广泛与婚制改革内容之深入，可以说是前所未有的。当时的毛泽东被《大公报》聘为"馆外撰述员"，他为赵女士之死发表了数篇评论文章或随笔，对这场自由讨论的深入发展，起到积极引导和推动作用。

多年来，虽然有不少论著对此做过介绍，但对毛泽东当时的基本思想及其发展脉络，叙述似嫌过简，对于其他人为此所作的评论，更是无人问津，甚至对许多基本事实，还存在某些歧异。例如毛泽东为此事件究竟发表过几篇文章，由于每人接触的史料不同，说法不尽一致。有的认为 7 篇，有的认为 9 篇，有的认为 10 篇。至于发表的时间和题目，也有不同说法，如《"社会万恶"与赵女士》一文，多数著作皆注明 1919 年 11 月 21 日，但四川人民出版社 1991 年出版的《毛泽东与大革命》，却未明确注明日期。11 月 21 日发表的另一篇文章，有的标题为《关于赵女士自刎以后的言论》，有的标作《女子自立问题》，这些歧异都有澄清的必要。

特别还应强调指出，为了全面理解"五四运动"后关于改革婚制的基本观点，不能只是孤立地介绍毛泽东的这几篇文章，应把它放在整个历史发展的进程中，进行系统考察。这里至少应包括：①"五四运动"以来中国革命知识分子对妇女解放和婚制改革的基本主张；②毛泽东在赵女士自杀之前关于妇女解放的论述，以及在此事件之后关于改革中国婚制等问题的思想发展；③赵女士自杀后社会舆论与毛泽东的几篇评论，是如何切磋交流和相互补充的。

在事隔 80 多年的今天，重读这些评论文章，仍然具有重要的理论意义和现实参考价值。尽管当时所批判的封建婚姻制度，如今已发生根本变化，但其中许多具有消极影响的旧思想旧习俗，目前在我国不少地方，仍在程度不同地阻碍着现行婚姻法的贯彻实施。同时，笔者深感当年毛泽东和其他社会舆论对于改革婚姻家庭制度所提出的种种建议和理由，对于今天如何改进和完善我国社会主义婚姻家庭立法，仍具有直接的参考价值。当然，在这些评论文章中，不可避免地存在某些不确切，不全面的缺陷，但是，我们不能以今天的观点去对前人进行求全责备，而应把重点放在如何从他们的文章中吸取其积极的思想因素，使之在新的历史条件下，得到不断的完善和发展。因此，本文准备尽可能地对这些评论文章予以全面考察和系统阐述。

（一）"五四运动"以来我国革命知识分子对妇女
解放和改革婚姻家庭制度的早期论述

1919 年 5 月 4 日在中国爆发的"五四运动"，标志着我国反帝反封建的资产阶级民主革命已经发展到一个新的阶段，揭开了中国新民主主义革命的序幕。作为"五四"新文化运动重要内容之一的新婚姻文化思想，即对封建婚姻制度的批判和否定，已引起当时社会的普遍关注。许多青年知识分子，为了追求个人幸福和思想解放，要求冲破封建婚俗的束缚，对旧中国的婚姻制度提出各种改革主张。有人竟以离家出走，以示对封建包办婚姻的抗争。这一切都说明国人在"五四"时期，正在试图从封建的生活方式逐步迈向近代文明社会，进行着艰苦的探索。一批具有初步共产主义思想的革命知识分子，在研究中国革命理论探讨中国革命途径的同时，也对妇女解放和改革婚姻家庭问题，发表了一些评论文章。具有代表性的有以下几位：

1. 李大钊的论述

李大钊在 1919 年 10 月 15 日发表的《妇女解放与民主政治》一文指出："所谓人民全体，就是包含男女两性在内"。可是"我们中国人的一切社会的生活，都不许妇女加入，男女的界限很严，致成男子专制的社会"。因此，我们要想真正的民主政治在中国的社会就能够实现，"必须先作妇女解放的运动"。"这妇女解放的运动，也比什么都要紧"。[①]

1919 年 11 月 9 日发表的杂文《掠夺物品的遗迹》中，把

---

① 《李大钊文集》（下），人民出版社，1984，第 102～103 页。

中国人的结婚，形象地比作"掠夺的物品"。他说："一群告化子拥着一顶红轿，帘幕封得紧紧的，几个人抬着飞跑，好像掠夺来的物品一样。这是中国结婚的仪式，这是中国女子的人格！"①

1920年1月1日发表的《由经济上解释中国近代思想变动的原因》一文中，提出要打破父权和夫权家长专制，要解决婚姻家庭中若干具体问题，如家庭问题中的亲子关系问题，社会问题中的私生子问题，儿童公育问题，妇女问题中的贞操问题，节烈问题，女子教育问题，女子职业问题，女子参政问题，法律上男女权利平等问题（如承继遗产权利问题等），婚姻问题——自由结婚、离婚、再嫁、一夫一妻制、乃至自由恋爱、婚姻废止——都是属于这一类，都是从前大家族下断断不许发生，现在断断不能不发生的问题。②

1922年1月18日又在《现代的女权运动》中，详细谈到女权运动中的主要法律要求，"属于法律者：民法上，妻在法律前应与以法律的、人格的完全地位，并民法上的完全权能。刑法上，所有歧视妇女的一切条规，完全废止。公法上，妇女参政权"。"属于社会的生活者，须承认妇女之家庭的、社会的、工作的高尚价值"。③

1923年2月4日，李大钊在湖北女权运动同盟会演讲《女权运动》时，再次谈到妇女运动各种法律的改革问题。他说：以中国现在妇女运动之情状看，不是单独进行可以完全收效的，须包含母权、女权及无产阶级的妇女运动，联络一气，通力合

---

① 《李大钊文集》（下），人民出版社，1984，第121页。
② 《李大钊文集》（下），人民出版社，1984，第182页。
③ 《李大钊文集》（下），人民出版社，1984，第515页。

作，方有效验。今姑从法律上，归纳言之，应改革者，如左之数种：①宪法上之选举权及被选举权，应平等；②民法上之亲权、财产权、行为权及其他种种不平等之规定，俱应加以修正；③婚姻法也应该规定；④刑法上一方定有重婚罪，一方解释纳妾不为罪，大伤人道，极不平等，应修改；⑤买卖妇女在刑法上应厉禁；⑥同意年龄提高问题，在美奥各国女权运动史上考察起来，极为注重，今中国刑法，尚付缺如，应要求国家增定之；⑦行政法上为官吏之权，女子应不受限制；⑧女子应有同受教育之机会；⑨职业平等，亦为极属重要之问题，女子苟脱离家庭之拘束，欲求有经济独立之权，其第一步则在有独立之职业，谋独立之生活。⑩一切男子之职业，女子可以参加者，均须有同等参加之权。

最后指出："中国现当军阀专横之时代，欲为民权的运动，无论那种团体，都须联络一致，宗教的、母权的、女权的、无产阶级的妇女运动，可合而不可分，可聚而不可散，可通力合作而不可独立门户。能如是，方能打倒军阀，澄清政治，恢复民权。"①

2. 陈独秀的论述

陈独秀，在20年代初，为了揭露旧中国妇女的悲惨地位，连续发表许多文章，例如1921年1月19日《女子问题与社会主义》②的讲演中，指出：中国妇女伦理上的信条，是三从主义。所谓三从，是在家从父，出嫁从夫，老来从子。因为在家从父，女子全然没有人格，一切活动都要受父亲的干涉。现在中国女子婚姻问题当中，能自由的，百人中不过一二人，其余由父母作

---

① 《李大钊文集》（下），人民出版社，1984，第626~628页。
② 《陈独秀文章选编》（中），三联书店，1984，第104~106页。

主。父母并不是为女儿前途设想，而是为了联络有权势的人，把女儿送他们做妾，成为攀援富贵的敲门砖。女子出嫁后，要听命于男子，男子叫做的事，女子不能反抗。有的男子基于各种目的，竟然不惜将妻子卖掉或给他人。究其原因，就是经济上不独立，因为经济不独立，遂生出人格的不独立，因而生出无数痛苦的事情。那么，女子出外谋生是否可以独立呢？在资本主义制度下，如果受雇于人，一定附属于资本家，那就会变成资本家的奴隶了。又说女学生读书后，如果没有独立思想，也会丧失人格。他举上海某著名女校为例，多数学生没有独立思想，她们知识虽好，而思想仅得一个——就是穿着要阔，要时髦。最后的理想就是嫁个留学生，回国之后要做大官。这样自然把自己的人格丧失了。最后指出要解放妇女必走社会主义道路，他说：社会主义之下，男女都要劳作，在家庭不至受家庭压迫，结婚后不会受男子压迫。因为社会主义认为男女皆有人格，女子不能附属于父，也不能附属于夫。

1921 年 3 月 8 日在《我的妇女解放观》中：说明中国妇女遭受精神上和身体上的双层苦痛。他说：一切礼教、法律、社交、教育、职业、无不压抑女子。所以首先应把女子也看作是个"人"。接着他又形象化的比喻说：我们中国的诗礼人家，有客人来访时，若男主人不在家，女主人必定隔着门帘回答"我家里没有人"。这就是中国的妇女不自算是个"人"的铁证。所以，中国妇女第一必须取得法律家所谓"自然人"的资格，然后才能说到别的问题，才能说到和别人的同等权利。同时还指出：中国妇女的解放要求，不但是精神上的，而且是身体上的。中国妇女身体上第一苦恼就是缠足，陕甘等省的小脚妇人竟至终日膝行，市上还有出卖膝行器的店铺。江浙妇女好着紧身小马甲，为害肺部也非浅鲜。

与婚姻家庭制度密切相联的还有继承制度。陈独秀在 1920 年 1 月《男系制与遗产制》①一文中，针对当时发生李超女士因被剥夺遗产继承权而自杀的事件，指出："男系制"和"遗产制"是中国社会制度的两大缺陷。自古以来，宗法家长观念极深，长子、嫡子的地位比次子、庶子要高，因而形成长子或嫡子承袭爵位和财产的习惯。由于这一历史习惯的影响，在民间既或没有爵位的平民百姓，也模仿实行长子继承制，或由旁系男性来继承其遗产，而不准其亲生女儿继承遗产。所以，对于这种封建宗法的继承制度必须进行改革。其改革的设想是：①"废除遗产制度"，除留未成年子女教育费外，其他遗产都归公有。②"不用男系制做法律习惯的标准，李女士当然可以承袭遗产。"即主张男女都有平等的遗产继承权。

3. 毛泽东的论述

"五四运动"之后，毛泽东在探讨中国革命理论的实践中，也对妇女解放和改革婚姻家庭问题，作了若干初步的论述。按时间先后主要有以下内容。

"五四"时期，湖南学生联合会主办的周刊《湘江评论》，由毛泽东任主编和主要撰稿人。在他写的《湘江评论》创刊宣言中指出：自"世界革命"的呼声大倡，"人类解放"的运动猛进。接着提出："什么力量最强？民众联合的力量最强。什么不要怕？天不要怕，鬼不要怕，死人不要怕，官僚不要怕，资本家不要怕。"在 1919 年 7 月 14 日出版的《湘江评论》创刊号，毛泽东发表了题为《女子革命军》一文，具体指出中国女子所受

---

① 《新青年》第 7 卷第 2 号，1920 年 1 月 1 日。

的苦痛："……手上的饰物，就是桎梏，穿耳包脚为肉刑，学校家庭为牢狱，痛之不敢声，闭之不敢出。或问如何脱离这罪？我道，惟有起女子革命军"。

毛泽东在 1919 年 7 月 28 日发表的《民众的大联合》① 中，又专门谈到妇女解放和大联合问题。他说：诸君！我们是女子，我们更沉沦在苦海！我们都是人，为什么不许我们参政？我们都是人，为什么不许我们交际？我们一窟一窟的聚着，连大门都不能跨出。什么"贞操"，都限于我们女子！"烈女祠"遍天下，"贞童庙"又在那里，我们如今醒了！我们要进行女子的大联合。要扫荡破坏我们身体精神自由的恶魔。最后满怀信心地指出："我们中华民族原有伟大的能力！压迫愈深，反抗愈大，蓄之既久，其发必速。我敢说一怪话，他日中华民族的改革，将较任何民族为彻底。中华民族的社会，将较任何民族为光明。中华民族的大联合，将较任何地域任何民族而先告成功。"

1919 年 9 月 1 日，毛泽东拟制的《问题研究会章程》，提出了急需研究的 71 个问题。其中与妇女及婚姻家庭问题有关者，有以下三项，即：

（二）女子问题 （1）女子参政问题；（2）女子教育问题；（3）女子职业问题；（4）女子交际问题；（5）贞操问题；（6）恋爱自由及恋爱神圣问题；（7）男女同校问题；（8）女子修饰问题；（9）家庭教育问题；（10）姑媳同居问题；（11）废娼问题；（12）废妾问题；（13）放足问题；（14）公共育儿院设置问题；（15）公共蒙养院设置问题；

---

① 《湘江评论》第 2、3、4 期连载，1919 年 7 月 21 日~8 月 4 日。

　　（16）私生儿待遇问题；（17）避妊问题。

　　……

　　（六）婚姻制度改良及婚姻制度应否废弃问题。

　　……

　　（七）家庭制度改良及家族制度应否废弃问题。

　　1919年11月，长沙发生赵五贞轿中自刎惨事之后，毛泽东抓住这一典型事件，对改革中国婚姻家庭制度的重要意义，做了系统的论述（详见下文）。

　　1920年12月出版的《新民学会会员通信集》第二集，毛泽东在《致罗学瓒信》中，针对当时中国不合理的婚姻制度，曾提出"拒婚同盟"的建议。他指出，以资本主义作基础的婚姻制度，是一件绝对要不得的事。在理论上，是以法律保护最不合理的强奸，而禁止最合理的自由恋爱；在事实上，天下无数男女的怒声，乃均发现于这种婚姻制度的下面。我想现在反对婚姻制度已经有好多人说了，就只没有人实行。因此，他建议组成一个"拒婚同盟"已有婚约的，解除婚约，没有婚约的，实行不要婚约，凡同盟内各员，都要实践"废除婚约"这条盟约。

　　1921年4月25日，毛泽东在长沙《大公报》发表的《省宪法草案的最大缺点》一文，公开揭露湖南军阀赵恒惕玩弄制宪的骗局，乘机提出各项社会改革主张，其中包括对婚姻家庭的改革问题。他说："人民有自由主张其婚姻之权。婚姻之自由权，除依法律所规定之结婚年龄外，不受父母及任何人之限制。非依法律规定，不得限人民之离婚"。接着又分析婚姻自决权的重要性。他说："中国女子对于婚姻无自决权，由家庭而遗害社会，百事均伏坏根于此。而女子对于婚姻应有自决权，又已成天经地义。应规定男女结婚年龄和离婚的最小限制（如两造同意），让之民法；而于定婚权由父母移于子女之关系改变吾国婚姻制度之大者，则定之于宪法，我以为实属紧要。"同时，还对女子继承权问题提出以下主张："人民不分男女，均有承受亲属遗产之权。但亲属欲以其财产一部或全部用于公益事业时，不在此限"。又说：这一条是"所以救女子无财产之弊。女子无财产，女子要解决教育、职业、参政、婚姻种种问题，都是说梦。财产是一个根本，教育、职业、婚姻都是枝叶。"

以上是"五四运动"后，中国革命知识分子（以中国共产党的几位创始人的早期论述为代表）关于妇女解放与改革婚制的主要论述。到1921年中国共产党成立后，关于妇女与婚姻家庭问题，在党的宣言和决议中，都有进一步的规定，并在第一次大革命时期的工农运动中，特别是在后来的革命根据地里，得到全面地丰富和发展。这些都需要另作专题研究。

（二）长沙赵五贞花轿自杀的事实真相及毛泽东等所发评论文章的概况

1. 赵五贞花轿自刎的事实真相

1919年11月15日，长沙《大公报》发表了《新娘舆中自刎之惨闻》，以后又连续发表《新娘自刎案前因后果》、《新娘自刎案之余闻》和《赵五贞自刎案之真相》。说的是长沙市南阳街明阳眼镜店老板赵海楼的女儿赵五贞，二十二三岁，曾在某校读书，工刺绣，善缝纫。曾由父母作主，许配某家，未嫁夫亡。后又经媒人佘四娘介绍，许配长沙桔子园吴姓之次子为妻（续弦）。吴家系古懂商，颇为富裕。但赵女士却不同意这门亲事，后来又听说吴母向有"打街骂巷"的恶名，怕受虐待，男方年龄又偏大，更不愿作"填房"，所以赵女士坚决不从。曾对其母说，前夫托梦，叫她"守节"，立意终身不再嫁人，赵母不允，为此赵女士曾自缢过一次，幸被救下。其兄了解到吴家真情后，对此婚事也不甚赞同。后因媒人言称婚后可自立为家，不与母嫂同处，其兄即无异意。于是便在 8 月纳聘订婚，最后确定 11 月 14 日为迎亲吉日。赵女士又以兄长经商不在家为由，要求改期。吴家认为"吉日万不能改"予以拒绝。出嫁前一天，赵女士曾对邻居女眷私语："我实在舍不得你们啊！"但对其心事并未深谈。吉日早晨，赵女士不肯起床装饰，却暗自将剃刀藏于裹腿之内（当日赵家发现新剃刀不见，其母曾搜索赵女衣带皆无，即作罢）。待花轿临门时，赵女士又拒绝上轿，被其父打了耳光，强迫上轿。正当全副执事两班乐队吹吹打打，行至青石桥时，忽见新娘轿中滴出鲜血，忙抬至吴家门前，掀帘启视，只见新娘仰面歪倒轿背，奄奄一息，颈部血流不止，并在轿中找出剃刀一把。待送至医院，赵女士因出血过多而亡。这一惨闻被披露后，长沙《大公报》连续发表数十篇消息和评论文章，开展了一场具有相当规模的社会大讨论。

2. 毛泽东为赵五贞之死所发评论文章的概况

据现有史料考察，1919 年 11 月赵五贞自杀后，毛泽东在长沙《大公报》先后发表评论文章 7 篇，即：

（1）《对于赵女士自杀的批评》（《大公报》1919 年 11 月 16 日）；

（2）《赵女士的人格问题》（《大公报》1919 年 11 月 18 日）；

（3）《"社会万恶"与赵女士》（《大公报》1919 年 11 月 21 日）；

（4）《非自杀》（《大公报》1919 年 11 月 23 日）；

（5）《打破父母代办政策》（《大公报》1919 年 11 月 25 日，毛泽东在《恋爱问题——少年与老年人》的总标题下，分写了两篇文章，一篇是《打破父母代办政策》，另一篇是《打破媒人制度》）；

（6）《打破媒人制度》（《大公报》1919 年 11 月 27 日）；

（7）《婚姻上的迷信问题》（《大公报》1919 年 11 月 28 日）。

与此同时，毛泽东还在《大公报》的"随意录"中，发表两篇短篇随笔，一篇题目是《婚姻问题敬告男女青年》，《大公报》1919 年 11 月 19 日。另一篇是《改革婚制问题》，《大公报》1919 年 11 月 19 日。

此外，毛泽东还为赵女士之死，在长沙周南女校学生主办的周刊《女界钟》特刊第一号（1919 年 11 月 21 日出版），发表一篇没有标题的评论文章。该期周刊（主编周敦祥）发表了一组文章，其总标题是《关于赵女士自刎以后的言论》，共计 10 篇，其中有毛泽东的一篇。原文本无题目，后来湖南出版社 1990 年出版的《毛泽东早期文稿》时，根据该文的主要内容加拟题目为《女子自立问题》，后来即为其他论著所沿用。

综上可见，有的论著认为毛泽东发表了 7 篇文章，是专指在《大公报》上发表的 7 篇评论文章。有人认为 9 篇，即加上《大公报》的两篇短文。有人认为共有 10 篇文章，即包括《女界钟》的一篇。

3. 湖南《大公报》为赵五贞之死所发其他评论文章的概况

1919 年 11 月 14 日赵五贞自杀之后，长沙《大公报》即在第二天（11 月 15 日）首先发表署名"天籁"的文章《旧式婚姻之流毒》。同日还发表署名"兼公"① 的"随意录"《改革婚姻的牺牲者》，11 月 17 日、18 日"兼公"又发表《我对于赵女士自杀的杂感》和《赵、常两女士的人格》。18 日"随意录"中发表署名"盾"的《我也说说赵女士自杀事件》。

11 月 19 日发表"殷柏"② 的《对于赵女士"自杀批评"的批评》和"汝霖"的《我对于赵女士自杀案的主张》。11 月 20 日发表"纬文"的《婚制改造问题》。同日在《赵女士自杀案的舆论》总标题下，发表署名"苏闰波"、"新曼"、"有平"三人的投稿。

11 月 21 日发表"筠园"的《我的改革婚制谈》和"迈君"的《我对赵女士自杀的感想》。

11 月 22 日发表"毓莹"③ 的《一个问题》，"平子"④ 的《我不赞成父母主婚》和"柏荣"的《我对于赵女士自杀后的意见》。

11 月 23 日发表"新城"⑤ 的《改革婚制先决的一个问题》。

11 月 24 日发表"西堂"⑥ 的《论赵女士自杀事》，以及"随意录"中"盾"的随笔。

11 月 26 日、27 日发表"抱"的《旧式婚姻的罪恶》。

11 月 29 日发表刘渡黄的《我对于婚姻改造的意见》。

---

① "兼公"，即龙彝，笔名"兼公"，时任湖南《大公报》主笔。
② "殷柏"，即彭璜，字殷柏，新民学会会员，1919 年 6 月任湖南学生联合会会长。
③ "毓莹"，即龙伯坚，"五四"时期曾主编《新湖南》。
④ "平子"，即张平子，时任《大公报》主笔。
⑤ "新城"，即舒新城，时任教于长沙福湘女校。
⑥ "西堂"，即李肖聃，号西堂。

11月30日和12月1日连续发表"衍仁"的《可怜的中国妇女》。

以上仅是当时长沙《大公报》所发有关文章的基本情况。此外，在湖南的其他报刊以及外省市报刊所发表的有关文章，即不一一详查。

仅从毛泽东及长沙《大公报》所发的上述文章，就可清楚地了解到当时的社会舆论对赵女士之死的评论动向，以及对改革婚制的主要论点。

（三）毛泽东与其他评论文章的主要内容

1. 赵女士自杀的根源是万恶的社会制度

毛泽东1919年11月16日《对于赵女士自杀的批评》一文的基本观点如下：

首先指出，社会上发生一件事，都有其重叠相生的原因。如"人死"一事有两种解说：一是生理的及物理的，"年老寿终"属于这一类；一是反生理的及反物理的，"夭殇"，"横死"属于这一类。赵女士的死，是自杀，即属于后一类。

接着转入主题，即明确提出赵女士自杀究竟是怎样造成的呢？毛泽东的回答是，赵女士自杀"完全是环境所决定"。"是环境逼着他求死的"。赵女士当时所处的环境是：①中国社会；②长沙南阳街赵宅一家人；③他所不愿意的夫家长沙桔子园吴宅一家人。这三件形成三面铁网，赵女士在这三角形铁网当中，无论如何求生都没有生法。假使这三件中有一件不是铁网，或铁网是开放的，赵女士决不至死。①假使赵女士的父母不过于强迫，依从赵女士的自由意志，赵女士决不会死的。②假使赵女士能向其夫家表达其意，说明不从的原因，夫家能够尊崇他的个人意愿，赵女士决不会死的。③假设社会上能有一部很强烈的舆论作他的后援，别有新天地可容其逃亡栖存，并认为他的逃亡栖存是名誉的举动，而非所谓"不名誉"，赵女士也决不会死的。如今赵女士真死了，完全是"三面铁网（社会、母家、夫家）坚重围着，求生不能"的结果。

其结论是："这事件的背后，是婚姻制度的腐败，社会制度的黑暗，意想的不能独立，恋爱不能自由"。最后，举出外国的类似事例，说明对此事件开展讨论的意义。去年日本东京曾发生一件伯爵夫人和汽车夫恋爱而共同自杀的事，引起许多文人学者的关注讨论达数月之久。现在赵女士之死，是一个很大事件。因此，毛泽东特别提请社会舆论关注，指出"吾们讨论各种学理，应该傍着活事件来讨论"。此即后来所说的理论联系实际。并指出昨天天籁①和兼公②先生已经作了引子，希望有讨论热心的人，对这个殉自由、殉恋爱的女青年，从各种论点出发，替他呼一声"冤枉"。

接着毛泽东又在 11 月 19 日的随笔《改革婚制问题》中再次向广大青年发出号召，既然已提出要"改革婚制"，就应该进行讨究"婚制如何改革"。希望青年男女诸君，若有如何解决这一问题的论文，欢迎投向本报。

毛泽东的第一篇评论文章发表后，获得许多人的赞同，如 11 月 19 日汝霖在《我对于赵女士自杀案的主张》，指出：泽东所论"三角式的铁网"，确是不错。但我说社会的铁网，比那两方面更坚牢些。假如赵女士不满意夫家而不听父母之命，去自由

①　"天籁"在 11 月 15 日《大公报》发表《旧式婚姻之流毒》。
②　"兼公"在 11 月 15 日《大公报》发表随感《改革婚姻的牺牲者》。

恋爱，社会上就会说他不孝，没有媒人介绍就会说他"不正经"。故此层铁网打不破，赵女士才不得不作出如此牺牲的手段。

但也有人提出不同的意见，如11月19日殷柏在《对于赵女士"自杀的批评"的批评》一文指出：泽东先生批评他自杀的原因完全是环境的罪恶，我虽不能不承认他的批评确有道理，但我以为我们倡导社会的改造，却不可单独注意社会的力量，社会是由个人组合成的，尤当注意个人的方面。那赵女士的自杀，说环境有罪，固然不错，但首先应调查他在自杀以前到底是否积极主张"自由恋爱"，他有无可能避免自杀的机会。如果他早寻一个绝好的朋友，可用"逃亡"的方法。如果他平素忽略终身大事，不早查明夫家情形，不筹措积极解决办法，那是他不能自强、自立，而自暴自弃，屈从环境是他有惰性而无判断力的过错。

为了答复上述问题，毛泽东在11月21日又发表《"社会万恶"与赵女士》，指出我的朋友殷柏先生前天在报上说我徒然归咎环境，放松赵女士本身，认为赵女士是软弱消极的行为。不过，我到底不能放过"社会"。因为这种"社会万恶"具有极大的危险性。在这种社会里，既可以使赵女士死，可使钱女士死，孙女士死，李女士死。可使"女"死，也可使"男"死。因此，我们现在未死的人，就不能不预防这危险的东西遇着机会随时会给我们以致命伤，我们不能不去大声疾呼"社会万恶"，以警觉我们未死的同类。同时又补充说明"我所说的社会、母家、夫家三个方面，而母家、夫家都包括在社会里面。其母家、夫家虽有罪过，但罪恶的根源，仍在社会。譬如赵家听说吴家有恶姑，做媒的偏说这不确，在西洋社会必无此勉强牵合的媒人制度。又如赵女士不肯上轿，他父亲竟掌他嘴巴，假如在西洋社会，便可在法庭提出诉讼。又如赵女士要求改期，吴家兄嫂竟有权"固拒不许"，这边便强迫嫁出。"这都是我们中国万恶社会里特别发生的把戏"。

关于"逃亡出走"问题，毛泽东指出，在这男女极端隔绝的社会里，不容有女子的位置。赵女士纵要逃亡，能逃到那里去呢？他还举例说韶山有一茅姓女子，被父母包办嫁一个极蠢又极丑的男人，他不愿意，便和邻居恋人逃走。两天后，经他人报信，便被夫家捉回，毒打后锁入房中，强迫结婚。而当地社会舆论反认为"打得好，他走脚，不要脸，丑了一族人"。可见，出走的结果是"捉"、"打"、"骂"。

关于"逃亡出走"虽不是一条坦平的出路，但在特定历史条件下，也不失为一种不得已的斗争方式。例如11月18日《大公报》登载一条新闻《又一婚姻奇案——新妇自往男家》，说的是长沙南门常家次女16岁，与人力车夫左家次子相识并订婚。常母近称"要靠此女过老"，要求左家须以"金器下订"，否则即予"悔婚"，另配吴姓。左家无此重礼，即请其嫂来与常女商议。常女不愿改配吴家，逐背其母随嫂前往左家。翌日成婚时，常母闯入左家咆哮，并控至警署。经问明实情后判令左氏罚酒席一桌，率新妇往常宅赔罪，两造当堂具结了案。此外，《大公报》还于11月17日登载一条新闻，标题是《又一潜逃之妇人》。可见"潜逃"之路，各地仍在时有发生。

2. 关于赵女士的"人格问题"

当时有人提出赵女士有无人格的问题，毛泽东在11月18日《赵女士的人格问题》一文中指出，答案有二：一是赵女士没有人格，二是赵女士有人格。为什么说他没有人格呢？因为"人格这件东西……他的先决问题，是要意志自由"。"赵女士要是有人格，必是有自由意志；要是有自由意志，必是他的父母能够尊崇他，容许他"。那样，赵女士就不会自杀在"囚笼槛车的彩轿"里。同时还指出"西洋的家庭组织，父母承认子女有自由意志。中国则不然，父母的命令，和子女的意志完全不相并立"。其结论是，赵女士之死，"是在中国家庭制度（父权母权）婚姻制度（父母代办政策）的底下应该发生的"。

为什么又说赵女士有人格呢？这是指赵女士的本身而言。毛泽东说：赵女士处在不容他有人格的家庭之中，但在他最后的一瞬间，"不自由，无宁死"，赵女士有人格也随之涌现出来，顿时光焰万丈，所以说赵女士是有人格的。

11月18日兼公在《赵、常两女士的人格》一文指出：泽东君说赵女士无人格又有人格，这话我很赞成的。我昨天说的"他虽不能把智力保障自由意志，却佩服他还肯把性命去殉自己意志"，就是这个道理。接着他举出本日报载常女士违背母命，自己到左家成婚的事例，称赞常女士"是能把智力保障他的自由意志，自然要算有人格了"。最后他将赵、常两女士相比较后，指出："赵女士是消极的，常女士是积极的，消极是无作为，积极是有作为。所以常女士得了个顶完善的结果，赵女士得了个顶惨痛的结果。"

3. 关于赵女士的"自杀"问题

毛泽东在11月23日《非自杀》一文中指出：对自杀一事，古今中外的伦理学家不知有多少议论。或赞美自杀，或排斥自杀，不同的人生观有不同的见解。首先，明确回答"我对于自杀是采排斥的态度"，即"非自杀"。其理由是：从伦理学讲，吾人是以求生为目的，故不应反其道而求死。从心理学讲普通人的心理则是排斥"死"的观念，而欢迎"生"的观念。只有少数欢迎"死"而排斥"生"的人，则是一种例外，即心理的反常。在生理学讲，人的身体是由细胞所组成。而细胞生命的自然状态，总是向前继续，至一定年龄而后老死。自杀则是反抗此种生理的自然状况的，可说是一种生理的奇变。从生物学讲，各种生物自杀者很少，一般都是"以生为乐，体合环境，百折求生"。可见，"自杀在伦理学、心理学、生理学、生物学，都无位置，故各国刑法有禁止自杀的规定。而社会习惯，生则为之庆，死则为之吊，也都是立足于根本的求生法则上面。"

其次，提出为什么社会上竟有自杀的事？从自杀者的心理看，其发生之前，并不是想要自杀，他的求生希望非常强烈。此种异常强烈的希望，至少，须给以相当条件，方能令他满足。设若环境对他不善处置，使他的希望落空，他才去求死的。可见，社会之所以有自杀，就是社会将他的"希望"尽行夺去，而给以"完全失望"，赵女士的自杀即属此类。

再次，指出吾人并无尊敬"自杀"本身的感情，之所以要尊敬壮烈的自杀，乃是尊敬他的"难能"和"反抗强权的精神"。接着具体分析当时赵女士面临以下四种选择：①要有人格的得生，其动机结果都好。必须自己起来先造就一个新社会。但是，赵女士却无此能力及准备。②奋斗被杀。奋斗的目的，"为求人格的得生"，及终不得，则截肠决战，玉碎而亡，真天下之至刚勇。③自杀，虽不应该，则保全其人格，但于人生自然法则却无位置。④屈服，在人格及自由意志上皆无位置，也非赵女士所愿。其结论是："他的自杀，只于人格保全上有相对的价值"。

最后，针对当时曾有人把赵女士的自杀，看作是"一件最快人心，最可喜的事"，毛泽东明确回答："颇难表示赞同之意"。据查《大公报》11 月 20 日在《赵女士自杀案的舆论》的标题下，发表"新曼"的投稿，他说：这几天本报上研究这个问题的，除掉兼公的"改革婚制之牺牲者"一则外，什么泽东的"三角铁网"哪，天颖的"旧式婚姻之流毒"哪，兼公的"我对于赵女士自杀的杂感"哪，还有《湖南日报》老孙的"旧家庭的赵姓女儿为何死了"哪，似乎都犯了"论点错误"的毛病。"分明是一件最快心的最可喜的事，却弄得满纸模糊，变成一件极惨极哀的事"。新曼的主要观点，即称赞赵女士是："剃刀一挥，伊的自杀成功了。清清白白的女儿身，依然是'无瑕白璧'。任何环境怎样压迫，绝对的不能征伏伊、玷染伊一丝半点"。"赵女士是个不为环境所屈的铁汉，同时是个完成自己意志的自动的牺牲者"。

4. 反对"父母代办婚姻"

毛泽东在 11 月 25 日《打破父母代办政策》一文指出：吾人的欲望有多种，食欲、性欲、游戏欲、名誉欲、权势欲（一称支配欲）等等皆是。各种欲望当中，以"食""性"二者为根本欲望。前者所以维持"现在"，后者所以开发"将来"。原来夫妻关系，完全是要以恋爱为中心，余事种种都系附属。中国则独将这个问题撇到一边。社会上既不以恋爱为重，于是婚姻一事，则是烧茶、煮饭等奴隶工作。因此，老年人为儿子讨媳妇，是要媳妇替他做奴隶的工作。接着作者特别指出，无论从生理上、心理上者已证明，"子女的婚姻，父母绝对不能干涉"。在子女方面，"对于父母干涉自己的婚姻，应为绝对的拒绝"。只有这样，"真正得到恋爱幸福的夫妻，才能实现"。

关于这一问题，毛泽东在 11 月 19 日《婚姻问题敬告男女青年》一文，作了以下补充：指出兼公先生在《改革婚制的牺牲者》一文中，对赵女士的自杀，下一个警告于做父母的。他说："中国人不都是些聋子瞎了，必定总有一丝半点儿的良心，就应该有一个彻底的觉悟，不再去干涉他的儿女婚姻。这个女子还死得值。"毛泽东指出：兼公先生的话，说着一半了，还有一半由我来补充，即"全中国男女诸君！你们都不是些聋子瞎子，眼见着这么一件'血洒长沙城'的惨事，就应该惊心动魄，有一个彻底的觉悟。你们自己的婚姻，应由你们自己去办。父母代办政策，应绝对否决。恋爱是神圣的，是绝对不能代办，不能威迫，不能利诱的！我们不要辜负了他，不要使他白白送了一条性命"。

毛泽东在《打破父母代办政策》一文的最后，对《大公报》刊载的有关文章，作了如下评论：平子君鉴于赵海楼之逼杀其女，极不赞成父母主婚，而没有说出所以然的真实道理。其余笏园、纬文、不平诸君的议论，对于父母干涉子女婚姻一点，尚多徘徊两可之谈，未明绝对难侵之理（不平君主张父母作有力的参加人，更说远了）。

究竟上述人员讲了些什么呢？笔者看过之后，认为他们各杼己见仍有某些可取之处。据查"平子"11 月 22 日的文章中指出，正当上海的《时报》《新报》也在讨论"解决父母为子女订婚问题"，长沙发生赵女士自杀之事，这可算是研究这一问题好题目。平子认为：父母主婚总是埋藏着危险的种子，所以"我对于父母主婚的事很不赞成"。但是，反对父母主婚，现在还没有人敢说敢做。这是由于数千年"名教道德"的束缚。谁若反对，就会招惹些"女不贞静男不纯良的议论"。所以必须"改造环境，输入新知"。

"筠园"在11月31日的文章中主要谈到：婚姻由父母作主是一件极不好的事，但这种制度相传数千年，骤然改变，也有难处。这是因为：①男女交际极少，就是受过学校教育的，也是男女分校；甚至男女集会，也是各坐一边，互不接触，互不了解。②男女的学识没有养成，抉择力都很薄弱，不可能把对方的学问、性情、仪表、家庭生活等一切辨别到精确的地步。③欧美虽实行男女自由恋爱结婚，但是婚后不平等不遂意的事很多，因而离婚的也不少。该文最后提出改革婚制的建议是：①先从打破男女界限入手，实行男女同校，多给男女交际机会。②限制早婚，等到成年后学问养成，听其自由择配。③成年人结婚，也不必废掉"父母之命，媒妁之言"，但须得到男女本人的同意。④男女自行择配的，亦须报告他的直系亲属鉴定认可，这是过渡时期的救治办法。

"纬文"是《大公报》驻北京特派员，从北京寄来《婚制改造问题》一稿，主要论点是：中国旧式的婚姻，完全被那家庭组织所束缚，变成一个极专制，极不道德的行为。子女像货物一样，由父母把来强迫交换。这种买卖式的婚姻，一定要改造。新式"自由婚姻"虽好，但国人还不了解自由的"真缔"。旧式婚姻仍然"积重难返"。如若改造必寻求一个安稳"折衷的办法，即新旧互相补救办法。最后提出禁止早婚的建议，指出未成年男女，身体发育不充分，心志不坚定，若要迷着色欲，最足以妨碍身体和事业的发展，将来产育的儿女也是懦弱愚钝的。作者主张，从生理上讲，结婚年龄"大约二十岁以上成年的时候为好"。

"不平"11月20日文章的主要观点是：婚姻的成立须要男女双方都了解对方的情形，志愿结合，要尽可能限制早婚，并要父母做有力的参加者，以便过细考虑。万一一方不同意，可以悔弃婚约。对于请求离婚者，法律也应予准许。

5. 打破媒人制度

毛泽东在11月27日《打破媒人制度》一文的主要观点是：①揭露媒人制度的罪恶。指出媒人是一中国社会的一件"大把戏"。由于男女两家互不相知，全凭媒人信口开河两边游说，靠谎言把两家撮合在一起。一纸婚书，便完成这门婚事。往往结婚之后，"驴唇不对马嘴"。但媒人却"礼金丰入，自在逍遥"，而法庭诉讼又很少控告"月老先生"。无论父母和子女也只好"认命"而将错就错。②新式婚姻必须完全抛弃媒人制度，"只要男女两下的心知，到了交厚情深，尽可自由配合"。至于结婚形式，为了明白表示，令亲友皆知，最好在报上登一启事，说明结婚日期。或者到官府注册，也可到乡间自治局报名。倘因乡曲风气未通，媒人一时难尽去掉，也要男女互相见面，防止媒人说谎。万一婚成不对，应向媒人诘责，媒人不能不负责任。③要废除媒人制度，必须打破男女隔离的界限。这几天新城、毓莹、柏荣、西堂诸君，已有详细的说明。

据查"新城"在11月23日《改革婚制先决的一个问题》，就是主张把普及教育作为婚姻自由、社交公开的先决条件，也是改革婚制的先决条件。

"毓莹"在11月22日的文章中也指出我国婚姻关系中最可恶的是第三者（媒人）夹在中间，不知害了多少人。听说赵女士的媒人就受了七十块大洋。想他们是为了钱的原故。最后"毓莹"借用年羹尧对子上下联的末一句，送给喜欢做媒的人——"天诛地灭，断子绝孙"。同时该文作者还提出对"离婚"的看法：诸位不要以离婚为不名誉，这是人生当然有的事体。国家愈文明，离婚的愈多。美法就是先例。就是当官对众，也可以慷慨直陈。总要时时刻刻记得这是终身大事。

"柏荣"11月22日文章的要点，除重申"父母之命，媒妁之言"是不把自己儿女看作有人格的人之外，号召青年男女要"把自己的婚事，应该绝对的不容第三者干预。若有人阻碍你们的前程，你们就拿出百折不挠的奋斗精神来和他们宣战"。

"西堂"11月24日的文章涉及的问题较多，主张设立婚姻改良会和男女交际机关，实行男女同校。以禁止早婚为条件，以尊重本人意愿为归宿。特别指出：纵观世界各国，其男女界限太严者，其国家必衰且弱，如中国、土耳其、朝鲜等国是也，反是者，其国必富且强，如欧美及日本是也。彼男女之结合，以互爱为本原。而我国儿女之婚配，以亲权为根据。中国士大夫畜妾宿娼，视为常事，独至儿女婚嫁，则丝毫不许自由。但是男女婚姻自由之说为世界大势所趋。无论何人，不能反抗，否则，必酿成杀人流血之惨事。

6. 关于婚姻上的迷信问题

毛泽东在11月28日《婚姻上的迷信问题》一文的主要论点：

首先，指出为什么"父母之命，媒约之言"两块假招牌，竟可以挡住这恋爱要求的横海潮流呢？我以为不是别的，就是唯一的"迷信"。中国旧式婚姻之所以尚能维持，也是由于"有一种极大的迷信"，即"婚姻命定论"。譬如一个人刚刚生下来，便说他的婚姻是已经前定了。甚至竟有"指腹为婚"、"襁褓择配"之说。年纪大一点，自己有了婚姻要求，却不敢自己议婚，完全听凭父母媒妁来处置。无论结婚以后是好是坏，皆是命里所定。什么"十世修来同船渡，百世修来共枕眠"①，什么"月老牵线"、"天作之合"、"乾坤定矣"、"钟鼓乐之"等等，这就是他们信奉的格言。在中国社会那种命定婚姻，约占十分之八。假如有人"察亲"，询问邻家，邻家照例不说坏话，这就是所谓的"婚姻拉拢不拉散"。

其次指出"婚姻命定说"是一个总的迷信，其余尚有许多附着的小迷信，② 例如：

（1）"合八字"。"合八字"是择婚第一步，即将男女双方出生的年、月、日、时四个方面，各用天干地支相配合为两个字，共计八个字（俗称"生辰八字"），交由算命先生或庙神去占卜，推算人的命运凶吉和婚姻"合"与"不合"。

（2）"订庚"。订庚是择婚的第二步。"合八字"之后，如果男女的"八字"相合，即将八字写在庚书上，当着神明祷祝他们"偕老百年"。这段婚姻从此就算成了铁案，不准反悔。

（3）"择吉"。订庚之后，男方过礼，要选好"黄道吉日"③作为迎亲的喜日。

（4）"发轿"。即迎亲时，为了防止"鬼狐截轿"，须用坚重的彩轿，并将轿门缝严紧锁，请动"喜神"守护。所以有人说这次赵女士若是坐着敞轿，外面可以看到，未必便会自杀。

（5）"迎喜神"。新娘到夫家下轿，先要迎接喜神，来"呵禁不祥"。

---

① 此语出自《增广贤文》。
② 下列六个方面的小迷信，实际是我国封建婚制"六礼"的遗留和演化。古代的"六礼"是：纳采、问名、纳吉、纳征、请期、亲迎。
③ 旧时黄历上每天有一个字，注明是"黄道日"或"黑道日"。其口诀是："建"、"满"、"平"、"收"黑，"除"、"未"、"定"、"执"黄，"成"、"开"皆可用，"闭"、"破"不相当。即"除"、"未"、"定"、"执"、"成"、"开"六字为黄道日，"建"、"满"、"平"、"收"、"闭"、"破"为黑道日。黄道日即为吉日，黑道日即为凶日，诸事不宜。

（6）"拜堂"。即拜见祖宗，保佑"多生贵子"，"裕后光前"。

上述迷信，都是婚姻上的一些把戏。用这些迷信的绳索，将一对男女死死捆住。因此，毛泽东最后提出：我们倡言改革婚制，这些关于婚姻上的迷信，应该首先打破，最要紧是"婚姻命定论"的打破。此说一破，父母代办政策便顿失了护符，而婚姻自由，恋爱自由的大潮，接着便将泛滥于中国大地。讲到这里，便不得不寄希望于人们常说的"教育普及"了。

7. 关于女子自立问题

毛泽东 11 月 21 日在《女界钟》发表的《女子自立问题》指出：由于中国数千年不正当的礼教习俗，女子在任何方面，都毫无地位。"从政治、法律、教育，以至职业、交际、娱乐、名分，一概和男分开做两样，退处于社会的暗陬。于不得幸福之外，还领受着许多不人道的虐待。"

为了实现"女子解放"，防止这类被逼杀身的惨事不再发生，需要研究一个拔本塞源的方法，使女子能够自由独立，不再受男的压迫。毛泽东提出以下意见：

（1）女子在身体未长成时，绝对不要结婚。

（2）女子在结婚以前，需预备足够自己生活的知识和技能。

（3）女子需自己预备产后的生活费。

上述三条，乃女子个人自立的基本条件。此外尚有"儿童公育"一个条件，乃社会方面应予极大注意者。倘若实现以上各条，则恋爱中心主义的夫妻关系，便可成立。这也看我们青年男女诸君的努力啊！

（四）揭露旧式婚姻的罪恶与对"模范婚姻制"的设想

在当时长沙《大公报》发表的讨论文章中，除上述主要内容之外，还有两篇文章值得特别提出，以便引起中国婚制改革史研究者的重视。一篇是1919年11月26日"抱一"在《大公报》发表的《旧式婚姻的罪恶》，一篇是11月29日刘渡黄在《大公报》发表的《我对于婚姻改造的意见》。前者比较系统地揭露中国封建婚姻制度遗留的各种形式及其弊端，后者侧重提出建立"模范婚姻制"的一些设想。这两篇文章尽管还有许多不完备之处，但却可以看作是这次关于改革婚制大讨论引向深入的积极成果。

1. "抱一"对旧式婚姻制度的揭露

"抱一"在《旧式婚姻的罪恶》一文中指出：自赵五贞自杀，我们得到一个好题目，大家痛痛快快将婚姻问题研究一番。不过，目前对旧式婚制的弊端还研究的不够，"我只将眼前见的拣些出来"，待大家研究，其目的是为了"有的放矢"，寻求改革的方法。

（1）早聘与早婚。早聘是旧婚制中一个最大的弊端。儿女小小年纪（多在十岁以前），父母就替他订婚约。其原因很多，一是"讲情面"，以儿女婚姻大事当作礼物送人情。二是为了贪图便宜。双方都有"攀高"心理，或图高"门户"，或贪厚"装奁"。三是把儿女终身当作儿戏，成为酒场上的"下酒物"，信口应允结"亲家"。在早聘的风气下，订婚晚了反而怕人笑话。

早婚的原因也很复杂，一是父母急于抱孙子，更图"五世同堂"之光彩。二是讨媳妇为了早得操家务的替身。三是为了让媳妇管束不务正的儿子。四是女家为生计所迫,"早嫁女省一张口",或男家为图增加一个劳动力。五是男女两家为节省结婚费用而早婚(多在十二三岁以下胡乱成亲)。此外,还有因特殊变例而早婚者,如男女有病,以结婚为"冲喜",也有因兵灾,女家怕担风险而将女儿早日嫁出了事等。

(2)年龄相差悬殊,也是旧式婚姻中一种罪恶。有的老夫配少妻,有的长妻嫁幼男。其原因和形式也是多种多样。

(3)血统不分。在血统上有重男轻女的习惯,只避父系的血统,却不避母系的血统。中国历代就有"同姓不婚"的古训,而今仍有"不同祠堂不同谱系"的规定。可是,"女的就是中表的血亲,也可以合作夫妇"。该作者指出:这应从生理学上研究,"生殖细胞分散到几何度,遂可以结婚,男系女系皆然"。

(4)童养媳,是世间最苦的人之一,常受恶姑的虐待和驱使。作者具体分析了产生童养媳的种种原因。

(5)赘婿。这是一种受歧视的特别婚式。一般是殷实之家有女无子,招女婿入赘,"承宗启后",谨受约束。也有寡妇"坐堂招夫"的赘夫。

(6)金钱婚姻。旧式婚姻都与金钱密切相联,形式各异。"有金钱降于门户的",如大腹贾想娶官家小姐,乡间暴富要与世家攀亲,都属于这一类。"有门户降于金钱的",如破落世家想要个阔媳妇,酸秀才想将女儿嫁个有钱子弟,都属于这一类。还有寡妇再嫁,被看作最下等的买卖婚姻。寡妇毫无人品地位,受到出入两家的歧视。至于退婚的妇女,其地位与寡妇相等,人们将"生离婚"看作"不祥"的象征。娶寡妇或"生离婚",须格外多费些财帛。

（7）其他变式婚。中国社会无奇不有，在婚姻方面更是如此。例如①转房。寡嫂转婚鳏弟，或弟媳转婚鳏兄。多非当事人的意志，乃由亲族作主强迫结合。②鬼婚。如未婚夫（或妻）死了，与牌位代行结婚仪式，谓之"鬼婚"。还有守"望门寡"，即未婚夫死了，未婚妻要来望灵拜堂"成亲"，守"望门寡"。③亲上加亲的"蓠芭亲""扁担亲"。如甲、乙、丙三家互相联姻，其所生子女也在此范围内胡乱相配。结果不仅血统不分，而且辈份紊乱，竟出现"娣姒原是姑侄，叔侄亦作连襟"的怪事。④抢亲。在某些边远省区遗留野蛮人的"抢亲"恶习，都在严禁之列。

最后，该文作者指出，以上只是旧式婚姻的一部分。造成此种罪恶婚姻的根本原因，一是教育的缺乏，二是由于"生计艰难"。今天要想改革婚制，必须"根本上要从教育生计着手"。至于各种陋习，能够革除的，就应早些革除。只有这样，才能早日达到自由恋爱的目的。

2. 刘渡黄对"模范婚姻制"的设想

刘渡黄在 11 月 29 日发表的《我对于婚姻改造的意见》，主要是对于"模范婚姻制"提出一些初步设想。

第一，"模范婚姻"的当事人须符合下列条件：①志行纯洁的青年男女；②身体健全的青年男女；③有新道德观念的青年男女；④受了完全教育的青年男女。

第二，"模范婚姻制"的内容是光明正大，优美愉快的。包含三种因素：①两性间因光明的交际，美的感觉，发生了纯洁的爱情，把爱作为两性结合的基础。②两性既有了爱情，便可由自己的意愿，互相提出结婚的要求，不许第三者干涉。③两性间既结了婚，即可组织小家庭，历行平等互助的新生活。

第三，"模范婚姻制"的目的是：①使社会一般的人，明白结婚的真义，了解自由结婚的必要。②使女子得到自由平等和实行解放的机会。③使婚姻改造成为家庭改造的起点，家庭改造成为社会改造的张本。④为婚制上开个新纪元，为男女两性间开条新生路，使各人都得着人生的快乐和家庭的幸福。

第四，为了将来改革婚制，须要研究解决以下问题：①对于社会方面，须打破男女界限，提倡社交分开，给两性以交际的机会。②对于教育方面，为实现男女教育平等，免除两性间的隔阂，绝对实行男女同校（从小学、中学到大学）。男女同校的好处是：两性都得到平等发展的机会；两性得到切磋学问砥砺品行的结果；两性有了长时间的交往，彼此间的学问年貌身世境况都十分明晰，使"爱情"有选择的地步；两性间的爱情得到自由发展，婚约得自由缔结，不再受"代办"婚姻的痛苦。③对于法律方面，要"减轻亲权"，"尊重子女的人格和结婚的自由"。作者提出当时中国民律规定，凡男女结婚及离婚，皆须得父母的允许，若父母死亡，又须得亲属会议的同意。这些法律必须改变。子女有了婚约，父母须绝对承认，若滥行干涉，须以侵犯他人自由权利论，由司法机关处以相当的刑罚。④对于舆论方面，要"多攻击旧式婚姻，多鼓吹自由婚姻，多研究婚姻改造的方法。相信舆论能够改造旧习惯，并能造成新习惯。"

上述主张，当时尽管带有浓厚的理想主义色彩，但是在八十多年前，能够比较系统地明确提出这些见解，确实是难能可贵的。

（五）小　结

——关于妇女解放和改革婚姻家庭
制度的早期经验与法律规范

综上所述，不难看出，在"五四运动"之后，我国革命知识分子为妇女解放和改革婚姻家庭制度，提供了比较丰富的早期经验，归纳起来，主要有以下规范性的法律思想。

1. 总则类

（1）关于女权运动中的主要法律要求。

毛泽东：关于"定婚权由父母移于子女关系改变吾国婚姻制度之大者，则定之于宪法"，"规定男女结婚年龄和离婚的最小限制（如两造同意），让之于民法。"又说：男女均有承受其亲属遗产之权，因为这一点改变中国的遗产制度关系甚大，"所以应规定于宪法"（1921 年 4 月 25 日《省宪法草案的最大缺点》）。

李大钊：①公法上，妇女参政权。②民法上，妻在法律前应与以法律的人格的完全地位，并民法上的完全权能。③刑法上，所有歧视妇女的一切条规，完全废止（1922 年 1 月 18 日《现代的女权运动》）。

（2）打破父权夫权家长专制制度。

李大钊："政治上民主主义的运动，乃是推翻父权的君主专制政治之运动"。"社会上种种解放运动，是打破大家族制度的运动，是打破父权（家长）专制的运动，是打破夫权（家长）专制的运动，是打破男子专制社会的运动"（1920 年 1 月 1 日《由经济上解释中国近代思想变动的原因》）。

柏荣："打破旧式的亲权家长制和婚姻制"（1919 年 11 月

22 日《我对于赵女士自杀后的意见》)。

（3）关于妇女运动的大联合。

毛泽东："我们要进行女子的大联合，要扫荡破坏我们身体精神自由的事业恶魔"（1919 年 7 月 28 日《民众的大联合》)。

李大钊："中国现当军阀专横之时代，欲为民权的运动，无论那种团体，都须联络一致，宗教的、母权的、女权的、无产阶级的妇女运动，可合而不可分，可聚而不可散，可通力合作而不可独立门户"（1923 年 2 月 4 日《女权运动》)。

2. 改革婚姻家庭制度的基本原则

（1）婚姻自由原则。

李大钊：社会解放运动包括"婚姻问题——自由结婚、离婚、再嫁"（1920 年 1 月 1 日《由经济上解释中国近代思想变动的原因》)。

毛泽东："人民有自由主张其婚姻之权。婚姻之自由权，除依法律规定之结婚年龄外，不受父母及任何人之限制"。还特别提出："女子对于婚姻应有自决权"（1921 年 4 月 25 日《省宪法草案的最大缺点》)。毛泽东："你们自己的婚姻，应由你们自己去办。父母代办政策，应该绝对否认。恋爱是神圣的，是绝对不能代办，不能威迫，不能利诱的"（1919 年 11 月 19 日《婚姻问题敬告男女青年》)。

（毛泽东："子女的婚姻，父母绝对不能干涉"。"对于父母干涉自己的婚姻，应为绝对的拒绝"（1919 年 11 月 25 日《打破父母代办政策》)。

刘渡黄："对于法律方面……减轻亲权，尊重子女的人格和结婚自由。""婚姻的当事人是子女，子女既是个人，当然有人的'人格'，父母不能侵犯子女的'人格'。结婚是各人的权利，

须由当事人的意思自然结合，断不容第三者的干涉"（1919 年
11 月 29 日《我对于婚姻改造的意见》）。

西堂："今男女婚姻自由之说，为世界大势所趋"（1919 年
11 月 24 日《论赵女士自杀事》）。

（2）男女平等原则。

李大钊：社会解放运动，应包括"法律上男女权利平等问
题"（1920 年 1 月 1 日《由经济上解释中国近代思想变动的原
因》）。

李大钊："宪法上之选举权及被选举权应平等"，"民法上之
亲权、财产权、行为权及其他种种不平等之规定俱应加以修
正"，"婚姻法也应该规定"，"行政法上为官吏之权女子应不受
限制"，"一切男子之职业，女子可以参加者，均须有同等参加
之权"（1923 年 2 月 4 日《女权运动》）。

陈独秀：中国妇女第一必须取得法律家所谓"自然人"的
资格，然后才能说到别的问题，才能说到和别人的同等权利
（1921 年 3 月 8 日《我的妇女解放观》）。

毛泽东："人民不分男女，均有承受其亲属遗产之权"（1921
年 4 月 25 日《省宪法草案的最大缺点》）。

（3）一夫一妻制原则。

李大钊：社会解放运动，包括"婚姻问题一夫一妻制"
（1920 年 1 月 1 日《由经济上解释中国近代思想变动的原因》）。
同时还提出应明文规定"重婚罪"（1923 年 2 月 24 日《女权运
动》）。

毛泽东：在提出急需研究的 71 个问题中，包括"废妾问
题"和"废娼问题"（1919 年 9 月 1 日《问题研究会章程》）。
从而说明如实行一夫一妻制，必然要"废妾"、"废娼"。

（4）保护妇女儿童原则。

李大钊：严禁"买卖妇女"（1923 年 2 月 4 日《女权运动》）。

李大钊：社会解放运动，包括"家庭问题中的亲子关系问题"，"社会问题中的私生子问题、儿童公育问题"（1920 年 1 月 1 日《由经济上解释中国近代思想变动的原因》）。

陈独秀："我们相信尊重女子的人格和权利，已经是现在社会生活进步的实际需要"（1919 年 12 月 1 日《新青年》宣言）。

毛泽东：提出急需研究的 71 个问题中，包括"公共育儿院"和"公共蒙养院"的设置问题："私生儿待遇问题"和"避妊问题"（1919 年 9 月 1 日《问题研究会章程》）。

衍仁："中国有一种溺女的风俗，多数的女儿生将下来，就要受这种惨酷的待遇。……社会上对于这种无人道的举动要有一种如何严格的制裁"（1919 年 11 月 30 日《可怜的中国妇女》）。

3. 关于婚姻立法若干法律规范的早期设想

（1）限制早婚与规定最低婚龄。

毛泽东："女子在身体未长成时候，绝对不要结婚"（1919 年 11 月 21 日《女子自立问题》）。又说：法律应"规定结婚年龄"（1926 年 4 月 25 日《省宪法草案的最大缺点》）。

西堂："吾以为改良社会计，不但宜禁止早婚，且宜禁止幼时订婚"（1919 年 11 月 24 日《论赵女士自杀事》）。

筠园："凡未成年的男女，暂不要替他结婚，要等到他学问养成的时候，才听他自由择配（这就是限制早婚的办法）"（1919 年 11 月 21 日《我的改革婚制谈》）。

纬文："改定结婚年龄，年龄在婚姻上有极大的关系"。"应先取定一个一定的结婚年限，照生理学上，大约二十岁以上成年的时候为好"（1919 年 11 月 20 日《婚制改造问题》）。

西堂："主张男女婚姻略施以年龄的限制，以为必年满二十始允自由。此意斟酌国情，极为相合"（1919 年 11 月 24 日《论赵女士自杀事》）。

（2）关于婚约的意见。

毛泽东针对不合理的婚姻制度，建议组成"拒婚同盟"。"已有婚约的，解除婚约，没有婚约的，实行不要婚约"（1920 年 12 月《致罗学瓒信》）。

刘渡黄："两性间的爱情得自由发展，婚约得自由缔结，不至受'代办'婚姻上的痛苦。""子女有了婚约，父母须绝对的承认。若滥行干涉，须以侵犯他人自由权利论"（1919 年 11 月 29 日《我对于婚姻改造的意见》）。

不平："万一事到临头，一方不愿，即悔弃婚约也不要紧。法律对于请求离婚的尚与许可，未婚悔约，有何不可"（1919 年 11 月 20 日《赵女士自杀案的"舆论"》）。

（3）关于结婚形式。

毛泽东："新式婚姻的成立……倘要明白表示令亲友皆知，最好在报上登一启事，说明我们俩愿做夫妻，婚期是某月某日就算完事。不然便到官厅注册，乡间则在自治局里报名，亦尽够了"（1919 年 11 月 27 日《打破媒人制度》）。前者即"结婚启事"，后者即到行政机关实行"婚姻登记"。

（4）关于离婚的意见。

毛泽东："非依法律规定，不得限制人民离婚"。"离婚的最小限制（如两造合意）"（1921 年 4 月 25 日《省宪法草案的最大缺点》）。

不平："法律对于请求离婚的"应"予许可"（1919 年 11

月 20 日《赵女士自杀案的"舆论"》)。

4. 关于改革家庭制度的基本主张

李大钊："属于社会的生活者，须承认妇女之家庭的、社会的、工作的高尚价值"（1920 年 1 月 1 日《由经济上解释中国近代思想变动的原因》)。

李大钊："法律上男女权利平等问题（如承继遗产权利问题等)"（同上)。此即明确提出妇女具有平等的遗产继承权。

毛泽东：在急需研究的 71 年问题中，包括家庭中的"姑媳同居问题"、"家庭教育问题"、"放足问题"、"避妊问题"，以及"家庭制度改良及家族制度应否废弃问题"（1919 年 9 月 1 日《问题研究会章程》)。

毛泽东：女子须有"承受其亲属遗产之权"，这是"所以救女子无财产之弊。女子无财产，女子要解决教育、职业、参政、婚姻种种问题，都是说梦。财产是一个根本，教育、职业、婚姻者是枝叶"（1921 年 4 月 25 日《省宪法草案的最大缺点》)。

西堂："古者父子异官，西洋妇姑别居。结婚以后，其组织家庭之人，即新夫妇二人也"。"吾尝以为中国家庭制度，不亟改良，中国群治断无进步之望。家庭改良问题复杂，卒难解决。目前非实行分家，别无下手之法。不但兄弟宜早分也，故父子亦宜分家。不但大家庭宜化为小家庭也，即小家庭之内，如夫妇不和，不能离婚，而又以同居为苦者，亦可分家。财产以分而少，则人绝依赖之心。人丁以分而单，则反增亲爱之意。此事既了，则其他种种社会问题，皆可迎刃而解矣。（或谓兄弟分家，如老父母无人侍养，何？则父母或留产别居，或令子孙轮供，皆无不可也)"（1919 年 11 月 24 日《论赵女士自杀事》)。

刘渡黄：两性间既结了婚，即可组织小家庭历行平等互助的新生活（1919 年 11 月 29 日《我对于婚姻改造的意见》）。

5. 刑法要求与法律责任

李大钊："刑法上所有歧视妇女的一切条规，完全废止"（1922 年 1 月 8 日《现代的女权运动》）。

李大钊：刑法上，要规定"重婚罪"，修改"纳妾不为罪"的规定。"买卖妇女在刑法上应厉禁"（1923 年 2 月 4 日《女权运动》）。

毛泽东："各国刑法有禁止自杀的规定"（1919 年 11 月 23 日《非自杀》）。

西堂："如果女父有纳贿逼嫁之情，佘四娘有串合隐瞒之事，必须公呈法院，治以严刑"（1919 年 11 月 24 日《论赵女士自杀事》）。

刘渡黄：考我国法制，民律上凡男女结婚及离婚，皆须得父母之允许。若父母死亡，又须得亲属会议的同意。你看这种种的限制，纯然是提倡父母权。我们应该要求法律的改善。如果父母对子女的婚姻实行"包办"，"滥行干涉，须以侵犯他人自由权利论。审判官厅受理被害人的申诉，检察官亦须提起公诉，处以相当的刑罚"（1919 年 11 月 29 日《我对于婚姻改造的意见》）。

下 篇

广州武汉国民政府法制
建设考察研究

七 国民政府的前身

——广州军政府的演变及其立法概述

(一) 1917~1922 年孙中山在广州
建立的"护法军政府"

孙中山在辛亥革命和"二次革命"失败之后，并未停止斗争。为了与北洋军阀相对抗，为了维护民国元年制定的《中华民国临时约法》，在广州曾以大元帅、大总统名义，两度建立与北洋政府相对立的"护法军政府"。但是前两次由于单纯依靠地方军事实力派，最后皆以失败而告终。不过那时孙中山以各种名义颁布的法律条令，却与后来广州、武汉国民政府制定的法律，存在极为密切的历史渊源关系。其中有些规定，到广州、武汉国民政府时期，仍在继续实施。

1. 1917 年以孙中山为大元帅的"护法军政府"（大元帅府）

1917 年 6 月张勋率辫军北上，迫使盘据北京的大总统黎元洪宣布解散国会。张勋拥溥仪复辟失败后，段祺瑞抵北京自任国务总理，以"再造民国"自居，拒绝恢复《临时约法》和国会。

孙中山即以维护《临时约法》为号召，于 7 月由沪抵粤。海军总司令程璧光及第一舰队司令林葆怿也率舰队赴广州。北京参众两院被解散后，国会议员纷纷赴沪。

孙中山于 1917 年 7 月 19 日电请议员赴粤，共谋护法大计。至 8 月中旬，到粤议员已达 130 余人，尚不足法定人数，故于 8 月 25 日在广州开国会非常会议，推举林森、褚辅成为正副议长。8 月 29 日通过《国会非常会议组织大纲》11 条。依此大纲规定，由现任国会议员组成国会非常会议，至内乱勘定，《临时约法》之效力完全恢复时为止。8 月 31 日国会非常会议议决《中华民国军政府组织大纲》13 条。即日公布施行。

《中华民国军政府组织大纲》①的要点是：

（1）为勘定叛乱，恢复临时约法，特组织中华民国军政府，临时约法之效力未完全恢复以前，中华民国之行政权由大元帅行之。大元帅对外代表中华民国。

（2）军政府设大元帅一人，元帅三人，由国会非常会议分次选举，以得票过投票总数之半者为当选。大元帅有事故不能视事时，由首次选出之元帅代行其职权。元帅协助大元帅筹商政务，元帅得兼任其他职务。

（3）军政府设立外交部、内政部、财政部、陆军部、海军部、交通部。各部设总长一人，由国会非常会议分别选出，咨请大元帅特任。各部总长辅助大元帅执行职务。

（4）军政府设都督若干员，以各省督军赞助军政府者任之。凡有举全省兵力宣布与非法政府断绝关系者，得适用前项规定。

本大纲至临时约法完全恢复，国会及大总统之职权完全行使

---

① 《孙中山集外集》，上海人民出版社，1990，第 587～588 页。

时废止。

1917 年 9 月 1 日，国会非常会议选举孙中山为大元帅。次日选举陆荣廷、唐继尧为元帅。后又选出以下各部总长：

外交部总长　伍廷芳（次长王正廷代总长，后改任林森）

财政部总长　唐绍仪（廖仲恺代理，邹鲁为次长）

陆军部总长　张开儒（后改任许崇智为总长兼参军长，崔文藻为次长）

海军部总长　程璧光（后林葆怿继任）

内政部总长　孙洪伊（次长居正代总长，后改任居正）

交通部总长　胡汉民（后改任马君武为总长）

军政府秘书长　章太炎（徐谦代理，后改任戴传贤为秘书长）

总参谋长　李烈钧

海军总司令　林葆怿

1917 年 9 月 10 日孙中山就任大元帅职，中华民国军政府宣告成立。但是，桂系首领陆荣廷、滇系首领唐继尧为了与北京政府谋求妥协，并未就任元帅职。孙中山在军政府中，却受到西南实力派的排挤。至 1918 年 5 月，他们操纵非常国会中的政学系，通过《修正军政府组织法案》，将大元帅首领制，改为七人总裁制。推举唐绍仪、伍廷芳、孙中山、岑春煊、陆荣廷、唐继尧、林葆怿七人为总裁，以政学系首领岑春煊为主席。

1918 年 5 月 21 日，孙中山发表辞职通电，离开广州。这样，孙中山第一次护法斗争，即宣告失败。以后军政府更成为西南实力派把持的政权。

2. 1921 年以孙中山为大总统的"护法军政府"（大总统府）

1920 年 6 月，孙中山派朱执信、廖仲恺至漳州，促使粤军陈炯明返粤，讨伐桂系军阀。孙中山于 1920 年 11 月回广州重组军政府。同年 12 月 7 日军政府特任孙文为内政部长，唐绍仪为财政部长，唐继尧为交通部长，陈炯明为陆军部长。同时宣布外交部长伍廷芳、司法部长徐谦、参谋部长李烈钧，均照旧供职。任命李锦纶为外交部特派广东交涉员，黄强为粤海关监督，陈其尤为潮海关监督兼汕头交涉员。1921 年 1 月 1 日，孙中山《在广州军政府的演说》提出："要重建一个政府，以代替临时的仅是护法性质的政府"。①

1921 年 4 月 7 日，广州非常国会通过《中华民国政府组织大纲》7 条。主要规定：①中华民国大总统由国会非常会议选举之，以得票过投票总数之半者为当选。②大总统依本大纲之规定行使其职权。大总统总揽政务、公布法令、统率陆海军，对外代表中华民国。③中华民国政府设置各部，掌握部务。部长由大总统任免。④本大纲自施行之日，原军政府组织大纲即行废止。出席非常国会的 222 名议员，以 218 票推选孙中山为大总统。1921 年 5 月 5 日孙中山在广州就任大总统。任命陈炯明任内务总长兼陆军总长，并广东省长兼粤军总司令，伍廷芳为外交总长，唐绍仪为财政总长，汤廷光为海军总长，李烈钧为参谋总长，马君武为总统府秘书长，廖仲恺为财政次长，伍朝枢为外交次长，徐谦为司法总长兼理大理院院长。至 1922 年 4 月，因为陈炯明与北洋军阀相勾结，被孙中山免去陈炯明的内务总长、粤军总司令和广东省长之职，只保留陆军总长。但陈并不知悔改，竟于 6 月 16 日发动军事叛乱，炮轰总统府，迫使孙中山转到永丰舰后，于 8 月再次离粤赴沪，使孙中山的护法运动彻底失败。

① 《孙中山集外集》，上海人民出版社，1990，第 93 页。

3. 1917～1922年护法军政府的主要立法

护法军政府的立法工作，主要是行政法规，特别是关于政权机关的官制（组织法）居于突出地位。只有个别涉及到刑事法规。具有代表性的有以下主要法规（以发布时间先后为序）：

（1）1917～1918年的立法情况。

《国会非常会议组织大纲》（1917年8月29日国会非常会议通过，11条）。

《中华民国军政府组织大纲》（1917年8月31日国会非常会议通过，13条）。

《中华民国军政府海陆军大元帅府组织条例》（1917年9月11日大元帅孙中山公布，5章15条。章名是：总纲、参谋处、秘书处、参军处、附则）。

《大元帅府秘书处组织条例》（1917年9月17日大元帅孙中山公布，19条）。

《特别军事会议条例》（1917年9月17日大元帅孙中山公布，6条）。

《大元帅府参军处组织条例》（1917年9月19日大元帅孙中山公布，10条）。

《军事内国公债条例》（1917年9月26日大元帅孙中山公布，13条）。

《承购军事内国公债人员奖励条例》（1917年9月26日，大元帅孙中山公布，6条。1918年5月17日大元帅孙中山《咨国会非常会议追认发行公债文》）。

《军政府公报条例》（1917年9月26日大元帅孙中山公布，6条）。

《陆军部组织条例》（1918年3月6日大元帅孙中山公布，

21 条)。

《陆军部练兵处条例》(1918 年 4 月 9 日大元帅孙中山公布,13 条)。

《外交部组织条例》(1918 年 4 月 22 日大元帅孙中山公布,14 条)。

《大理院暂行章程》(1918 年 4 月 22 日大元帅孙中山公布,8 条)。

《卫戍总司令部组织暂行条例》(1918 年 4 月 29 日大元帅孙中山公布,7 条)。

(2) 1920 ~ 1922 年立法情况。

《内政方针》①(1920 年 11 月下旬孙中山制定)。孙中山在 1920 年 11 月重建军政府时,在他制定的《内政方针》中,主要规定内政部各局的主要职责。①地方自治局:调查人口,拟定地方自治法规,监督各地方自治机关。②社会事业局:育孤养老,救灾,卫生防疫,收养废疾,监督公益及慈善各团体。③劳动局:保护劳动,谋进工人生计,提倡工会。④土地局:测量土地,规定地价,登记册籍,管理公地。⑤教育局:筹办普及教育,改良已立学校,振兴高等教育,改良风俗,办理通俗讲演。⑥农务局:制造并输入机器肥料,改良动植物种类,保护农民,开垦荒地,培植及保护森林,兴修水利,提倡农会。⑦矿务局:调查矿石,考验矿质,草定矿律,监收矿税,监督官业,奖励民业。⑧工业局:奖励民厂,草定工厂法及工人卫生条例,输入机器原料,监督各工厂。⑨渔业局:保护渔民,建筑渔港,改良渔船及渔具,保植渔种。⑩商务局:奖励国货,检查国货优劣,保

---

① 《孙中山全集》第 5 卷,中华书局,1985,第 432 ~ 435 页。本题以下所列由孙中山发布的各项法规,除另有注明者外,皆见于《孙中山全集》相应各卷。

护专利及牌号，奖励海外航业，监督专卖事业，设立贸易银行及货物保险公司。⑪粮食局：管理国内粮食，核定并监督粮食之输出入。⑫文官考试局：普通文官考试，高等文官考试。⑬行政讲习所。⑭积弊调查所。以后在此基础上，制定了《内政部官制》。

《军政府内政部官制》（1921 年 1 月 9 日军政府令公布，9 条），规定内政部长管理内务行政及地方自治、社会事业、劳工、教育、土地、农务、矿务、工业、渔业、商业、粮食、卫生等行政事务。分别规定司长及各局的掌理事宜。

《废止治安警察条例》（1921 年 1 月 19 日，广州军政府明令宣布废止袁世凯 1914 年制定的旨在限制人民自由的《治安警察条例》）。

《贩运人口出国治罪条例》①（1921 年 5 月 4 日广东军政府公布施行，8 条）。

《总统府财政委员会组织大纲》（1921 年 5 月 16 日大总统孙中山公布，10 条）。

《总统府秘书处官制》（1921 年 5 月 16 日大总统孙中山公布，15 条）。

《总统府参军处官制》（1921 年 5 月 16 日大总统孙中山公布，6 条）。

《总统府各处、司官制通则》（1921 年 6 月 20 日大总统孙中山颁布，4 条）。规定总统府设置秘书处、参军处、庶务司和会计司。各处司设长官一人，承大总统之命，掌理各处司事务。

《各部官制通则》（1921 年 6 月 23 日大总统孙中山颁布，10

---

① 参见《中华民国六法理由判解汇编》4，《刑法卷》。

条），规定各部总长由大总统特任，次长由大总统简任，司长、局长、秘书由总长呈请大总统任命。

《修正总统府财政委员会条例》（1921 年 6 月 23 日大总统孙中山颁布，6 条）。

《总统府秘书处官制》（1921 年 6 月 23 日大总统孙中山颁布，14 条）。规定秘书处设秘书长一人，承大总统之命，管理秘书事务。分别规定所设五科的职责分工。

《侨工事务局暂行条例》（1921 年 6 月 25 日大总统孙中山颁布，10 条），规定侨工事务局直隶于外交、内务两部，掌理监督稽查招募及保护侨工事项。

《财政部官制》（1921 年 6 月 25 日大总统孙中山颁布，8 条），规定财政总长承大总统之命，管理国家之预算、租税、公债、货币、银行及国有产业行政事务。

《陆军部官制》（1921 年 7 月 8 日大总统孙中山颁布，9 条），规定陆军总长承大总统之命，管理陆军行政，统辖陆军军人和军属。分别规定秘书、副官和各司的责职分工。

《内务部官制》（1921 年 7 月 15 日大总统孙中山颁布，15 条），规定内务部直隶大总统，管理全国内政，兼管教育、实业、交通等行政事务。分别规定秘书处和各司的职责分工。

《内务部矿务局官制》（1921 年 7 月 15 日大总统孙中山颁布，7 条）。

《军事会议条例》（1921 年 12 月 12 日大总统孙中山颁布，10 条），规定军事会议直隶于大总统（大元帅），由陆军部、海军部、参谋部总次长、参军长、各省总司令或省长组成。有议决关于建设国军及国防事项、作战事项、军政事项及各省联防事项等。其决议呈由大总统核准发交各该管部及各省执行。

《大本营条例》（1922 年 1 月 16 日孙中山以大元帅令颁布，15 条），规定海陆军大元帅于战时执行最高统帅事务，设置大本营。大本营设置下列各机关：①募僚处（参赞作战军令事宜）。②兵站处（专任作战军后方勤务）。③军事委员会（赞襄联合作战，并任大本营与各省之联结）。④军务处（掌管战地军备之补充及战地军衡事宜），⑤军法处（审理并监督军法事宜），⑥参军处（掌管大本营之内务及警卫，并战地慰劳，战况督察事宜），⑦政务处（掌管战地外交、民政诸事项），⑧建设处（规划军事范围外各种新事业之建设），⑨度支处（掌管大本营金钱出纳、预决算及筹备军费事宜），⑩宣传处（秉承大元帅意旨，宣传于军队及人民）。

《废除暂行刑律补充条例令》（1922 年 2 月 17 日大总统孙中山颁布）。

《严行禁止蓄婢令》（1922 年 2 月 24 日大总统孙中山颁布），规定嗣后如再有买卖典质人为婢蓄婢者，一经发觉，立即依法治罪。

《暂行工会条例》①（1922 年 2 月 24 日大总统孙中山颁布，20 条）。

废止《暂行新刑律》第 224 条罢工处罪律（1922 年 3 月 14 日广州国会非常会议通过）。

《人身保护条例》9 条，《人身保护条例施行细则》9 条（1922 年 3 月 15 日徐谦提交国务会议审议，1922 年 3 月 15 日发布于上海《民国日报》）。

《大本营管理战地地方民政条例》（1922 年 5 月 27 日孙中山

---

① 上海《民国日报》1922 年 3 月 6 日。

以大元帅令颁布，16 条）。大本营为谋战地行政之统一及人民之安全起见，关于该地方之一切事宜，悉依本条例管理之。战地地方行政由大本营政务处管理，政务处长有任免及监督地方行政官吏之权。战地地方财政由大本营度支处管理，度支处长有任免及监督该地方财政官吏之权。大本营转移到新克服地之时，即由大本营战地民政管理局将其所办各事务，分别移交各主管机关。

《大本营战地民政管理局条例》（1922 年 5 月 27 日孙中山以大元帅令颁布，14 条）。规定战地民政管理局负责管理新克区民政一切事宜。局内设置政务课、财政课、总务课。

（二）1923 年以孙中山为大元帅的大本营（大元帅大本营）

1. 陆海军大元帅大本营的建立

1922 年孙中山在陈炯明叛乱之后，再次来到上海，认识到"护法"不能解决中国的政治问题，即着手总结历史经验，寻求新的革命途径。正在这时，共产国际和中国共产党人伸出援助之手。孙中山"欢迎俄国人对中国人的帮助，欢迎中国共产党同他合作"。[①] 从此，孙中山便积极筹备对中国国民党的改组工作。1922 年 9 月 4 日，孙中山在上海召开改进国民党的会议，邀请李大钊作为起草委员。11 月 15 日孙中山主持开会审议中国国民党改进案。1923 年 1 月 1 日孙中山发表《中国国民党宣言》和《中国国民党党纲》。

1923 年 1 月，滇桂联军进驻广州，陈炯明率部逃至惠州。

---

① 《毛泽东选集》第 4 卷，人民出版社，1991，第 1471 页。

孙中山在 1923 年 2 月 21 日由上海回到广州。3 月 1 日在广州建立大元帅大本营，全称为"中华民国陆海军大元帅大本营"，是当时在广州建立的最高军政领导机关。孙中山就任陆海军大元帅职。

大本营的组织机构和负责人选是：

内政部　谭延闿任部长（后为徐绍桢继任）

财政部　廖仲恺任部长（未到任前由邓泽如兼理，后为叶恭绰继任）

军政部　程潜任部长

建设部　邓泽如任部长（后为谭延闿、叶恭绰代，林森继任）

外交部　伍朝枢任部长

海军部　汤廷光任部长

参谋部　李烈钧任部长

秘书处　杨庶堪任秘书长

法制局　古应芬任局长

审计局　刘纪文任局长

会计司　王棠任司长

庶务司　陈兴汉任司长

金　库　林云陔任金库长

军法处　罗翼群任处长

另有胡汉民任总参议，朱培德任参军长，蒋中正任参谋长（未就任，改任张开儒），赵士北任大理院院长。

1924 年 1 月 4 日，孙中山《在大本营军政会议的发言》中总结护法运动，确定大本营的任务时，曾指出：①"现在护法可算终了，护法名义已不宜援用。因数年来吾人护法之结果，曹、吴①辈毁法之徒，反假护法之名恢复国会。北京国会恢复之后，议员丑态贻笑中外，实违反全国民意。今日不当拥护猪仔国会。予在沪未回粤时，尚冀曹、吴辈觉悟，故力倡和平统一。至回粤后，只用大元帅名义统驭各军。乃曹、吴辈利用沈、陈②诸逆祸粤，是和平已无望。今日应以革命精神创造国家，为中华民国开一新纪元。"③　②要组织正式的政府。"因目前政府地位，外交团常视同一地方政府，外交上极受影响。"经过大本营军政会议讨论，"最后表决，多数赞成定为建国政府，即交大本营各部长筹备。"④

可见，大元帅大本营就是正式成立建国政府（后定为国民政府）前的过渡政权。其基本任务是筹备北伐，首先讨平盘据东江的陈炯明叛军，使广东真正做到军政财政上的统一，为北伐战争奠定巩固的革命根据地。

1924年11月，冯玉祥在北京发动推翻曹、吴统治的北京政变后，冯玉祥与段祺瑞等邀请孙中山北上，共商国是。孙中山于11月10日发表《北上宣言》，13日离粤北上。在11月4日孙中山发布命令宣布："本大元帅现因统一、建设等要务，启行北上。除仍由大本营总参议胡汉民留守广州代行大元帅职权外，所有大本营关于北伐事宜，着由建国军北伐总司令谭延闿全权办理，北伐各军概归节制调遣"。因此，大元帅大本营一直延续到1925年7月1日广州国民政府成立。

1925年3月11日，中国伟大的革命先驱孙中山于北京病

---

① 是指当时掌握北京政府的直系军阀曹锟、吴佩孚。
② 是指盘据广东的地方军阀沈鸿英、陈炯明。
③ 《孙中山全集》第9卷，中华书局，1986，第10、11页。
④ 《孙中山全集》第9卷，中华书局，1986，第10、11页。

逝。在遗嘱中指出："积四十年之经验，深知欲达到此目的，必须唤起民众及联合世界上以平等待我之民族，共同奋斗。"

2. 1923~1925 年大元帅大本营的主要立法

《大本营会计司官制》（1923 年 3 月 16 日大元帅孙中山公布）。

《大本营庶务司官制》（1923 年 3 月 30 日大元帅孙中山公布）。

《大本营庶务司办事细则》（1923 年 3 月 30 日大元帅孙中山公布）。

《大本营军政部军法处组织条例》（1923 年 4 月 24 日大元帅孙中山公布）。

《整顿司法十条》（1923 年 5 月 25 日大理院拟制，同年 5 月 30 日大元帅指令核准）。

《临时军律》（1923 年 6 月 27 日大元帅孙中山公布）。

1923 年 7 月 4 日大元帅孙中山宣布广东西江为戒严区域，并制定《西江沿岸警备区域临时戒严条例》、《西江船舶检查所组织条例》、《西江船舶检查所执行规则》。

1923 年 7 月 19 日，大元帅孙中山颁布《律师暂行章程》8 章 38 条。章名是：职务、资格、证书、名簿、义务、公会、惩戒、附则。这是由革命政权公布的早期律师法规。

1923 年 8 月 7 日，大元帅孙中山核准公布广东财政厅制定的《广东全省经界总局规程》，决定隶属于财政厅的经界局掌理全省的屋宇田土清丈事宜。

1923 年 8 月 10 日大元帅孙中山核准公布财政部制定的《整理省银行纸币办法总纲》，并附有《检验前广东省银行纸币办法》、《整顿广东省银行纸币委员会章程》、《有价证券消纳纸币办法》，《银行股本消纳纸币办法》、《公款收入消纳纸币办法》等。

1923 年 8 月 28 日，大元帅孙中山核准公布财政部制定的《广东造币余利凭券条例》、《广东造币余利凭券基金委员会章程》。

1923 年 8 月 31 日大元帅孙中山核准公布大本营《内政部暂时视学规程》、《内政部视学支费暂行规则》。

1923 年 8 月 31 日，大元帅孙中山指令公布《大元帅行营金库组织章程》。

1923 年 9 月 13 日大本营内政部公布《管理医生暂行规则》、《管理医生暂行规则施行细则》、《医生资格审查委员会简章》。

1923 年 9 月 24 日，大元帅孙中山核准建设部制定《暂行工艺品奖励章程》。

1923 年 9 月 28 日，大元帅孙中山训令公布《征收广东全省爆竹类印花税暂行章程》、《招商承办广东全省爆竹类印花税暂行章程》。

1923 年 10 月 18 日，大元帅孙中山核准公布财政部制定的《广东都市土地税条例》5 章 37 条，章名是：总则、普通地税、地价之判定及登记、普通地税之纳税人、土地增价税。并附有"说明"6 条。准于在广州市试行征收土地税。

1923 年 10 月 26 日，大元帅孙中山指令公布《大本营粮食管理处试办规程》、《大本营筹饷总局组织办法》。

1923 年 10 月 31 日，大元帅孙中山核准公布建设部制定的《国有荒地承垦条例》6 章 30 条，章名是：总纲、承垦、保证金及竣垦年限、评价及所有权、罚则、附则。

1923 年 11 月 6 日，大元帅孙中山核准公布财政部制定的

《广东田土业佃保证章程》、《广东全省田土业佃保证局组织简章》。

1923 年 11 月 9 日大元帅孙中山指令公布《国有林开放规则》。

1923 年 11 月 21 日，大元帅孙中山核准公布由广东地方善后委员会转呈的《广州市民业保证条例》14 条，令广州市长遵照办理。

1923 年 12 月 7 日，大元帅孙中山指令公布《甄别律师委员会章程》。

1923 年 12 月 14 日大元帅孙中山核准公布财政部《特设广东沙田验领部照处简章》和《广东沙田验领部照章程》。

1923 年 12 月 21 日，大元帅孙中山指令公布《北江商运局暂行章程》和《广东全省船民自治联防督办公署暂行章程》、《广东全省船民自治联防通则》。

1923 年 12 月 26 日大元帅孙中山核准公布内政部制定《内政部侨务局章程》。

1924 年 1 月 8 日，大元帅孙中山核准公布《财政委员会章程》。

1924 年 1 月 11 日大本营内政部公布《侨务局经理华侨注册简章》、《内政部侨务局保护侨民专章》、《大本营内政部侨务局办事细则》。

1924 年 1 月 21 日，大元帅孙中山核准公布财政部《确定民业执照条例》、《大本营财政部有利支付券条例》。

1924 年 1 月 15 日，大元帅孙中山核准公布《军人乘车章程》。

1924 年 1 月 16 日大元帅孙中山核准公布《广东全省船民自

治联防保澳团暂行章程》。

1924 年 1 月 16 日大元帅孙中山核准公布《禁烟条例》。

1924 年 1 月 20 日大元帅孙中山核准公布内政部《检查医生执照专员简章》。

1924 年 1 月 20 日大元帅孙中山指令公布《广东全省船民自治联防督办公署调查船民户口暂行章程》。

1924 年 1 月 26 日大元帅孙中山核准公布《船民输纳自治联防经费暂行章程》、《发给旗灯暂行条例》、《查验枪炮照暂行章程》。

1924 年 2 月 14 日，大元帅孙中山核准公布建设部拟制的《权度法》，及其所附《权度营业特许法》、《权度法施行细则》及《官用权度器具颁发条例》，均自 1924 年 6 月 1 日于广州市区内施行。又于同年 3 月 28 日核准《权度检定所暂行章程》。

1924 年 2 月 14 日，大元帅孙中山核准公布建设部拟定《商标法》及《施行细则》。但须将"法"改为"条例"。

1924 年 2 月 19 日，大元帅孙中山核准公布军政部拟订的《暂行陆军官佐士兵薪饷等级表》、《暂行陆军军师旅团营连公费马乾表》。

1924 年 3 月 10 日大元帅孙中山核准公布《商标注册所暂行章程》、《广东筹饷总局组织大纲》、《统一财政委员会办事细则》、《禁烟总分局章程》、《禁烟制药广东总所章程》。

1924 年 3 月 20 日大元帅孙中山核准公布《修正大本营财政部官制草案》。

1924 年 4 月 10 日大元帅孙中山核准公布《财政部取缔广东全省"奥可加"（酒精）暂行章程》。

1924 年 8 月 7 日，大元帅孙中山核准公布《中央银行条

例》。同年 8 月 9 日又核准公布《中央银行基金公债条例》。8 月
15 日核准《中央银行组织规程》。

1924 年 8 月 13 日大元帅孙中山公布《大学条例》。

1924 年 8 月 13 日大元帅孙中山公布《中央督察军组织条
例》。

1924 年 8 月 15 日大元帅孙中山核准公布内政部拟定的《赈
灾慈善奖券章程》及细则。

1924 年 8 月 26 日大元帅孙中山公布《考试院组织条例》、
《考试条例》、《考试条例施行细则》。

1924 年 10 月 1 日大元帅孙中山颁布《修正工会条例》。

1924 年 10 月 10 日大元帅孙中山颁布《赣南善后条例》、
《江西地方暂行官吏任用条例》、《赣南善后会议暂行细则》、《赣
南善后委员会各职员之职责及公费暂行细则》、《赣南征发事宜
细则》。

八　广州国民政府的建立
及其立法概述

(一)《中国国民党第一次全国代表大会宣言》①
确定了国民政府的施政纲领和立法方针

1. 中国国民党第一次全国代表大会的召开

1923 年 6 月 12 日，在广州召开的中国共产党第三次全国代表大会，专门讨论了同孙中山领导的中国国民党建立革命统一战线问题。会议决定实行国共合作，共产党员以个人身份加入国民党，同时保持共产党在政治上、思想上和组织上的独立性。会后派出代表积极帮助国民党筹备改组工作。

中国国民党第一次全国代表大会，在 1924 年 1 月 20 日至 30 日于广州召开。大会通过《中国国民党第一次全国代表大会宣言》和《中国国民党总章》，以及其他决议案，包括《组织国民政府之必要提案》、《国民政府建国大纲》和《海关问题案》等。大会选出中央执行委员 24 人，候补执行委员 17 人，组成中央执行委员会，并选出监察委员、候补监察委员各 5 人，组成中央监

① 以下所有宣言的引文，皆录自《中国国民党历次代表大会及中央全会资料》，光明日报出版社，1984，上册第 11～22 页。

察委员会。这次大会使国民党获得了新生，标志着具有伟大历史意义的第一次国共合作的正式建立。

2.《中国国民党第一次全国代表大会宣言》的基本内容

该宣言分为三个部分：中国之现状；国民党之主义；国民党之政纲。集中到一点就是以反帝反封建的革命精神和"联俄、联共、扶助农工"的三大政策，丰富发展了孙中山的三民主义，并提出了对内对外的政策方针。

（1）关于民族主义，包括两个方面：一则"中国民族自求解放"。"其目的在使中国民族得自由独立于世界。"因而提出"一切不平等条约，如外人租借地、领事裁判权、外人管理关税权以及外人在中国境内行使一切政治的权力侵害中国主权者，皆当取消，重订双方平等互尊主权之条约。"二则"中国境内各民族一律平等"，并于反帝反封建革命胜利后，组成各民族自由联合的统一国家。

（2）关于民权主义，《宣言》批判了资产阶级的民权制度，要实施平民大众的民权。指出"近世各国所谓民权制度，往往为资产阶级所专有，适成为压迫平民之工具。若国民党之民权主义，则为一般平民所共有，非少数者所得而私也。"因而在对内政策中，提出实行普通选举制，废除以资产为标准之阶级选举；厘定各种考试制度，确定人民有集会、结社、言论、出版、居住、信仰之完全自由权；在法律上、经济上、教育上、社会上确认男女平等之原则，助进女权之发展。《宣言》还明确提出实现民权主义的政策界限，即"凡真正反对帝国主义之个人及团体，均得享有一切自由及权利；而凡卖国罔民以效忠于帝国主义及军阀者，无论其为团体或个人，皆不得享有此等自由及权利。"也就是要保障革命人民的各项民主权利，必须剥夺一切与帝国主义、封建军阀相勾结的反动分子的权利。即实行各革命阶级的民主专政。

（3）关于民生主义，原则有二，"一曰平均地权。"制定土地法，以解决农民的土地问题。以后孙中山又提出"二五减租"和"耕者有其田"的口号。同时还规定"制定劳工法，改良劳动者之生活状况，保障劳工团体并扶助其发展。"此即扶助农工政策的具体体现。"二曰节制资本"。"凡本国人及外国人之企业，或有独占的性质，或规模过大为私人之力所不能办者，如银行、铁道、航路之属，由国家经营管理之，使私有资本制度不能操纵国民之生计，此则节制资本之要旨。"

总之，改组后的国民党，注入了新的生命，确定了与国际国内革命势力合作，而向帝国主义封建势力进行斗争的革命原则。因而这个《宣言》便成为国共合作的政治基础，也是国民党和国民政府的施政纲领和立法原则。

上述施政纲领，以后又在 1926 年 1 月国民党第二次全国代表大会，1926 年 10 月国民党中央执行委员及省区联席会议，以及 1927 年 3 月国民党第二届第三次中央全会通过的若干重要决议案和条例，得到补充和发展。这些纲领条例，在中国共产党人和国民党左派人士的积极努力下，对开展反帝斗争、发动工农运动以及推动北伐战争方面，都发挥了十分重要的作用。

（二）改组后的国民党和国民政府的政权性质
——国共合作的联合政府

关于改组后的国民党和广州、武汉国民政府的政权性质问题，历史早有定论。1945 年 4 月 20 日中国共产党六届七中全会通过的《关于若干历史问题的决议》明确指出："在一九二四年至一九二七年革命时期，由于国共合作建立了联合政府，当时的根据地是以某些大城市为中心的……"。① 此即确定它是第一次国内革命战争时期建立的国共合作的联合政府。

这个联合政府的阶级内容是：共产党同国民党"共同领导"② 的，"无产阶级在不同程度上参加了的，小资产阶级、资产阶级以及一部分地主阶级联合的，带有不同程度的新民主主义色彩的专政"。③ 这一结论，是经过审慎斟酌的，是符合当时实际情况的。

关于武汉国民政府的政权性质，有的论著认为已与广州时期不同，变成工人、农民和小资产阶级的专政。这一论断是不确切的。周恩来在《关于党的六大的研究》一文中，明确指出："武汉政府当时不是工农小资产阶级的政府，还有谭延闿、孙科、唐生智等代表地主资产阶级的人物坐在政府中，汪精卫则是代表资产阶级的。"④ 在《论统一战线》一文中，周恩来又说："汪精卫在大革命初期，是资产阶级的代表，在大革命中期，他很激进，接近小资产阶级，但是在武汉时期，他又转到大地主、大资产阶级方面去了。"⑤

关于"共同领导"的论断，是毛泽东于 1945 年 5 月 31 日《在中国共产党第七次全国代表大会上的结论》中提出的。他说："从前同孙中山合作时，我们说在孙中山领导之下，其实是

---

① 《毛泽东选集》第 3 卷，人民出版社，1991，第 974~975 页。
② 《毛泽东文集》第 3 卷，人民出版社，1996，第 413 页。
③ 《关于废除伪法统》，1949 年"新华社陕北三月十四日电"。在这段引文的前面是"一九二五年至一九二七年广州和武汉的政府是……"。转引自 1949 年中国政法大学编印《司法业务参考材料》第 3 辑。
④ 《周恩来选集》，人民出版社，1980，第 165 页。
⑤ 《周恩来选集》，人民出版社，1980，第 208 页。

共同领导。"①

首先应该指出，考察一个政权的组织体系，不能只是从狭义的方面考察该政府的行政机关，应连同其权力机关（立法机关）和执行机关（行政机关）进行全面系统的考察。从第一次国内革命战争时期的实际情况看，1924 年改组后的国民党，既是一个政治党派，又是当时历史条件下实行国共合作和各革命阶级联合统一战线的组织形式。从政权的组织结构看，国民党全国代表大会及其中央执行委员会，就是当时代行的国家最高权力机关，即国民政府的最高立法机关。依照国民党第一次全国代表大会通过的《中国国民党总章》的规定："本党最高机关为全国代表大会"，其主要职权是：制定修改本党政纲，决定应取之政策及策略，选举中央执行委员和监察委员。全国代表大会闭会期间，中央执行委员会为权力机关。1925 年 7 月公布的《中华民国国民政府组织法》明确规定："国民政府受中国国民党之指导及监督，掌理全国政务"。由此可见，国民党全国代表大会及其中央执行委员会，实际上执行着国家最高权力机关的职权，是一个临时的、代行的国家立法机关。因而它便构成这个"联合政府"中举足轻重的重要组成部分。

其次，还应指出，在这个"国共合作"的、"共同领导"的"联合政府"中，中国共产党的领导作用究竟是如何体现的呢？从当时的实际情况看，既不是、也不可能完全实现共产党的绝对领导，但也不是无所作为，毫无领导的；而是在不同时期、不同方面发挥了程度不同的领导作用。关于共产党的领导作用，需要从政治领导和组织领导两个方面，进行具体考察。

---

① 《毛泽东文集》第 3 卷，人民出版社，1996，第 413 页。

　　从政治纲领方面看，如上所述，中国共产党提出的反帝反封建的革命纲领，原则上为改组后的国民党所接受。孙中山将其倡导的三民主义，重新解释为具有反帝反封建内容的、实行联俄、联共、扶助农工三大政策的新三民主义。以后国民党召开的代表大会或中央全会通过的政纲决议案以及具有革命精神的法律条例，都是与共产党人的积极努力分不开的。

　　再从组织制度讲，国民党和国民政府的政治体制改革，皆采用集体领导的民主集中制的原则。在广州国民政府成立时，中国共产党虽然没有直接参加国民政府委员会，但却参加了作为决策机关的国民党中央执行委员会，发挥了参政议政和决定大政方针的作用。如1924年国民党第一届中央执行委员中，有共产党员3人：谭平山、李守常（即李大钊）、于树德；候补中央委员中有7人：沈定一（即沈玄庐）、林祖涵（即林伯渠）、毛泽东、于方舟、瞿秋白、韩麟符、张国焘。在一届一次中央全会上，又推举谭平山为常务委员（共3人），负责处理中央执行委员会的日常事务。在中央党部中工作的共产党员有组织部长谭平山，秘书杨匏安，工人部秘书冯菊坡，农民部长林祖涵，秘书彭湃等。

　　1926年1月国民党第二届中央执行委员中，有中共党员13人被选为执行委员或候补执行委员，执行委员7人：谭平山、林祖涵、李大钊、于树德、吴玉章、杨匏安、恽代英；候补委员6人：毛泽东、许苏、夏曦、韩麟符、董用威（即董必武）、邓颖超，另有高语罕为中央监察委员，江浩为候补监察委员。在二届一中全会上推举的中央执行委员会常务委员中，有中共党员3人：谭平山、林祖涵、杨匏安（如果不是陈独秀一再妥协退让，被选上的人数还会更多）。在中央党部工作的中共党员是：秘书处秘书谭平山、林祖涵、杨匏安，书记刘芬（即刘伯垂）；组织部长谭平山、秘书杨匏安；宣传部代部长毛泽东，秘书沈雁冰；青年部秘书黄日葵；工人部秘书冯菊坡；农民部长林祖涵，秘书彭湃、罗绮园；外事部长彭泽民，秘书许苏魂；商业部秘书黄乐裕；妇女部秘书邓颖超。他们在各自的岗位上，发挥了积极作用。

但是，在1926年5月召开的国民党二届二中全会上，国民党右派篡夺了中央的领导权，通过了限制、打击共产党的"整理党务案"。根据这一议案，蒋介石代替谭平山当上中央组织部长，顾孟馀代替毛泽东任宣传部长，甘乃光代替林伯渠任农民部长，叶楚伧代替刘伯垂任中央秘书处书记。

1927年3月在武汉召开的国民党二届三中全会上，共产党人和国民党左派居于优势地位，中共党员在国民党中央领导机关中的地位，又有所增强。全会通过改选中央常务委员9人案，中共党员2人：谭平山、吴玉章。通过改选政治委员案，除常务委员9人兼政治委员外，选举林祖涵等6人为政治委员，谭平山为政治委员会7人主席团之一。通过改选国民政府委员案，在28名政府委员中，有谭平山、吴玉章。①

总之，在第一次国共合作时期，改组后的国民党以及广州、武汉国民政府，是共产党参加领导的，由各革命阶级联合的，在一定程度上实现人民民主和对地主豪绅及一切反革命分子实行专政的，反帝反封建的联合政府。因而它才被称作"国共合作"的"带有不同程度的新民主主义色彩的专政"。从这个意义上说，它既不同辛亥革命时期在南京建立的资产阶级临时政府，也与当时与之对立的北洋军阀把持的北京政府，以及"四一二"

---

① 以上所列姓名和顺序，皆录自《中国国民党历次代表大会及中央全会资料》。

蒋介石叛变后在南京建立的"国民政府"具有本质上的区别。

但是，在肯定广州、武汉国民政府具有一定革命性的同时，还应充分估计到它还有严重妥协性和反动性的一面。当时在国民党和国民政府中，潜伏着一批军阀官僚和伪装左派实为右派的代表人物。他们掌握着党政军财大权，时刻在窥测方向，排斥国民党中的左派人士，同共产党相对抗，并妄图尽快消灭之。他们违背孙中山的革命思想，与帝国主义封建势力相勾结，处处阻挠破坏工农运动的深入发展，并且在等待时机准备发动反革命政变，进行反共反人民的罪恶勾当。因此，这个政权又是一个由投机分子把持的、具有严重反动倾向、极不可靠的过渡性的政权。从这个意义上说，它同后来在革命根据地建立的、由共产党独立领导的、以工农联盟为基础的人民民主政权（即彻底新民主主义革命政权），也具有原则性的区别。

国民党和国民政府这种两重性的特点，在当时的立法和司法工作中也得到直接或间接的反映。凡是在共产党内正确路线占主导地位的时期和地区，通过同国民党左派人士的统一合作，就制定了一些具有革命性的法令和决议，给工农运动以大力支持，革命就能胜利前进；凡是在共产党内右倾路线采取妥协退让时，国民党右派势力便会乘机得势，极力阻挠革命法律的实施，破坏革命的审判工作，甚至制定一些带有反动性的法令和决议，限制和镇压工农运动的发展。因此，中国共产党和工农革命组织对待国民党和国民政府的态度是：对其积极革命的一面，则坚决予以支持，并以革命法律为武器，极力保卫革命群众的利益；对其消极妥协甚至反动的一面，则应进行坚决斗争，并且利用一切合法的条件，放手发动群众，采取各种革命措施，极力制止和缩小反动势力对革命造成的损失。

　　综上所述，不难看出，第一次国共合作时期的国民党和国民政府，存在着两种截然相反的发展前途。其一，如果随着工农运动和北伐战争的继续深入，自觉地加强无产阶级对政权和军队的领导作用，选派得力的干部到政府和军队中去工作，有效地揭露打击潜伏在革命队伍中的军阀官僚和右翼分子的种种破坏活动，制裁反动分子的罪恶行径，国民党和国民政府有可能沿着革命方向继续前进。其二，如果无产阶级放弃对革命的领导权，不向反动势力作坚决有效的斗争，处处妥协退让，国民党和国民政府继续被军阀官僚和右翼份子所把持，一旦发生反革命政变，革命就立即面临失败的危机。后来由于陈独秀犯了右倾机会主义错误，便出现了第二种不幸的结局，使轰轰烈烈的大革命遭受巨大损失。

（三）广州国民政府的建立及政府组织法

1.《组织国民政府之必要提案》和《建国大纲》

　　孙中山于 1924 年 1 月 20 日，在国民党"一大"《关于组织国民政府案之说明》① 中指出："现在的政府为革命政府，为军事的时期政府"。但外国公使团却不肯承认，"日前公使团由领事团转来一牒文，谓地方政府与公使团来往文书须由领事团转达。我政府通牒驳之，谓此处非地方政府，乃北京之对敌政府……今日之事，实缘我们没有正式组织，没有明明白白与北方脱离关系，故组织国民政府实为目前第一问题"。"故本总理之意，以为此次大会之目的有二：一改组本党，一建设国家。而于

---

① 《孙中山全集》第 9 卷，中华书局，1986，第 101 ~ 104 页。

建设国家，尚有应研究之问题二：一立即将大元帅政府变为国民党政府，二先将建国大纲表决后，四出宣言，使人民了解其内容，结合团体，要求政府之实现。一省如是，各省如是。合全国民意以与军阀奋斗，其效果必大"。"故大家应有此思想与力量，以党建国，兹请进而研究建国的方略。"

　　根据孙中山的上述提议，国民党"一大"于1月20日通过《组织国民政府之必要提案》，决定：①国民党当依此最小限度政纲为原则，组织国民政府。②国民党当宣传此义于工、商、实业各界及农民、工人、兵士、学生与夫一般之群众，使人人知设统一国民政府之必要。

　　国民党"一大"在通过组织国民政府提案的同时，还通过孙中山拟制的《国民政府建国大纲》。其要点是：①国民政府本革命之三民主义、五权宪法，以建设中华民国。建设之首要在民生，以解决民食、民衣、民居、民行问题。其次为民权，训导人民行使选举权、罢官权、创制权、复决权。其三为民族，政府扶植国内之弱小民族，抵御国外之侵略强权。②建设之程序，分为三个时期，即军政时期、训政时期和宪政时期。分别规定了各个时期的任务和施政纲要。这一建国大纲，就成为国民政府的长期奋斗目标。

2. 《国民政府改组大纲》和《中华民国国民政府组织法》

　　国民党"一大"虽然通过上述决议案，但由于当时国内外政治形势和广东军情的紧迫，大本营制度尚能较迅速地处置各种事变，因而对于国民政府的具体组建工作，一时没有提到议事日程。后来经过1924年10月平定港英操纵的"商团"叛乱，1925年2、3月举行讨伐陈炯明的第一次东征，同年5、6月又平定了滇桂军阀发动的"刘杨叛乱",[①] 使广州局势转危为安。特别是当 1925 年全国正处在"五卅"运动和省港罢工的革命高潮中,十几万香港罢工工人回到广州,大大加强了广州的革命力量,成为广州革命政权的重要支柱,因而建立国民政府的时机已经成熟,于是国民党中央政治委员会在 1925 年 6 月 14 日决定,将大元帅大本营改组为国民政府,拟定了《国民政府改组大纲》和《中华民国国民政府组织法》,经中央执行委员会通过后,由代大元帅胡汉民于 6 月 24 日发布改组政府令,7 月 1 日公布《国民政府组织法》,同日还发布《国民政府宣言》和第一个通告,宣告国民政府于广州正式成立,史称"广州国民政府"。

《国民政府改组大纲》共 6 条,原则规定国民政府、军事委员会、监察部、省政府、市政委员会的职权和组织机构。

《中华民国国民政府组织法》共 10 条,只规定国民政府委员会及所属各部的组织和职权,对立法、司法、监察机构,未作规定。这一组织法的突出特点有二:第一,规定"国民政府受中国国民党之指导及监督,掌理全国之政务"。即实行孙中山"以党治国"的原则。国民党与国民政府的关系是:国民政府委员,须由国民党中央执行委员会任免;国民政府要向国民党中央执行委员会负责并报告工作;对于政治方针和立法原则,先由隶属于国民党中央执行委员会的政治委员会研究拟定方案,经中央执行委员会审查通过后,交国民政府执行。这一原则,在当时国共合作的历史条件下,是有积极意义的。第二,实行集体领导的委员会议制。政府组织法规定:①国民政府以委员若干人组织之,并于委员中推定一人为主席,推定 5 人为常务委员,处理日

---

① 即指滇军刘震寰、桂军杨希闵。

常政务。②国务由委员会议执行之。委员会议出席委员不足半数时，由常务委员行之。③公布法令及其他关于国务之文书，由主席及主管部部长署名；其不属于各部者，由常务委员多数署名，以国民政府名义行之。上述集体领导的合议制原则，在中国政治体制改革上是一次空前的创举，对以后的革命政权建设具有重要影响。

第一届国民政府委员会的委员 16 人，即汪精卫、胡汉民、谭延闿、许崇智、林森、廖仲恺、伍朝枢、古应芬、朱培德、孙科、程潜、张人杰、于右任、张继、徐谦、戴传贤。国民政府常务委员 5 人，即汪精卫、胡汉民、谭延闿、许崇智、林森。推选汪精卫为主席。后来常务委员增至 7 人，即汪精卫、胡汉民、谭延闿、宋子文、伍朝枢、古应芬、张人杰。1926 年"中山舰事件"后，汪精卫离职去欧洲，国民党中央执行委员会于 1926 年 6 月 5 日决定由谭延闿为代理主席。

依照政府组织法的规定，国民政府设置军事、外交、财政各部，每部设部长 1 人，以委员兼任。有添部之必要时，经委员会议议决行之。各部长依其职权得发布部令。国民政府设秘书处，受常务委员之指挥。开始时军事部未正式组建，其他各部、处，皆于 1925 年 7 月设立。以后根据需要，陆续增设教育行政委员会、侨务委员会、法制编纂委员会和法制委员会等。

（四）1925～1926 年广州国民政府的主要立法

《中华民国国民政府组织法》1925 年 7 月 1 日国民政府公布。

《中华民国国民政府宣言》1925 年 7 月 1 日国民政府公布。

《省政府组织法》1925 年 7 月 1 日国民政府公布。

《国民政府外交部长胡汉民告世界各国人民》1925 年 7 月 11 日。

《国民政府军事委员会组织法》1925 年 7 月 11 日国民政府公布。

《广东省政府民政厅组织法》1925 年 7 月 15 日国民政府公布。

《国民政府文官俸给表》1925 年 7 月 20 日国民政府公布，同年 11 月 2 日修正公布。

《禁烟条例》、《禁烟督办署组织章程》、《禁烟领牌章程》1925 年 7 月 21 日国民政府公布。

《国民政府财政部组织法》1925 年 7 月 24 日国民政府公布。

《公文程式令》1925 年 8 月 7 日国民政府公布。

《兼职条例》1925 年 9 月 5 日国民政府公布。

《修正商标条例》和《修正商标条例施行细则》1925 年 9 月 12 日国民政府公布。

《兵工厂组织法》1925 年 9 月 11 日国民政府公布。

《法制委员会组织法》1925 年 9 月 29 日国民政府公布。

《特别刑事审判所组织条例》1925 年 9 月 30 日国民政府公布，同年 10 月 24 日修正公布。

《统一广东军民财政及惩办盗匪奸宄特别刑事条例》1925 年 9 月 30 日国民政府公布。

《修正国民政府监察院组织法》1925 年 9 月 30 日国民政府公布。

《陆军刑律》1925 年 10 月 9 日国民政府公布。

《文官官等条例》1925 年 10 月 10 日公布。

《宣誓令》1925 年 11 月 2 日国民政府公布。

《政府职员给假条例》1925 年 11 月 2 日公布。

《特别陪审条例》1925 年 11 月 24 日公布。

《修正法院编制法》1925 年 11 月 28 日公布。

《审计法》1925 年 11 月 25 日公布。

《审计法施行规则》1925 年 11 月 28 日公布。

《监察院单据证明规则》1925 年 11 月 28 日公布。

《各机关及学校放假日期表》1925 年 12 月 18 日公布。

《司法行政委员会组织法》1926 年 1 月 21 日公布。

《国民政府惩吏院组织法》1926 年 1 月 23 日公布。

《国民政府财政部有奖公债条例》1926 年 1 月 23 日公布。

《违反印花税法案审理委员会章程》1926 年 1 月公布。

《购料委员会章程》1926 年 2 月 17 日公布。

《惩治官吏法》1926 年 2 月 17 日公布。

《国民政府教育行政委员会组织法》1926 年 2 月 20 日公布。

《缉私卫商管理委员会组织法》1926 年 2 月 24 日公布。

《国民政府财政部盐务处组织章程》1926 年 2 月 24 日公布。

《国民政府财政部税务处组织章程》1926 年 2 月 24 日公布。

《筹议两广政治军事财政统一委员会议决事项》1926 年 3 月 19 日国民政府令发布。

《军事委员会政治训练部组织大纲》1926 年 3 月 19 日国民政府军事委员会公布。

《军法委员会组织大纲》1926 年 3 月 19 日国民政府军事委员会公布。

《国民革命军党代表条例》1926 年 3 月 19 日国民政府军事委员会公布。

《中华民国国民政府对内宣言》1926 年 4 月 10 日发布。

《修正违警罚则》第四十三条，1926 年 4 月 12 日公布。

《广东省政府土地厅组织法》1926 年 4 月 12 日公布。

《清理官市产办法》1926 年 4 月 17 日公布。

《广东省政府实业厅组织法》1926 年 5 月 24 日公布。

《法官考试条例》1926 年 5 月 24 日公布。

《枪毙条例》1926 年 5 月 24 日公布。

《法制编审委员会组织法》1926 年 6 月 1 日公布。

《政治委员会处理事务细则》1926 年 6 月 1 日公布。

《广东农工商学联合会委员会简章》1926 年 6 月 19 日国民政府公布。

《财政部税务总处布告—煤油、汽油特税章程》1926 年 6 月 28 日公布。

《广东都市土地登记及征税条例》1926 年 7 月 3 日公布。

《国民革命军总司令部组织大纲》1926 年 7 月 7 日公布。

《黄埔商埠股份有限公司招股章程》1926 年 7 月 8 日公布。

《国民政府财政部第二次有奖公债条例》1926 年 7 月 20 日国民政府公布。

《华侨褒章条例》1926 年 7 月 12 日公布。

《广东土地登记条例》1926 年 7 月 23 日公布。

《戒严条例》1926 年 7 月 29 日公布。

《修正国民政府外交部组织法》1926 年 8 月 14 日公布。

《劳工仲裁会条例》1926 年 8 月 16 日公布。

《国民政府组织解决雇主雇工争执仲裁会条例》1926 年 8 月 16 日公布。

《国民政府侨务委员会组织条例》1926 年 8 月 21 日公布。

《外交部特派交涉员暂行条例》1926 年 9 月 5 日公布。

《国民政府对农民运动第三次宣言》1926 年 9 月 7 日公布。

《国民政府出师北伐告全国人民书》1926 年 9 月 7 日发布。

《广东土地登记条例施行细则》1926 年 9 月 9 日公布。

《党员背誓罪条例》1926 年 9 月 22 日公布。

《无线电信条例》1926 年 9 月 25 日公布。

《外交部宣传局暂行章程》1926 年 9 月 27 日公布。

《修正国民政府监察院组织法》1926 年 10 月公布。

《教科书审查规程》1926 年 10 月 1 日教育行政委员会发布。

《司法行政委员会法官政治党务训练班规程》1926 年 10 月 4 日公布。

《征收出产运销物品暂时内地税条例》1926 年 10 月 17 日公布。

中国国民党中央各省区联席会议通过的政纲和各种决议案：

（1）《关于本党最近政纲决议案》1926 年 10 月 21、22 日通过。

（2）《国民政府发展决议案》1926 年 10 月 16 日通过。

（3）《省政府对国民政府之关系议决案》1926 年 10 月 20 日通过。

（4）《省党部与省政府之关系议决案》1926 年 10 月 20 日通过。

（5）《省政府、地方政府及省民会议、县民会议议决案》1926 年 10 月 19 日通过。

（6）《国民会议召集问题议决案》1926 年 10 月 18 日通过。

（7）《党代表任免条例》1926 年 10 月 20 日通过。

（8）《国民党革命军党代表条例》1926 年 10 月 26 日通过。

（9）《最近外交政策决议案》1926 年 10 月 26 日通过。

《国民政府司法部组织法》1926 年 11 月 15 日公布。

《修正国民政府监察院组织法》1926 年 10 月公布。

《学校职教员养老金及恤金条例》1926 年 11 月 1 日公布。

《修正省政府组织法》1926 年 11 月 10 日公布。

《国民政府交通部组织法》1926 年 11 月 13 日公布。

《国民政府司法部组织法》1926 年 11 月 13 日公布。

《修正外交部特派交涉员暂行条例》1926 年 11 月 26 日公布。

九　武汉国民政府的变迁及其立法概述

（一）"迁都之争"与国民党中央临时联席会议

1. 所谓"迁都之争"

在 1926 年 10 月国民党中央各省区联席会议上，就曾讨论过国民政府的所在地问题。在 10 月 16 日通过的《国民政府发展决议案》里，指出：确定国民政府所在地的原则是"应视其主要工作所之地而决定之"。现在国民政府的主要工作，在巩固各省革命势力之基础，而此种主要工作以首先由广东省实施最为适宜，故国民政府仍暂设于广州。

当国民革命军胜利进军武汉三镇后，革命形势发生巨大变化。武汉的工人运动和两湖地区的农民运动逐步发展起来。这时武汉已成为全国革命运动的中心。将革命首府迁到武汉，对推动全国革命的发展是有利的。为适应新形势的要求，国民党中央政治会议于 11 月 8 日作出决议，决定将国民党中央党部和国民政府由广州迁至武汉。11 月 15 日中央委员及政府委员第一批启程赴汉，负责筹备中央机关克日开始办公事宜。12 月 5 日国民党中央正式宣布中央党部和国民政府停止在广州办公，各机关工作人员准备分批前往武汉。

当首批赴汉委员宋庆龄、孙科、宋子文、徐谦、陈友仁及顾问鲍罗廷等经过南昌时，曾于 12 月 4 日与蒋介石会谈，蒋表示同意政府迁都武汉。但当后续委员到达南昌时，蒋介石却出尔反尔，擅自决定改都南昌。这不是偶然的。正如国民党二届三中全会通过的《本会经过概况》所指出的：蒋介石自 1926 年 3 月 20 日阴谋制造"中山舰事件"，以"武力蹂躏党权政权以后，不但总理之联俄及容纳共产党政策被其破坏，即本党军队中之党代表制与政府制度亦完全破坏，开个人独裁之渐，启武人专横之端，使总理改组本党之精神及同志两年来之努力，悉付诸流水。"①从此蒋介石逐步攫取了党政军各项大权。首先非法增设中央执行委员会常务委员会主席一职，由蒋介石担任，张静江代理（按《中国国民党总章》本无此项规定）。中央执行委员会政治委员会主席和国民政府主席原为汪精卫担任，自汪出国后，改推谭延闿（代理），国民政府军事委员会主席原为汪精卫，改为蒋介石。同时蒋介石还担任国民革命军总司令，有权直接指挥国民政府各部事务。可见，蒋介石在北伐战争中实际上已成为党政军的最高首领。当蒋介石进驻南昌后，利用其政治地位，公然与中央迁都武汉的决定相对抗，截留部分赴汉的中央委员，于 1927 年 1 月 3 日在南昌操纵召开了所谓"中央政治会议临时会议"，决定迁都南昌，武汉只设中央政治会议湖北分会。这就是历史上所说的"迁都之争"。由于国共合作后的中国国民党，实行民主集中制的原则，只有多数委员作出的决定，才是国民党中央的决定，少数首脑人物的决定是不合法的。由于多数委员的据理力

---

① 《中国国民党历次代表大会及中央全会资料》，光明日报出版社，1984，第 299 页。

争，蒋介石的这一阴谋才未得逞。不久，在南昌的委员陆续赴汉出席二届三中全会。

2. 国民党中央执行委员、国民政府委员联席会议

为迁都武汉作准备工作的第一批人员，于1926年12月10日到达武汉，其中包括一部分国民党中央执行委员和国民政府委员，以及外交、财政、司法、交通等部的部长。"其时军事、政治、外交均甚紧急，而党部政府正值迁移，不可无一最高权力机关，以资应付，故由到武汉之中央执行委员、国民政府委员组织一临时联席会议，于党部政府未到武汉以前行使最高权。"① 以为决定并应付重要问题之机关。联席会议由14人组成，包括国民党中央执行委员、国民政府委员、湖北省政务委员会主席、湖北省党部及汉口特别市党部代表各1人。其名单是：徐谦、孙科、宋子文、邓演达、吴玉章、宋庆龄、陈友仁、董必武、王法勤、唐生智、于树德、柏文蔚、蒋作宾、詹大悲。以徐谦为主席，叶楚伧任秘书长、聘鲍罗廷为总顾问。

联席会议于1926年12月13日成立。它兼具党、政双重职能，在国民党中央政治会议未迁武汉以前，它代行中央政治会议职权。同时，对外代表国民政府，处理了一系列内政外交上的重大事件，它以中华民国名义收回汉口、九江的英租界，先后共作出260多项重要决议，对促进反帝爱国运动、稳定革命秩序、推动国民革命的发展，作出了重要贡献。

1927年2月21日，在武汉的国民党中央执行委员、监察委员联合举行扩大会议决定结束"中央执行委员国民政府委员临时联席会议"，并宣布中央党部和国民政府即日开始办公。

---

① 《中国国民党历次代表大会及中央全会资料》，光明日报出版社，1984，第300页。

1927 年 3 月 10 日，国民党第二届中央执行委员会第三次全体会议，专门通过《关于中央执行委员国民政府委员临时联席会议决议案》，① 不仅肯定成立临时会议是十分必要的，而且追认其所有决议案继续有效。指出临时联席会议的成立，"系适合革命利益，应付革命时机，代表中央权力之必要组织。在该临时联席会议成立以来之经过，如领导革命民众向帝国主义者努力进攻，而得收回汉口、九江英租界之结果，使国民政府对外威权得以提高，使废除不平等条约的解放运动得初步之成功，实足以证明临时联席会议为适合革命之要求。该临时联席会议现虽结束，但所有议决案，在全体会议认为继续有效。"

（二）国民党二届三中全会的召开及其重要决议案

1927 年 3 月 10 日至 17 日，中国国民党第二届中央执行委员第三次全体会议于汉口南洋大楼正式召开。出席中央执行委员 18 人，候补执行委员 11 人，候补监察委员 4 人，共计 33 人。会议通过了在新形势下进行反帝反封建的革命纲领，以及加强国共合作，统一革命领导机构，加强集体领导作用，反对分裂反个人独裁的各种决议案，因而这次全会取得了历史性的胜利。

1. 通过新形势下的革命政纲——《对全国人民宣言》②

指出，我们反帝国主义与反封建军阀的国民革命运动，自北伐军占领武汉以来，已到了一个新时期。全中国的一半已经从帝国主义的同盟者与工具——军阀——的直接压迫下解放出来了，中国工人农民及城市中广大的民众，业已渐渐参加斗争了，这就

---

① 《中国国民党历次代表大会及中央全会资料》，光明日报出版社，1984，第 316 页。
② 《中国国民党历次代表大会及中央全会资料》，光明日报出版社，1984，第 304～308 页。

是我们战胜帝国主义与国内反革命的稳固基础。同时国民政府统治区域内的一切反革命势力、反动派、买办、大地主、绅士、安福、交通、研究、外交各系，正在设法牵制国民政府的政策，并且全力破坏革命根据地。帝国主义者，特别是英国，除去侵略行动以外，还和他们的奴仆——北方军阀——正在设法分化革命的战线。因此，我们此时更应注意这种分化方法的危险，而预为防备。宣言接着提出以下政纲。

（1）我们要继续向帝国主义作战，直到达到目的，即"得到中国真正的、政治的、经济的独立而后止"。我们要继续对于北方军阀的革命战争，直到我们统一了中国，肃清封建军阀势力为止。

（2）我们要把一切行政立法权集中在国民政府的手里。"防止个人专政或一部分人专政的倾向。只有由国民党所表现出的民众的意志，才能确定国民政府的政策"。

（3）国民党要用种种方法继续援助工人农民和城市中一般民众的革命运动，及改良他们本身生活的斗争，使他们可以打倒帝国主义、军阀及一切国内反革命势力。我们要设立农政部及劳工部，实现本党的农工政策，要使民众运动得到充分的、普遍的发展。我们要把民众组织成自治委员会，代表民众作为国民政府的政策。

（4）我们要帮助国内的少数民族（蒙古、西藏、回族等）的自决与解放。

（5）我们要帮助并且巩固与苏联的关系。苏联是诚意援助我们民主革命的国家。凡是愿意在民族平等原则下与中国诚意合作的国家，一定愿意中国的统一与独立。

（6）有些人以为不要帮助革命民众，不要与世界被压迫民族合作，也可以继续革命，这是错误的。"这些人实在就是帮助帝国主义与反革命，他们是与我们的领袖孙中山先生的主义无关的。"宣言最后提出："国民革命必须成功，我们的国家必须独立，我们的人民必须自由，帝国主义的宰割、封建军阀的压迫剥削必须打倒，这便是三民主义的真意义。"

2. 通过许多重要的决议案

（1）《统一党的领导机关决议案》，重申国民党全国代表大会为党的最高权力机关。全国代表大会闭会后，党的权力机关为中央执行委员会，对全国代表大会负责。由中央执行委员会全体会议选出常务委员会，对于党务、政治、军事行使最终议决权。除党务直接处理外，交国民政府执行。在中央执行委员会下，设立政治委员会和军事委员会。政治委员会对于政治问题议决后，交由中央执行委员会指导国民政府执行之。国民政府部长虽非政治委员会委员，亦得列席政治委员会会议，但无表决权。

（2）《统一革命势力决议案》，确定中国国民党与中国共产党两党联席会须立时开会，讨论对以下各问题的合作办法：①统一民众运动，特别是对农民运动与工人运动的共同指导。②国内少数民族问题。③共同担负政治责任问题—应由第三国际派负责同志加入国民政府及省政府。④设法使第三国际及中国共产党与本党机关报关于两党互相批评与记载，不违背合作之精神。两党联席会议之本党代表5人，由中央之组织、宣传、工人、农民、青年5部部长充任。⑤本党应第三国际之邀请，应即派出代表3人出席第三国际会议，接洽中国革命根本问题，特别是中国革命与世界革命的关系问题。

（3）《统一外交决议案》，为防止帝国主义者破坏我国民革命势力集中之阴谋，本党及政府应执行下列办法，以励行外交政策之统一：本党党员对于外交方面，有擅自发表变更本党外交政策之主张，或直接间接向帝国主义列强接洽任何条件者，以违背党纪论，应予除名处分。政府职员，非外交当局或未受外交部长之委托，私擅与帝国主义者为外交的接洽或进行秘密交涉者，一经发觉证实，立即免职查办。在国民政府统治地区，所有外交人员均由外交部直接任免，地方政府及军事长官，不得有任免交涉员之事。

此外，还通过《统一财政决议案》、《农民问题决议案》，以及《修正政治委员会及分会组织条例》、《湖南省民会议大纲》和《湖南省民会议组织法》。同时全会还审议批准了《湖北省惩治土豪劣绅暂行条例》和《湖北省审判土豪劣绅委员会暂行条例》。

3. 通过《中央执行委员会军事委员会组织大纲》、《军事委员会总政治部组织大纲》、《国民革命军总司令部条例》和《关于军事政治学校之决议案》

（1）确定军委会统一在国民党中央执委会的领导下，"为国民政府的最高军事行政机关"。军委会废除主席制，设立主席团7人。

（2）确定在中央执行委员会军事委员会之下，设立总政治部，专任军队中党务及政治工作。

（3）确定军事政治学校及各分校，均须置于党的指导之下，改校长制为委员制，其政治教育须受总政治部的指导。

4. 改选中央机构组成人员

（1）通过改选中央常务委员9人案，并选举汪精卫、谭延闿、蒋中正、孙科、顾孟馀、谭平山、陈公博、徐谦、吴玉章等为中央常务委员。

（2）通过改选中央各部长案，并选举汪精卫为组织部长，顾孟馀为宣传部长，邓演达为农民部长，陈公博为工人部长，陈其瑗为商业部长（后改为王法勤），何香凝为妇女部长，孙科为青年部长，彭泽民为海外部长。

（3）通过改选政治委员案，除常务委员9人兼政治委员外，选举宋子文、宋庆龄、陈友仁、邓演达、王法勤、林祖涵6人为政治委员；并选举汪精卫、谭延闿、孙科、顾孟馀、徐谦、谭平山、宋子文7人为政治委员会主席团。

（4）通过改选国民政府委员案，选举汪精卫、孙科、宋子文、于右任、徐谦、冯玉祥、程潜、谭延闿、陈友仁、李宗仁、谭平山、钮永建、朱培德、唐生智、李济深、宋庆龄、顾孟馀、蒋中正、柏文蔚、王法勤、吴玉章、何应钦、孔庚、彭泽民、经亨颐、黄绍竑、杨树庄、陈调元等28人为国民政府委员；并选举孙科、徐谦、汪精卫、谭延闿、宋子文等5人为国民政府常务委员。① 从上述改选结果看，国民党左派人士和共产党人在中央各机构中有所加强。

（三）《修正中华民国国民政府组织法》

根据国民党二届三中全会的决议，中央政治委员会重新制定了《修正中华民国国民政府组织法》10条，1927年3月30日武汉国民政府公布实施。其基本内容和特点如下。

1. 恢复"党治"原则，强调以中央执行委员会作为中枢决策机构

（1）原组织法第1条规定"国民政府受中国国民党之指导及监督，掌理全国政务。"新组织法在"中国国民党"之后，增加"中央执行委员会"7字。

---

① 以上名单及顺序，录自《中国国民党历次代表大会及中央全会资料》，光明日报出版社，1984，第302～303页。

（2）原组织法第二条规定"国民政府以委员若干人组织之"。新组织法则修改为"国民政府由中央执行委员会选举委员若干人组织之"。

（3）新组织法第三条第二款增加以下内容："未经中央执行委员会议决之重要政务，国民政府委员无权执行；但遇中央执行委员不能开会时，不在此限。"

（4）新组织法增加第九条"本法得由中央执行委员会修正之。"上述规定便意味着从法律上恢复"党治"原则，即在国民党全国代表大会闭会期间，由中央执行委员会行使最高权力，一切军政大权皆须集中于作为中枢决策机构的中央执行委员会。

2. 废除国民政府的主席制，实行常务委员会的集体领导制

新组织法第 2 条规定："国民政府由中央执行委员会选举委员若干人组织之，并指定其中 5 人为常务委员。"没有规定设置主席职位。第三条规定："国民政府委员处理政务须开会议行之，但日常政务由常务委员执行之。"关于公布法令及其他文书，原规定由主席及主管部部长署名，新规定为"至少须有委员三人之署名"。这些规定对于发挥集体智慧、防止个人独断，具有重要意义。此外，新组织法第三条还补充规定："国民政府委员会议须有国民政府所在地委员过半数之出席，如出席委员不足法定数时，即以常务委员会代之。"这一规定的主要目的，一方面是从当时的实际情况出发，因政府委员工作地址分散，28 名委员过半数出席较为困难。二是为了防止少数野心家制造分裂，以拒绝出席会议的方式，来达到破坏国民政府行使职权的目的。

3. 改组和扩大政府行政机构

新组织法五条规定："国民政府设财政、外交、交通、司法、教育、劳工、农政、实业、卫生各部，每部设部长一人，得以委员兼任之。"第六条规定："各部长依其职权得发部令"。这是根据二届三中全会的决议，扩大了政府行政机构。当时工人运动和农民运动正在蓬勃发展，为了加强行政指导和监督，决定增设劳工部和农政部。为了发展实业开辟财源，增设实业部。为了发展人民健康，增设卫生部。将原教育行政委员会改为教育部，原司法行政部改为司法部。任命陈友仁为外交部长（代理），宋子文为财政部长，孙科为交通部长，徐谦为司法部长，顾孟馀为教育部长，孔祥熙为实业部长，谭平山为农政部长，苏兆征为劳工部长，刘瑞恒为卫生部长。

新组织法第八条规定："国民政府委员会下设秘书处、副官处，受常务委员会指挥。

1927 年 3 月 20 日，国民政府新任委员在武昌宣誓就职，史称"武汉国民政府"。

（四）1927 年武汉国民政府的主要立法

主要立法包括武汉国民政府及各部制定的法律法规，也包括由各省省政府制定的地方法规。后者是当时中央政府立法的重要补充和具体实施办法。

《武汉国民政府新司法制度》1927 年 1 月《国闻周报》4 卷 9 期"新法令汇辑"公布。

《参审陪审条例》1927 年 1 月《国闻周报》4 卷 9 期"新法令汇辑"公布。

广东省政府《解决农民地主纠纷办法》1927 年 1 月 15 日《汉口民国日报》公布。

总政治部《改良粤省监狱计划》1927 年 1 月 17 日《汉口民

国日报》公布。

《湖南省审判土豪劣绅条例》1927 年 1 月 15 日湖南省党部执行委员会通过。

《湖南省惩治贪官污吏暂行条例》（1927 年 1 月 18 日公布）。

《大学规程》（1927 年 2 月 7 日武汉国民政府教育行政委员会议决通过）。

《广西军法处办事细则》1927 年 2 月 13 日《汉口民国日报》公布。

《湘鄂赣三省农民运动讲习所章程》1927 年 2 月 12 日筹备会通过，2 月 13 日《汉口民国日报》公布。

湖南省政府《官吏奖励条例》1927 年 2 月 19 日《汉口民国日报》公布。

《广东省政府司法厅组织法》1927 年 2 月 23 日《汉口民国日报》公布。

湖北全省总工会《裁判委员会暂行条例》1927 年 3 月 1 日公布施行。

司法部颁布《新法制施行条例》1927 年 3 月 6 日《汉口民国日报》公布。

司法部颁布《改造司法法规审查委员会组织条例》1927 年 3 月 22 日《汉口民国日报》公布。

湖北省《取缔妇女缠足条例》湖北省政委会制定，1927 年 3 月 23 日《汉口民国日报》公布。

1927 年 3 月中国国民党第二届中央执行委员第三次全体会议通过的政纲和法案：

（1）《中国国民党第二届中央执行委员第三次全体会议对全国人民宣言》1927 年 3 月 16 日通过。

（2）《对于中央执行委员国民政府委员临时联席会议决议案》1927 年 3 月 10 日通过。

（3）《统一党的领导机关决议案》1927 年 3 月 10 日通过。

（4）《统一革命势力决议案》1927 年 3 月 13 日通过。

（5）《修正政治委员会及分会组织条例》1927 年 3 月 13 日通过。

（6）《中央执行委员会军事委员会组织大纲》1927 年 3 月通过，3 月 30 日武汉国民政府公布。

（7）《军事委员会总政治部组织大纲》1927 年 3 月 15 日通过。

（8）《国民革命军总司令条例》1927 年 3 月 17 日通过。3 月 30 日武汉国民政府公布。

（9）《关于军事政治学校之决议案》1927 年 3 月 17 日通过。

（10）《统一财政决议案》1927 年 3 月 17 日通过。

（11）《统一外交决议案》1927 年 3 月 17 日通过。

（12）《农民问题决议案》1927 年 3 月 16 日通过。

（13）《湖南省民会议大纲》1927 年 3 月 17 日通过。

（14）《湖南省民会议组织法》1927 年 3 月 17 日通过。

（15）《湖北省惩治土豪劣绅暂行条例》1927 年 3 月 15 日全体会议批准。

（16）《湖北省审判土豪劣绅委员会暂行条例》1927 年 3 月 15 日全体会议批准。

《修正中华民国国民政府组织法》1927 年 3 月 30 日武汉国民政府公布。

《国民政府反革命罪条例》1927 年 3 月 30 日武汉国民政府公布。

《处分逆产条例》1927年5月10日武汉国民政府公布。

司法部《司法行政计划及政策》1927年3月25日《汉口民国日报》公布。

《湖北省政府组织法》1927年3月31日《汉口民国日报》公布。

《湖北省政府委员会会议规则》1927年3月31日《汉口民国日报》公布。

《中央执行委员会训令——关于农工商政策决议》1927年5月19日《汉口民国日报》公布。

《国民政府农政部组织法》1927年5月19日《汉口民国日报》公布。

《国民政府农政部秘书处组织条例》1927年5月24日《汉口民国日报》公布。

《国民革命军陆军战时抚恤暂行条例》1927年5月20日公布。

《中央训令各级党部及政府切实执行中央决议案》1927年5月21日《汉口民国日报》公布。

《中央关于保护公正绅耆训令》1927年5月21日《汉口民国日报》公布。

《财政部有奖债券条例》中央执行委员会议决1927年5月23日公布。

湖北省《工商联席会议决议案》湖北全省总工会与汉口市商民协会联席会议通过，1927年5月24日《汉口民国日报》公布。

《湖北省政府布告——关于逮捕手续的规定》1927年5月26《汉口民国日报》公布。

《农政部（关于扶助农民政策）布告》1927 年 5 月 27 日《汉口民国日报》公布。

《劳工部失业工人救济局组织大纲》1927 年 5 月 27 日《汉口民国日报》公布。

《湖北省政府布告——保护军人家属财产土地》1927 年 6 月 3 日《汉口民国日报》公布。

《财政部布告——整理各种票币办法》1927 年 6 月《汉口民国日报》公布。

《劳工部布告——巩固工商联合战线保护工人阶级利益》1927 年 6 月 17 日《汉口民国日报》公布。

《县乡自治暂行条例草案》农政部提出，1927 年 6 月 25 日《汉口民国日报》公布（后因未经正式批准，又宣布撤销。仅供研究参考）。

《国民政府实业部组织法》1927 年 7 月 4 日武汉国民政府公布。

《河南省政府组织法》1927 年 7 月 11 日武汉国民政府公布。

《河南省政府委员会会议规则》1927 年 7 月 11 日武汉国民政府公布。

《河南省政府秘书处组织条例》1927 年 7 月 11 日武汉国民政府公布。

十 国民政府委员会会议规则、秘书处规则及其他有关法规

（一）国民政府会议规则与秘书处规则

1. 《国民政府委员会会议规则》

1925 年 7 月 20 日公布，共 5 章 19 条。5 章章名是：开会及延会、议事及议事日程、时间及讨论、表决、议事录。

（1）委员会每星期开会两次。但因特别事由得由主席召集临时会议。常务委员会每天开会一次。委员会议须有国民政府所在地委员总额之过半数出席，方得开议。会议中委员因事退席须得主席许可。

（2）议事内容包括下列各款：①国内形势之报告与讨论现在政府应取之政策；②政府关于外交应采之行动；③省政府的报告及其建议；④各省之报告及现在政府应采之政策；⑤军事委员会的报告及其建议；⑥国民政府各部之报告及其建议；⑦其他事项。1925 年 11 月 2 日删去第 7 项。议事日程须依上列各款之次序，由秘书长制定，各种议案须先期印刷分送各委员。

（3）讨论结果有数说时，主席依次付诸表决，表决方法以举手表示赞同。必要时得用记名式投票。表决之可否同数取决于

主席。

（4）议事录记载开会年月日时，到会委员及缺席委员人数及姓名，报告与建议人及其事由，表决情况等。议事录于下次会议前送达各委员。

2.《国民政府秘书处规则》

1925 年 7 月 4 日国民政府令公布，共 8 条。

（1）国民政府秘书处置秘书长 1 人（简任），秘书若干人（荐任），办事员、书记官若干人（委任）。秘书处内设总务、机要、撰拟 3 科。

（2）总务科，职掌铨叙、印铸、文书收发、会计庶务以及不属于其他各科之事项。

（3）机要科，职掌关于委员会议之记录及文书编制事项，机密文件之撰拟翻译保存事项，典守印信。

（4）撰拟科，职掌关于法令撰拟事项，函牍撰拟事项。

各科事务分股办理，其事务之分配由秘书长定之。

（二）宣誓令与兼职条例

1.《宣誓令》

1925 年 11 月 2 日国民政府公布。

（1）定文武官员及其他依国家法令执行职务之人，须于宣誓后始得任事。

（2）宣誓仪式：①宣誓于就职地公开进行。②面对国旗党旗举右手宣誓。③宣誓时最少须有国家职员一人在场作证。

（3）文官宣誓词式是：余敬宣誓，余将恪遵总理遗嘱，服从党义，奉行国家法令，忠心及努力于本职，并节省经费，余决不雇用无用人员，不营私舞弊及授受贿赂。如违背誓言，愿受本党最严历之处罚。此誓。

（4）武官宣誓词式是：余誓以至诚，实行三民主义，服从长官命令，捍卫国家，爱护人民，克尽军人天职。此誓。

据查上述"武官誓词"，早在 1924 年 6 月 28 日孙中山在《大元帅批准军政部公布施行军人宣誓词及军人宣誓条例指令》中，就已公布过。在《大元帅指令》中指出：军人以服从命令，捍卫国家为天职，非经宣誓，实不足表示至诚。所拟宣誓条例九条暨宣誓词，均尚妥协，应准如拟施行。在军人宣誓条例中具体规定：①军政部各级司令部及各军事机关，由各该长官先行宣誓，然后监督所属各员依次行之。②各部队以团或营连为一组，由团长或营连长先行宣誓，然后监督各兵员依次行之。③军人宣誓时，向国旗军旗脱帽行三鞠躬礼，高声宣读誓词。宣毕，行一鞠躬礼，退下。④各部队宣誓后，将宣誓日期并造箕斗名册，报告直属长官。然后由军政部存案，将办理情形呈报大元帅。

2.《兼职条例》

1925 年 9 月 5 日国民政府公布，共 5 条。

（1）凡服务于国民政府暨其所属各行政机关人员，不论等级高下，均以专任为原则，因不得已而兼任者，须呈本管官署转呈上级机关审定。

（2）凡服务于政府机关之人员如兼职者，不得兼薪。

（3）如有改易姓名希图蒙混者，查出严行惩处。

1925 年 9 月 9 日又补充规定，技术人员在政府受职，而兼任学校教授者，应准予兼薪。

(三) 文官官等与俸给表

1. 《文官官等条例》

《文官官等条例》1925 年 10 月 16 日公布, 自 11 月 1 日起施行, 共 6 条。

凡国民政府所属之文官及司法官, 均依本条例附表所定等级, 照文官俸给表内所定月俸支俸。此前各机关自行拟定的职员食俸等级, 无论已否呈准有案, 均属无效。以后新设各机关, 均应由该管长官将各职员应叙等级及应支俸给数目详细拟定, 呈报国民政府委员会核准, 始能开支。广州市政厅及广东省各县县公署职员支俸章程, 由广东省政府斟酌地方情形, 另行拟定, 呈候核准施行。

2. 《文官俸给表》

《文官俸给表》1925 年 7 月 20 日公布, 同年 11 月 2 日修正公布。11 月 4 日国民政府令补充解释: 简任官可支一等一级至二级俸, 荐任官支二等三级至三等二级俸, 委任官最高支三等三级俸。

特任官	特等	800 元。国民政府委员, 各部部长、大理院院长。
简任官	一等一级	750 元。
	一等二级	675 元。监察院委员, 总检察厅检察长, 国立大学校长。
	一等三级	600 元。国民政府秘书长、中央银行行长、省厅长、省检察长。
	二等一级	525 元。

	二等二级	450 元。各部秘书长、局长、大理院厅长、首席检察官、省秘书处主任、地方审检厅厅长，检察长、省局局长。
荐任官	二等三级	375 元。各部秘书、大理院推事、检察官、银行副行长。
	三等一级	300 元。各部秘书、大理院推事、书记官长、高等审检厅厅长、首席检察官。
	三等二级	240 元。各部科长、省府秘书、科长、高等审检厅推事、书记官长、一等局长。
委任官	三等三级	180 元。国民政府办事员、大理院一等书记官、科员、地方审检厅推事、检察官、二等局长。
	四等一级	120 元。各部科员、大理院二等书记官、省政府科员、高等审检厅一等书记官、地方审检厅书记官长、代理推事、三等局长。
	四等二级	90 元。各部科员、高等审检厅二等书记官、地方审检厅书记官、典狱长、看守所长。
	四等三级	60 元。各部科员、大理院三等书记官、高等审检厅三等书记官、地方审检厅书记官、各县管狱员。

雇员	五等一级	40 元。
	五等二级	30 元。
	五等三级	15 元。

（四）政府职员给假条例与放假办法

1.《政府职员给假条例》

1925 年 11 月 2 日公布，共 15 条。

（1）职员非因疾病及确系不得已事故，不得请假。请假者须亲笔填写请假书，呈请上级长官批准后，方得离职。但遇急病得临时由医生或其亲友代行。凡请假逾原定期限者，应即续假。凡请假人员须将经办事件委托同僚一人代理，但须得长官之许可。

（2）凡未经请假而擅离职守，或假期已满仍未回署服务者，以旷职论。凡旷职未满一星期者，应按日扣除薪俸，在一星期以上者，应行撤换；在职员因事请假每年合计准给事假二星期。因病请假每年准给病假三星期。但确罹重病非短时间能治愈者，得以长官之核准，再延长五星期。如因重病延长期尚无治愈希望者，应即辞职，或由政府或其长官派人代理。

（3）凡职员满一年经长官认为勤劳称职者，准给休息假一月。服务两年以上绝少请假，经长官认为勤劳称职者，准给休息假二月至三月。假期内薪俸照常发给。凡遇婚丧大事，得由政府或其长官酌路程远近给假若干日。

2. 各机关学校放假日期表

据 1925 年 12 月《国民政府公报》第 19 号的刊载，国民政府规定各机关学校放假制度如下：

一月一日　　　　南京临时政府成立纪念日，放假一天。

一月二、三日　　新年，放假二天。

三月五日　　　　植树节，放假一天。

三月十二日　　　孙大元帅逝世纪念日，放假一天。

三月廿九日　　　黄花冈各志士殉国纪念日，放假一天。

五月一日　　　　世界劳动节，放假一天。

十一月十二日　　孙总理生辰纪念日，放假一天。

星期日　　　　　放假一天。

阴历岁首　　　　放假三天。

阴历四时令节及清明重阳日，放假一天。

以上所列为在职人员普通假期，至学校之暑假寒假，另由主管机关核定公布。

（五）《公文程式令》

1925 年 8 月 7 日国民政府公布《公文程式令》共 6 条。

规定公文书的程式有下列各种：

（1）令——于公布法令、任免官吏及有所指挥时用之。

（2）布告——于有所宣布时用之。

（3）批——于人民或所属官吏陈请事项有所裁答时用之。

以上公文属于国民政府者，由国民政府常务委员会主席及主管部部长署名，盖用国民政府之印。其不属于各部者，由常务委员多数署名，盖用国民政府之印。由各官署发布者，由各官署长官署名，盖用各官署之印。

（4）任命状——特任官由国民政府常务委员多数署名，盖国民政府之印。简任、荐任各官，由国民政府常务委员会主席及主管部部长署名，盖用国民政府之印。委任官由各该官署长官署名盖印。

（5）呈——下级官署对于直辖上级官署，或人民对于官署有所陈述时用之。

（6）公函——不相隶属之官署公文往复时用之。

凡政府发表之公文书，皆应于《政府公报》予以公布。

十一　军事机关组织法与军事法规

由于当时正处在北伐革命战争时期，无论广州军政府还是国民政府，对军事立法都非常重视。特别是在国民党改组以后，中国的军制发生了历史性的重大变革。如军队要接受国民党的领导与指挥，在军队中建立了革命化的政治工作制度等。因此，便出现了许多新的军事机构和军事管理法规。这对后来中国军事制度的影响极大，值得很好的研究和总结。

（一）中国国民党关于军事政纲的原则规定

（1）1924 年 1 月国民党第一次全国代表大会通过的《国民党之政纲》规定：将现时募兵制度渐改为征兵制度。同时注意改善下级军官及兵士之经济状况，并增进其法律地位。施行军队中之农业教育及职业教育，严定军官之资格，改革任免军官之方法。

（2）1925 年 5 月 23 日，国民党第一届中央执行委员会第三次全体会议通过的《对于党校及军队之训令》，确定实行政治训育和党代表副署制。该训令规定：本党所立之军官学校及党的军队之中，于军事训育之外，更重政治的训育，所以官佐，学生，士兵必须一致了解政治训育之重要。该训令规定以下三项原则：①在军校及军队中，所有一切命令均由党代表副署，由校长或由应管官长执行。军中党的决议，其执行亦须遵照此程序。②所有一切军校及军队中之法令规则，经党代表副署者完全有效。③在军校及军队中，必须严格执行纪律，而全体同志务必互相警惕劝勉，俾趋一致，盖防止违反纪律于未犯之先，乃同志间之道德的责任也。

（3）1926 年 1 月，国民党第二次全国代表大会通过的《关于军事决议案》，决定军队中必须之工作及改良士兵经济生活各条，交国民政府议定办法，于最短期间切实施行。①注意政治训练，使革命军人完全受革命教育，并宜明定党代表职权。②统一军需，设立中央军需局，使军需独立。③确定国家军事预算，务使国民革命各军教育平均、经济平均。④严禁肉刑，改良军法，注意士兵待遇。⑤改良士兵生活，一方面务使经济生活之安全，一方面注意正当娱乐之设备。⑥注意伤兵之医治及残废官兵之安置，确定抚恤之条例。

（4）1926 年 10 月 21、22 日，国民党中央各省区联席会议通过《本党最近政纲决议案》，第二项《关于军事的十一条》：①党代表制必须实行，凡军、师、旅、团部必须派有党代表。②党代表人才，须设立一学校训练之。③凡党员有服兵役之义务，其服兵役法另定之。④军事政治学校，除黄埔外，可于其他各省地方设立之。⑤设立一中央军事政治大学。⑥设军事委员会及军事部，其委员会与部之关系，由政治会议决定之。⑦军政、民政应划分权限。军政不得以任何方式干涉民政，但在战争时期中于戒严地带，民政方面受军政之指挥。⑧国防军及省军之预算，应详细严格规定，以不侵害中央政府及省政府之行政需要为宜。⑨中央党部规定革命勋章，授与革命军有功将领及兵士，不分等级。⑩普及国民军事教育。⑪发展军事航空事业。

（5）1927 年 3 月，在武汉召开的国民党二届三中全会上，根据"统一党的领导机关案"，重新通过了《军事委员会组织大纲》、《总政治部组织大纲》和《总司令部条例》。确定一切军事领导机关，必须在国民党中央执行委员会的指导下工作，并向中央执行委员会负责。

（二）广州国民政府军事机关组织法

1. 1925 年《中华民国国民政府军事委员会组织法》

1925 年 7 月 5 日广州国民政府公布，共 11 条。其要点是：

（1）军事委员会受中国国民党之指导及监督，管理统率国民政府所辖境内陆海军航空队及一切于军事各机关。

（2）军事委员会以委员若干人组成，于委员中推一人为主席。军事委员会中有一人由国民政府特任为军事部长。军事委员会之议决事项，须经出席委员三分之二通过，方为有效；如多数委员不在军事委员所在地时，主席与委员一人有决定处置之权。

（3）军事委员所议决事件，由主席署名，以军事委员会名义，用命令式行之。其关于政治训练部及军需局者，除由主席署名外，须由该管机关长官副署。关于国防计划、实施、军事动员、军制改革、高级军官及同级官佐任免、陆海军移防、预决算及高等军事裁判等，暨其他与国民政府之政策有关之事项，其文告及命令，应由军事委员会主席军事部长共同署名行之。

（4）军事委员会设政治训练部、参谋团、海军局、航空局、军需局、秘书厅、兵工厂等机关，分掌有关事务。

1925 年 7 月 3 日军事委员会宣告成立。第一届军事委员会委员由汪精卫、胡汉民、伍朝枢、廖仲恺、朱培德、谭延闿、许崇智、蒋中正等 8 人组成，汪精卫为主席。

国民政府成立后，将其所属各种地方军，统一改编为国民革命军，由中央军事委员会统一指挥。1925 年 8 月 26 日，军事委员会议决国民革命军的序列是：黄埔学生军加上一部分原来的粤军为第一军，蒋介石任军长；建国湘军改为第二军，谭延闿任军长；建国滇军改为第三军，朱培德任军长；建国粤军改为第四军，李济深为军长；福军改为第五军，李福林任军长。以后在第二次东征后，将程潜所部的攻鄂军改为第六军，程潜任军长。广西方面的桂军，在两广政治统一工作完成后，改为第七军，李宗仁任军长。北伐出师前夕，又将唐生智的部队改为第八军，唐生智任军长。国民革命军组成后，在苏联军事顾问的帮助下，学习苏联红军的建军经验，在各军先后建立了党代表制，设立政治部，进行政治领导和政治训练。周恩来担任第一军政治部主任，其他各军的党代表和政治部主任多由共产党人担任。因而国民革命军官兵的政治军事素质，有了不同程度的提高，为北伐战争奠定了胜利基础。这在中国军事制度史上，是一次具有历史意义的重大改革。

2. 1925 年《国民政府军事部组织法》

1925 年 7 月 11 日公布，共 13 条。

（1）国民政府军事部设部长一人，于国民政府委员及军事委员会委员中推定，由国民政府特任之。军事部部长在国民政府对外的军事关系上，为国民政府之代表，并为国民政府各种军事问题议决案之代表说明者。国民政府关于一切军事文件，须由国民政府委员会主席及军事部长，共同署名，方生效力。在国民政府委员会内关于军事范围以内之工作，如军需预算案等及军事方面与政府其他各部工作关系上之联络诸问题，由军事部长代表发言。

（2）军事部长在军事委员会中，除以军事委员资格服务外，军事部长负有监督参谋团工作之专责，对于各种作战计划，应按时督促起草并指授机宜，对于军队之教育及组织等事项，应按时监督并指导之。

（3）军事部长负责设法于民间普及军事教育，如于各学校中暂时不能设专门军事训练，则提倡体育，以为军事训练最低限度之准备。此种最低限度之准备，须行之于各高小中大学校，以养成一般青年之军人精神，而减少将来施行专门军事教育之困难。

（4）军事部得设参谋、副官、秘书若干人，以处理部务。其服务人数及职员由军事部长按实际需要规定之。组织法还规定省政府军事厅受军事部长的指挥。

3. 1925年《陆军测量局编制大纲》

1925年8月31日国民政府公布，共35条。

主要规定陆军测量局隶属于军事委员会参谋团军务厅，兼隶于省政府，商承省军事厅，施行全省陆地测量，制印兵要地图，并掌管关于丈量地面一切事宜。下设三角、地形、制图三课，并得附设陆军测量学校。

同时，军事委员会还在1925年7月27日公布《陆军测量机关保管秘密地图规则》10条，《军事机关保管军用秘密地图规则》16条。主要规定地图分为三类：①秘密图，即永久防御诸区域各图。②机密图，即战时及临时必要地点设施防御诸区域各图。③普通图，即不属于秘密机密各图。

4. 1925 年《兵工厂组织法》

1925 年 9 月 11 日公布，共 11 条。

（1）兵工厂直属于国民政府，受军事委员会的直接监督。兵工厂负制造枪炮弹药及一切军械的责任。其经费由军事委员会议决饬令军需局照发。其产品由军委会负责分配。

（2）兵工厂设少将厂长一人，由国民政府简任。另设中校总务处长一员，中校督工处长一员，中校监察长一员，由军委会任命。设总工程师一员、工程师一员、制药技师一员，以及工程技士、化验技士、制药技士各一员，由厂长聘任。

（3）兵工厂内设总务处及督工处。下设七厂（无烟药厂、黑烟药厂、枪厂、机器厂、机关枪厂、机关弹厂和无烟弹厂）。

5. 1926 年《军事委员会政治训练部组织大纲》

1926 年 3 月 19 日军事委员会公布，共 4 章 26 条。

其章名是：总则、政治训练部之组织、政治训练部所辖各处之职员、政治训练部人员编制表。

（1）政治训练部以指导国民革命军之党务、政治及文化工作为职责。政治训练部受军事委员会之指挥，秉承其批准之计划及决议而工作。军委会主席同时为国民革命军总党代表，指导政治训练部，处理日常工作。政治训练部承中国国民党中央执行委员会及其政治委员会之指导，处理军队中之党务事宜（如特别区党部之组织、党员入党及开除党籍、党员之教育等）。政治训练部在军队中及其他军事机关中之工作，经过相当之党代表及政治部而为间接之施行。

（2）政治训练部设主任一员，同时为军事委员会委员。本部直辖机关：①各军党代表及独立师党代表；②海军局及航空局党代表；③中央政治军事学校党代表；④参谋团及军需局党代表。政治训练部对于前条直辖机关所发命令，须有军事委员会主席署名及政治训练部主任之副署。军队中一切党务政治及文化工作，一律按政治委员会之指导及计划而实施。军队中之一切社会政治组织，均承政治训练部及相当党代表暨政治部之指导而工作。凡在政治训练部之监督及指导范围以外之各种组织，一律禁止其存在。

（3）政治训练部之组织为总务处、宣传处、党务处。总务处，为政治训练部总务行政机关，负责文书，财务和收发工作。宣传处，负责编辑关于理论指导之材料，以作为军队中及政治宣传员对士兵学生与官长政治文化教育之材料。党务处，掌管关于军队中党务之组织指导及计划，并召集大小党务会议。

6. 1926 年《国民革命军总司令部组织法》

1926 年 7 月 7 日发布，共 10 条。

（1）国民政府特任国民革命军总司令一人，凡国民政府下之陆海航空各军，均归其统辖。总司令对国民政府与中国国民党在军事上完全负责。总司令兼任军事委员会主席。

（2）总司令部设参谋长，由军委会参谋部部长兼任，或由总司令呈请国民政府委任。

（3）总司令部设置参事厅，以参谋长、总参议、高等顾问若干人组成，参赞戎机，襄助总司令处理有关事宜。

（4）政治训练部、参谋部、军事部、海军部、航空局、兵工厂等军事机关均直属于总司令部。

（5）出征动员令下后，即为战争状态。为图军事便利起见，凡国民政府所属军民财政各部机关，均须受总司令之指挥，秉其意旨办理各事。

1926 年 6 月 5 日国民政府特任蒋中正为国民革命军总司令。

从此总司令的职权逐渐澎涨，形成蒋中正的个人专权。

7. 1926 年《国民革命军党代表条例》和《党代表任免条例》

原《国民革命军党代表条例》制定于 1926 年 3 月 19 日，共 3 章 26 条。到 1926 年 10 月 26 日国民党中央各省区联席会议重新对该条例进行修订。主要特点是增加了军人部的职权（军人部长为蒋中正），削弱了政治训练部的权利。同时还增加了《党代表任免条例》和《中央派赴新成立各军工作特派员条例》。

《国民革命军党代表条例》的主要内容是：

（1）为贯输国民革命之精神，提高战斗力，巩固纪律，发展三民主义教育起见，于国民革命军中设置党代表。党代表在军队中为中国国民党之代表。关于军队中之政治情形及行为，党代表对党员负完全责任。关于党的指导及高级军事机关之训令，相助其实行，辅助该队队长巩固并提高革命的军纪。党代表为军队中党部之指导人，并施行各种政治文化工作及军队中一切普通组织之工作，如俱乐部、体育会等，均受其指导，并指导其所辖各级党代表及政治部。党代表应深悉所属部队中各长官及该部中一切日常生活情形，研究并考查官兵之思想及心理。

（2）党代表为所属军队之长官，其所发命令与指挥官同，所属人员须一律执行。党代表有会同指挥官审查军队行政之权。但党代表不干涉指挥官之行政命令。党代表于认为指挥官之命令危害国民革命时，应即报告上级党代表。但于发现指挥官分明变乱或叛党时，党代表得以自己的意见，自动设法使其命令不得执行。同时应报告上级党代表（后增加中央军人部）及军事委员会主席。

（3）在战争时，党代表须以自己无畏勇敢的精神，感化官兵，为官兵之模范。党代表应注意该部队之经济生活，监查兵士能否按时得到给养，并是否清洁适宜。党代表于行军时，应随地注意民众，毋令其受骚扰，并向士兵解释革命军人之目的，在于解除人民受帝国主义者、军阀、贪官污吏、土豪劣绅等压迫。凡军队所驻之地，党代表须与该地党部及农工等团体发生密切关系，务使人民与军队接近。

（4）党代表之工作应以党部为中心，指导党部施行一切巩固军队之工作。党代表之意见如与该部队之党部有歧异时，有停止该党部决议之权，但同时应将理由速行报告上级党部及军人部。党代表须明瞭国民革命军之一切法规，及对该属部队一切有关的命令。

（5）各司令部、各局处、兵工厂及其他各军事机关党代表之权力，与该部局处厂及机关长官所有权力相等。党代表有监督其所属部局中军事、政治及军需之权。党代表与指挥官共同听阅各下级军官之报告呈文，并决议问题，与主管长官共同署名一切命令及公函。凡未经党代表共同署名者，概不发生效力。党代表与主管长官意见不同时，必须签署命令，并同时报告上级党代表。

《党代表任免条例》：

1926年10月20日国民党中央各省区联席会议通过，共6条。

条例除重申前已规定设立党代表的宗旨和条件外，着重规定任免的程序。即分为荐任和委任两种：

（1）自师以至更高级之党代表，由军人部部长提出，经中央执行委员会通过后任命，但遇紧急时，除由中央执行委员会主席之署名及军人部长之副署，先行任命；然后依上项手续办理。

（2）凡团以下及其相当军事组织之党代表，由军人部委任后，呈报中央执行委员会备案。同时，还规定：党代表有违反本党言论及行动时，军人部部长得以部令直接罢免，然后呈报中央执行委员会处分之。

此外，还有《中央派赴新成立各军工作特派员条例》，1926年10月18日国民党中央各省区联席会议通过，共9条。规定对于新成立各军，在未正式设置党代表以前，设立工作特派员，执行党代表的职权。具体规定：特派员每月须将该军或该军事机关之党务及政治工作，分别报告国民党中央党部、军人部及组织部一次。其他规定适用《党代表条例》。

（三）武汉国民政府军事机关组织法的变化

1927年3月在武汉召开的国民党第二届中央执行委员会第三次全体会议，根据提高党权，实行集体领导，反对个人独裁的精神，重新修订公布了以下几个军事机关的组织法规。

1. 1927年《中央执行委员会军事委员会组织大纲》

1927年3月10日国民党第二届中央执行委员会第三次全体会议通过。6章24条。其章名是：总纲、组织、军事委员会主席团、军事委员会下各部处、革命军事裁判所、高级军官及各处长之任命。另附有关于军事委员会之决议3条。

（1）"总纲"明确规定设立军事委员会的目的及其性质和职权。

军事委员会乃国民政府最高军事行政机关，设立之目的，在巩固国民政府统治下之疆域，扑灭国内反革命武力，以谋全国统一。并筹划国防，使不受帝国主义者对中国军事进攻之危害。

军事委员会的职权，有管理全国水陆空兵力及军事制造机关之权；规定国防军的数额、组织法及设备，并管理军事教育事务；规定军队之制度及所需军械之数量与种类；制定全国各军队及军事机关、学校之预算，并监督其合理支出；培养管理水陆空干部人员及军事技术人才等。

军事委员会及其主席团议决之重要决议，须经中央执行委员会通过，方生效力。

（2）关于军事委员会的组织机构。

军事委员会由中央执行委员会于高级军官中选出委员 9 人至 13 人，并于不任军职之中央执行委员中选出委员 6 人，共同组成。其全体会议，以过半数委员之出席为法定人数，并须有不任军职的中央委员 3 人出席。一切表决须有出席委员过半数之通过。

军事委员会主席团，由中央执行委员会全体会议指定之 7 人组成，其中须有不任军职之委员 3 人。主席团执行中央执行委员会关于军事之决议及军事委员会全体会议之决定，并处理军事日常事务。主席团的决议及发布命令，须有委员 4 人签名，方生效力。

军事委员会下设立下列各部处：总政治部、参谋处、军事制造处、海军处、陆军处、航空处、军事经理处、军事审计处、秘书处、军事学校及教育机关管理处。此外还有革命军事裁判所（为镇压反革命及裁判军事犯而设）。

（3）关于高级军官之任命。

总司令、前敌总指挥、军长等，由军事委员会提出，由中央执行委员会通过任命。

师长及以下各军官，由军事委员会全体会议通过任命。全体会议不开会时，得经主席团通过任命代理。

国民党二届三中全会依照上述组织大纲，于 1927 年 3 月 11

日选举谭延闿、朱培德、唐生智、李宗仁、程潜、蒋中正、李济深、汪精卫、冯玉祥、张发奎、何应钦、孙科、邓演达、宋子文、徐谦、顾孟余等 16 人为军事委员会委员，并选举汪精卫、唐生智、程潜、谭延闿、邓演达、蒋中正、徐谦等 7 人为军事委员会主席团。

2.《军事委员会总政治部组织大纲》

1927 年 3 月 15 日通过，11 条。

（1）为贯彻总理使武力与国民相结合，并为国民武力之主张，在中央执行委员会和军事委员会之下，设立总政治部，专任军队中的党务及政治工作。总政治部设主任一人，由中央执行委员会全体会议任免。必要时可由常务委员会执行任免权，但须得全体会议的追认。

（2）政治部的工作方针，须完全受本党全国代表大会与中央执行委员会的指导，但日常工作事项应对军事委员会负责，受军事委员会的指导。总政治部的任务是：军队中党的组织与训练；军队中之政治训练；军事教育机关中之政治教育；军队中政治行政工作（机关组织、人事任免，经费筹拨，工作考核等）。

（3）政治部的职权：①直接指挥军队中与其他军事机关中的政治部，以及军队教育机关中的政治管理、政治教育部分。②在中央执行委员会的指导下，监督考核各级党代表的工作。③军、师政治部主任及同等之工作人员，应由总政治部提出，军事委员会通过，呈请中央执行委员会任命。④总政治部应负责推行本党军队中官长之政治教育。⑤在作战时期，总政治部及各级政治部应于战地及新克复地区，负与人民联合促进人民之组织，并负暂时管理督促当地行政事务之责任。

国民党二届三中全会在 1927 年 3 月 15 日通过总政治部组织

大纲的同时，决定废除军人部（原由蒋介石任部长），推举邓演达为总政治部主任。

3.《国民革命军总司令条例》

1927 年 3 月 17 日通过，6 条。

（1）《军事委员会组织大纲》规定：在战时为指挥战事行动，及使各军队为战时准备，指挥统一起见，得设立总司令，于军事委员会委员中，由中央执行委员会指定，由国民政府特任。

（2）在战时，总司令有使水陆空各军队为战事准备，并统一指挥各军队战事行动之权，对于中央执行委员会负责。

（3）出征动员令，须由军事委员会议决，经中央执行委员会通过，交总司令执行。总司令在作战地及警备地，有宣布戒严令之权，并得指挥前方之军民财政各机关。

4.《关于军事政治学校之决议案》

1927 年 3 月 17 日通过，3 条。

（1）军事政治学校及各分校，为本党培养党军将校之教育机关。此等教育机关，须确立于党的指导之下。

（2）军事政治学校及各分校，均应改校长制为委员制。其委员由中央执行委员会指定，并指定一人为委员长。学校所在地之最高党部应推举代表参加。

（3）军事政治学校之政治教育，须严格受军事委员会总政治部的指导。

（四）军事管理法规

1.《党员服兵役法议决案》

1926 年 10 月 22 日国民党中央各省区联席会议通过，7 条。

（1）本党党员由 20 岁起至满 40 岁止，均有服兵役之义务。躯干未满规定，及病中或病后不堪劳役者，得延长其开始服役期。但伤病永不堪服役者，得免其兵役。

（2）党员之体格及学术程度，由党部调查，汇送军事部备案。

（3）服兵役现役年限一年至二年。但在战时或际事变，得延长之。又本人志愿延长者，亦酌量允许。

（4）召募用抽签法行之。其陆海空军之分配，由军事部规定；各军中各科之分配，由各该当局者依各人志愿酌定。

（5）规避服役，服役中逃亡，或犯罪革除兵役者，永远革除其党籍。

以上只是对于国民党员应服兵役的规定。至于一般民众，仍采用召募制度。

2.《戒严条例》和警备区条例

《戒严条例》：

1926 年 7 月 29 日广州国民政府公布，共 11 条。

（1）国民政府在用兵时期内，对于所辖地区，为确保战场内地之安宁秩序起见，依本条例所定由总司令宣布戒严。戒严地域分为两种：警备地域，即留守部队分防地区内，为预防非常事变之发生，应行警戒之地域。接战地域，即前方作战区域，凡对敌攻击防御之地带。前两项地域，应时机之必要，以布告定之。总司令认为戒严之情事终止时，即为解严之宣告。

（2）战争之际，凡要塞港岛湾及其他重要地区，为防制敌人侵越或应付非常事变起见，各该地最高军事长官得就该地情形临时宣告戒严，但须呈报总司令得其核准。在戒严时期，各地方最高军事长官，须就其所担任作战或留守区域内之戒严情状及一切处置，随时迅速报告总司令查核。

（3）在接战地域内，地方行政及司法事务之管辖权，移属于该地之最高军事长官。关于接战地域内，与军事有关系之民事及刑事案件，由总司令部政务局军法处会同裁判。接战地域无法院或与其管辖法院交通断绝时，虽与军事无关系之民事及刑事案件，亦由总司令部政务局军法处裁判。

（4）戒严地域内，司令官有执行下列各款事件之权，因其执行所生之损害，不得请求赔偿：①取缔认为与军事有妨害之集会结社罢工罢市，或新闻杂志图画各种印刷品；②民有物品可供军需之用者，如因时机之必要，得禁止其输出；③检查私有枪炮弹药兵器火具及其他危险物品，因时机之必要，得押收或没收之。④拆阅邮信电报。⑤检查出入船舶及其他物品，或于必要时得停止水陆之交通。⑥监督指导各地民团农团等，如各团体中有不法行为以致妨碍军事动作者，得由总司令随时勒令缴械解散；⑦因作战上不得已之时，得破坏人民不动产，但应酌量抚恤；⑧接战地域内，不论昼夜，如遇必要时，得检查家宅、建筑物、航行船舶等；⑨寄宿于接战地区内之人民，因时机之必要，得令其退出。

《广东全省各区警备司令设置条例》：

1926 年 8 月 10 日国民政府公布，11 条。

决定广东全省设置七个警备司令区，即潮梅、南韶连、高雷钦廉、肇罗阳五邑、琼崖、广属、惠州。每区设司令一员，警备司令直辖于总司令部，秉承总司令的命令，行使其职务，负治安全责。警备司令有节制该警备区内所有一切驻军及人民武装团体之权。遇有非常事变，须施行戒严时，依《戒严条例》迅呈总司令施行。

3.《陆海军审计条例》

1924年4月20日大元帅公布，共15条。

（1）军政部对于陆海军各机关经费出纳，及军用物品与军有产业之保管处理，应行审定之事项如下：①各陆海军及机关会计年度之预算决算；②每月现金之收支概算计算；③特别会计之收支概算计算；④军用品之收支概算计算；⑤军用产业之保管处理及买卖建筑事项；⑥命令特定应经军政部审定之收支概算计算。

（2）军政部审定陆海军及机关之计算决算，应将其审计之成绩呈报大元帅。其认为法令上经理上有应行改正事项者，得并呈其意见于大元帅。如发现疑义，得行文查询。各陆海军及机关遇有前项查询，须迅速答复。军政部审计支出款项如认为应负赔偿之责者，须分别呈报大元帅核夺，或由军政部行知该机关主管长官限期追邀。

（3）军政部审查完竣事项，自议决之日起五年内发现其中有错误、遗漏、重复等情事者，得为再审查。若发现诈伪之证据，虽经五年亦得为再审查。

4.《国民革命军陆军战时抚恤暂行条例》

1927年5月20日武汉国民政府公布，共10章5条。各章名称是：总纲、阵亡、伤剧殒命、临阵受伤、因公殒命、积劳病故、年抚金、恤金给与令、抚恤手续、附则。

（1）规定战时官佐士兵之伤亡，分为阵亡、伤剧殒命、临阵受伤、因公殒命、积劳病故五种。伤亡抚恤分为一次抚恤和年抚恤两种。

（2）阵亡，有下列各项之一者，均为阵亡：①临阵殒命；②临敌或战地服务受伤后殒命；③战时因服特别任务或在危险地遇事殒命者。其恤金照阶级按恤金第一表规定分别办理。

（3）伤剧殒命，陆军官佐士兵因临阵或战地服务受伤后死亡者，按其受伤等第定以期限分别按第一表或第二表给恤。

（4）临阵受伤，战斗受伤或因公受伤（如战时服务因差委罹水火等灾或误受弹药致伤者），均按其受伤等第分别照第二表予恤。阵伤官兵因伤之轻重部位，分别规定一、二、三等伤。

（5）因公殒命，战时服务忽罹水火等灾，误触弹药殒命者，或战时因服特别任务失事殒命者，皆为因公殒命，其抚恤均按第三表规定分别办理。

（6）积劳病故，战时官佐士兵勤劳卓著染病身故者，按第四表规定分别办理。

（7）年抚金，凡应得年抚金者，给与恤金证券，领取恤金三年。应接受年抚金的遗族之顺序如下：①死亡者的子女（出嫁者不在内）；②无子女者给其妻；③子女、妻俱无时给其孙；④子女、妻、孙俱无时给其父母；⑤子女、妻、孙及父母俱无者，给其祖父母；⑥上列各遗族俱无时，给其未成年之胞弟妹。

（8）附则规定：①凡残废士兵由政府设立废兵教育院予以教养。②死亡将士遗族子弟由政府设立相当学校给与教育。③战时各军之雇佣人员从事战役者，临阵死亡或因公毙命，或受各种伤痍时，得按其职务之性质，分别参照各恤金表给以相当恤金。

5. 关于解散旧民团建立农民自卫武装的规定

1926年10月26日国民党中央各省区联席会议通过《关于民团问题决议案》。

该决议指明了旧有民团、团防局或保卫团的性质。"在事实上多属土豪劣绅及不法地主之武力。此等武力常为帝国主义、军阀及反动派所利用，破坏农民运动，动摇本党及国民政府之基础，于党及政府之前途危险实甚。"

因此作出如下决定：①民团、团防局或保卫团之团丁，须以本乡有职业之农民充当。其团长或局长须由乡民大会选举，禁止劣绅包办。由国民党党部派人施行政治训练。②民团、团防局或保卫团之惟一职任，在于防御土匪，除与土匪临阵交战外，无对任何人自由杀戮之权。也不得受理民刑诉讼。③民团、团防局或保卫团之用费，除由乡民会议公认外，不得巧立名目擅自抽收，并须制定预决算，并予以公开，④凡摧残农民之民团、团防局或保卫团，政府须解散并惩治之。但已有农民自卫的地方，不得重新设立民团、团防局或保卫团。

国民党湖北省党部执委会制定《人民自卫军组织法及进行计划大纲》，1927年3月8日发布于汉口《民国日报》。

在省党部执委会致湖北省政务委员会函中指出：查举办人民自卫军，系统一地方自卫，巩固革命基础之唯一办法。请贵会负责拨款，积极进行，俾获早观厥成，藉以捍卫地方，镇压反革命派，以巩固革命之新根据地。

（1）宗旨及性质：为统一地方自卫，减轻国防军任务，巩固革命基础起见，特设人民自卫军。自卫军的性质，"完全是保卫地方之常备军事组织。"

（2）组织：由政府与全省性与此有关系之人民团体，联合组织一委员会，为人民自卫军的最高机关。此委员会要向省政府负责。每县设常备军200人，分驻各县要地。一县设总队长一人，分队长若干人，受总部指挥。必要时总部得在各地设立办事处。其经费由各县警备队及保卫团拨充，不足时再请政府补足。

（3）实施计划：分区次第筹办。先由旧江汉道着手，再进及荆夏襄阳及其地区域。立即举办农民自卫军养成所。由旧江汉道所辖 29 县，每县派党员及农民协会会员 10～15 人，由县党部保送，省党部征别。训练期限 3 个月。然后派至各县办理人民自卫军事宜。

（4）管理：由省政府、省党部、总政治部、最高军事机关、总工会、省农民协会各派一人，组织一管理委员会，互推一人为主席，由委员会委派校务主任一人，管理学校事宜，校务主任对委员会负责，委员会对省政府负责。

十二　外交机关组织法与对外政策及外事文告

（一）中国国民党对外政策的原则规定

1. 1924 年《国民党之政纲·对外政策》

1924 年 1 月 23 日通过的《国民党第一次全国代表大会宣言》中《国民党之政纲》宣布实行以下"对外政策"。

（1）一切不平等条约，如外人租借地、领事裁判权、外人管理关税权以及外人在中国境内行使一切政治的权力侵害中国主权者，皆当取消，重订双方平等互尊主权之条约。

（2）凡自愿放弃一切特权之国家，及愿废止破坏中国主权之条约者，中国皆将认为最惠国。

（3）中国与列强所订其他条约有损中国之利益者，须重新审定，务以不害双方主权为原则。

（4）中国所借外债，当在使中国政治上、实业上不受损失之范围内，保证并偿还之。

（5）庚子赔款，当完全划作教育经费。

（6）中国不负责任之政府，如贿选僭窃之北京政府，其所借外债，非以增进人民之幸福，乃为维持军阀之地位，俾得贿买侵吞盗用。此等债款，中国人民不负偿还之责任。

（7）召集各省职业团体（银行界、商会等）、社会团体（教育机关等）组织会议，筹备偿还外债之方法，以求脱离因困顿于债务而陷于国际的半殖民地之地位。

2. 1926 年《对外政策进行案》

1926 年 1 月 13 日国民党第二次全国代表大会根据吴玉章等人的提议而通过本案，其要点是：

孙总理为本党定下对外三个大政策：第一就是联合世界上以平等待我之民族，第二就是联合世界上被压迫的弱小民族，第三就是联合世界上一切被压迫阶级的革命党。如何进行才能达到这一目的呢？大会议决采取以下三种进行方法：

（1）与苏俄切实联合。俄国自从十月革命以来，成立了世界上一个最新的国家，他的政策和本党一样，是要联合世界上被压迫阶级，推翻一切强权，打倒一切帝国主义。所以总理为本党定下了联俄的政策，是想得到很好一个帮助，来谋求我们中国民族的解放和世界被压迫民族的解放。

（2）扶助弱小民族。必定要切实扶助，要使他们自己觉悟，自家奋斗，去图解放。

（3）联合世界上的革命民众。帝国主义者国内的被压迫民众，是时时要革命的。他们表同情于我们。不过我们中国情形他们是很隔膜，并且有帝国主义者的报纸淆乱是非，妨害我们的联络。所以本党应该办各种各国文字的报纸，来做宣传；尤望我华侨诸同志特别努力。

3. 1927 年《统一外交决议案》

1927 年 3 月 17 日，国民党第二届中央执行委员会第三次全体会议通过。

本党及政府应执行下列办法，从励行外交政策之统一，防止帝国主义者破坏我国民革命势力集中之阴谋：

（1）本党党员对于外交方面，有擅自发表变更本党外交政策之主张，或直接间接向帝国主义列强接洽任何条件者，以违背党纪论，应予除名处分。

（2）政府职员，非外交当局或未受外交部长之委托，私擅与帝国主义者为外交的接洽，或进行秘密交涉者，一经发觉证实，应即免职查办。

（3）在国民政府统治下之地区，所有外交人员，均由外交部直接任免，地方政府及军事长官，不得再有任免交涉员之事。

（二）外交机关组织法

1. 1925 年《国民政府外交部组织法》

1925 年 7 月 11 日国民政府公布，共 15 条。

（1）国民政府外交部直隶于国民政府，管理国际交涉及关于居留外人并在外侨民事务，保护在外商业。外交部置部长一人，承国民政府之命，管理本部事务及监督所属职员。外交部长对于各地方最高级行政长官之执行本部主管事务有监督指示之责。外交部长于主管事务对于各地方最高级行政长官之命令或处分认为违背法令或逾越权限，得呈请国民政府取消之。外交部置秘书长一人，承部长之命整理部务。外交部置第一局第二局。局长承长官之命，分掌各局事务。

（2）第一局置外政科、调查科。外政科掌理：①政治交涉事项；②领土外涉事项；③华洋诉讼交涉事项；④禁令交涉事项；⑤外人传教保护事项；⑥中外人民出籍入籍交涉事项；⑦开商埠设领事及河道工程交涉事项；⑧通商行船事项；⑨关税外债交涉事项；⑩路矿邮电交涉事项；⑪保护在外侨民事项。

调查科掌理：①调查各国政治经济社会状况事项；②调查各国外交政策事项；③关于国际联合会盟约保和会、红十字会事项；④审查关于订立及修改各种条约事项；⑤解释各种条约事项；⑥搜集各种条约各国法律书籍及交涉专书事项；⑦编纂条约统计报告及交涉专书事项；⑧调查外交事件事项。

（3）第二局置翻译科、交际科。翻译科掌理：①翻译外国文件事项；②翻译外国语言事项。交际科掌理：①接待外宾事项；②国际礼仪事项；③关于聘问事项；④关于派遣驻外委员事项。

2. 1926 年《修正国民政府外交部组织法》

1926 年 8 月 14 日公布，共 11 条。

主要修正是将外交部原有的两局，改设为下列五科一局一会，并在职责方面有所调整。

（1）公法交涉科。掌理：①政治交涉事项；②领土交涉事项；③通商课税交涉事项；④行船交涉事项；⑤其他一切凡关系公法上交涉事项。

（2）私法交涉科。掌理：①华洋诉讼交涉事项；②国籍交涉事项；③华侨保护事项；④外人在中国营业之登记事项；⑤其他关系私法上交涉事项。

（3）翻译科。掌理翻译外国文件语言事项。

（4）调查科。掌理：①调查外交事件及外交政策事项；②编纂条约及关于外交书籍；③编辑外交统计。

（5）总务科。掌理：①文书收发；②印信；③会计；④护照发给；⑤其他不属于各科事务。

（6）宣传局。掌理宣传政府外交政策及助进革命策略。

（7）参事会。置常任参事若干人，由外交部长聘任或委任，讨论外交、约章上各种难题。必要时外交部长邀请其他官厅职员出席外交部参事会参加讨论。

3.《外交部宣传局暂行章程》

1926 年 9 月 27 日公布，共 9 条。

（1）外交部内设立宣传局。宣传局长由外交部长荐任，承部长之命掌理外交政策及革命策略之宣传事宜。遇有特别重要事件，由局长呈请部长核办，其他普通宣传事件得由局决定施行。

（2）宣传局得搜集中央及地方政府及各机关与外交或革命上有关系已公布的文件，用各种方法宣传于国内及国外。并应将外国披露的外交关系事件，随时报告本部。上述文件如认为有必要时虽未经公布，亦得交宣传局，应发与否由宣传局长决定。

（3）宣传局得发行月刊、周刊及其他刊物。宣传局得设立分局于国内外各通商口岸、都市地方，并得于欧美各国附设通讯处。宣传局为便利宣传起见，对于海内外各报社得斟酌予以津贴。

（4）宣传局在局长之下，设科长、秘书、文牍主任及各职员。

4.《外交部特派交涉员暂行条例》

1926 年 9 月 9 日公布，共 16 条。

（1）各重要商埠或边界地方设特派交涉员，称曰"外交部特派员某埠或某地方交涉员"。承外交部长之命，办理各该埠或各该地方外交行政事务。充任特派交涉员的资格：①在国内外专门以上学校法律科或政治经济科或商科毕业兼通外国语文一种以上者；②曾任交涉事务五年以上确有成绩者。特派交涉员依其所管辖地方之繁简轻重，分为三等，第一、二等交涉员由国民政府简任，第三等交涉员由外交部呈荐国民政府任命。

（2）特派交涉员办公处所，称曰"外交部特派某埠或某地方交涉署"。以各该交涉员为署长，下设科长和科员。交涉署设置以下各科：①公法交涉科；②私法交涉科；③翻译科；④总务科。视事务繁简，①②两科得合并为交涉科，③④两科合并为总务科。凡有委任文官资格者，得任为交涉署委任官。但担任交涉科事务之科长，必须通晓法律有文书证明或外交部考试认可者。科长科员之办事得力，勤劳卓著者，得由该署长酌给津贴，但至多不得逾本薪五成。

（三）国民政府对外宣言三则

1.《国民政府外交部长胡汉民告世界各国人民》

1925 年 7 月 11 日发布。

首先，指出中国自鸦片战争以来，帝国主义利用一系列不平等条约，变中国为"共同殖民地"，割让领事裁判权，租借地和治外法权。因此，我们要求中国的国际地位此后应与其他各国地位平等，要求修订海关关税，使中国能为发展其经济采取必要的经济政策。要求终止一切外国军警枪杀我国人民的野蛮事件。

接着呼吁世界各国人民，不要受你们自国的少数帝国主义蒙蔽。中国不是由煽动者要激起反对外人的祸乱。中国民众的兴起，是因为他们有因受了一班无心肝的剥削者的委屈与不义所发生的深刻的感情。中国已不能再忍受这些委屈与不义。中国希望你们能主持公平，因为他确信如果你们能知道事实的真相，你们决不让你们的政府在中国的万恶的政策继续一天。你们能与我们同声为正义之要求。这种要求，对于我们是国家独立，而对于你们则绝无损害。对于你们非特无害，并对于你们的经济事业，将有更盛之发展，世界的和平不至于生危险。无论如何，我们不会被我国各大城市所经受的屠杀所能灭绝的。这种屠杀，只能刺激我们，使我们努力进行对帝国主义的解放。至于所采何种方法，则虽有先见者，亦难预言。世界各国人民，我们请求你们主持正义，赞助我们废除不平等条约之行动。

2. 《中华民国国民政府对外宣言》

1926 年 4 月 22 日发布。

先帅遗嘱主张召集国民会议解决纠纷，以求统一政府之实现。并查在民国元二年之间，为时二十月无被承认之政府，而一切国际交涉，未尝有不便之感。故特郑重宣言：在国民会议未召集、统一政府未成立以前，任何军阀盘据北京，各国政府不应予以承认，免干涉我国内政，延长我国内争。尤望各国人民起而督促政府俾毋蹈前此之覆辙。庶几我国人民得而打倒一切军阀，统一政府，得以实现，人民得从事建设，岂惟中国之幸，抑亦可间接增各民族间之和平幸福矣。

3. 国民政府关于拒绝"调查法权外国委员来粤"的命令

1926 年 4 月 10 日国民政府令外交部、司法行政委员会，指出：

为令饬事，国民政府唯一之职责，在奉行先大元帅之遗嘱，其最先着手即在废除不平等条约。领事裁判权当收回，无须由外人调查。故对于此次调查法权外国委员来粤，决定不予接待。除分令外，合行令仰该部委员会迅即转电各埠交涉员和各级法庭，一体遵照，此令！

从上述三则对外文告中不难看出，国民政府是在坚持独立自主的外交政策。即废除一切不平等条约，为国家独立、民族解放而奋斗。

（四）外事文告

1. 关于保护外侨私产的指令

1923 年 5 月 19 日大元帅指令第 178 号，据外交部广东交涉员呈称：本国从前对德宣战时期，经本省前省长依"宣战时处置德国在中国财产办法"第一条，在使馆界外或租界外之德国国有、公有房屋物品及其他动产、不动产，无人看管者，由该管官员派员看守，或封存之。其属于私有者，该管官员查明知照德委之中立国领事，仍依前项之规定办理。通行本省各商埠地方官，分别将德侨公私各产收用保管在案。现欧战告终，粤省德侨均以私有财产被收，纷纷来署要求发还，以维生计。应否准予发还，呈请帅座鉴核。

孙大元帅指令批复："准予发还可也"。

2. 关于华人在国内与外人订立契约概以华文为标准语的法令

1925 年 12 月 31 日国民政府令外交部长胡汉民。

据广州市市商会主任董事等呈称：我国自通商以来，华人与外人交易者，往往受其欺侮。此虽由于法律习惯之不同，而文字之偏重实为一大原因。查华人与外人订立契约，无论成立于何地，概以西文为标准语。当其立约之初，华人因不识外国文字，全赖通译为之解说。为通译者又非精于外国文学法学之人，只能照字面述其大概。其中细微曲折之处，不能一一剖释。华人之立约者，见其字面无甚妨碍，遂亦盲从签押。迨有争议发生，彼则咬文嚼字，以相责难，我则忍气吞声，而受损害。天下事之不平孰有过于是者。拟由本会呈请政府令行交涉员照会各国领事官，通告各该国在华商民，一体知照。嗣后华人在国内与外人订立契约概以华文为标准语，其不通华文者，得以其本国文译作副本。但有争讼发生，则当根据华文原本以为解释，其外国文副本只可留供自己参考，不能为适法之凭证。似此一转移间，可以保全华人权利不少，即于国体上亦有重要关系。是否有当，理合提议敬候公决。

国民政府令批：据此除批准外，合行令仰外交部即便遵照转令广东交涉员照会驻广州各国领事通告各该国侨商，一体遵办。

3. 广东交涉署为沙基惨案复英法领事照会

1925 年 6 月 19 日，香港工人为支援上海"五卅运动"，举行反帝大罢工。罢工工人纷纷返回广州。广州沙面租界的中国工人也举行罢工。6 月 23 日，广州工人、学生、农民等十万人召开大会，举行示威游行。当游行队伍路过沙面租界对岸的沙基时，英帝国主义者命令水兵巡捕用机枪扫射游行群众，当场死伤百余人，造成"沙基惨案"。惨案发生后，广东交涉署于 1925 年 6 月 26 日照会英总领事、法领事云：为照复事，现奉外交部长省长面谕，本省长于 23 日沙基惨变发生后，即召集法、警、工、农、商、学各界暨美、俄、德各国领事，共同组织调查委员会。调查报告确实证明"沙面方面向巡行群众首先开枪射击，以致死伤多人"。最后提出要求条件如下：①此案有关系国应派大员向广东政府谢罪。②惩办关系长官。③除两通报舰外，所有驻粤各关系国兵舰一律撤退。④将沙面租界交回广东政府接管。⑤赔偿此次被毙及受伤之华人。以上五条，应请英、法领事官转呈英、法驻华公使及英、法外交部查照答复。

十三　财政机关组织法与
财政税务法规

（一）财政机关组织法规

自 1917 年孙中山在广州建立军政府，即设有财政部。

1921 年 5 月 16 日公布《总统府财政委员会组织大纲》，同年 6 月 23 日颁布《修正总统府财政委员会条例》，同年 6 月 25 日又颁布《财政部官制》。1923 年大元帅大本营也设立财政部，1924 年制定《修正大本营财政部官制草案》和《财政委员会章程》。1925 年国民政府成立后，正式制定《国民政府财政部组织法》。具有代表性的有以下几种。

1. 1924 年《修正大本营财政部官制草案》

1924 年 3 月 15 日大元帅核准施行，共 17 条。

为改组部务而修正官制，将原设立一厅三局改为一厅两局。其要点是：

（1）财政部隶属于大本营，职掌全国财务行政及会计出纳、公债货币、自收各省出赋国税、编制预算决算、监督金库银行及政府专卖、国有财产营业、地方税收，统辖全国会计出纳征收官员职员及所属公署。

（2）财政部设部长一人，由大元帅特任，承大元帅之命，总理部务，指挥监督本部及所属各公署官员职员。次长由大元帅简任，辅佐部长管理本部一切事务。财政部设置总务厅，赋税局，泉币局，① 分掌部务。

（3）财政部总务厅主管部务：①编制全国预算决算事项；②会计及国库部库之现金出纳事项；③本部及所属官员职员进退及记录事项；④本部文件收发及公布事项；⑤编制统计报告事项；⑥经理保管本部公产事项；⑦本部庶务及其他不属于各局事项。

（4）财政部赋税局主管部务：①考核各省田赋丁粮租税捐款之征收事项；②关税烟税盐税印花税及其他国税之征收及整理事项；③监督地方税及公益收入事项；④核订税率事项；⑤查核国有营业及其收益事项；⑥监核官产之清理事项。

（5）财政部泉币局主管部务：①关于币制及铸币事项；②关于纸币发行及整理事项；③关于金融及监督银行金库事项；④管理内外公债证券及稽核地方公债证券事项。

2. 1924 年《财政委员会章程》

1924 年 1 月 8 日大元帅公布，共 14 条。

（1）关于设置财政委员会的理由，在财政部长叶恭绰向大元帅的呈文中提出：自政府成立以来，军需浩繁，财政倍形困难，若非预谋整理之道，恐有难以接济之时。当此北伐军事正拟积极进行，中央财政尤须亟谋整理。本部总管度支，但兹事体大，各有关联。欲收开源节流之效，宜有集思广益之方。爰拟由本部集合财政各机关长官，组织财政委员会，俾得各抒所见，相

---

① 泉币局即钱币局。

与有成。

（2）本会以统筹整理财政为宗旨。其委员由大元帅任命下列各员组成：财政部长、财政部次长、广东省长兼筹饷局督办、禁烟督办、船民自治督办、两广盐运使、广州市市长、广东省财政厅长、公安局长、造币厂长、广州市财政局长、广东沙田清理处处长。本会会议由财政部长、广东省长轮流主席。本会事务员由各委员调所管机关中相当职员充任。本会会议事项以关于中央及地方财政为限。其议案范围包括：①大元帅交议事项；②本会委员提议事项。③人民条陈事项。本会议决案，由各主管委员呈请大元帅核准施行。前项议决案，如属中央财政，交财政部；如属地方财政，交省长分别办理，仍应函复本会备案。

3. 1925 年《国民政府财政部组织法》

1925 年 7 月 24 日公布，共 9 条。

（1）财政部直隶于国民政府，管理国民政府财务行政，处理政府预算决算及监督所辖各机关。

（2）财政部设部长一人，综理本部一切事务。下设秘书、国库主任、办事员及书记员若干人。

（3）秘书承长官之命，掌理：①起草各种关于财政之法案；②撰核文稿及收发保管文件；③典守本部印信；④办理本部出纳、会计、庶务及预算决算报告等事；⑤监督稽核国家地方赋税及其他收入；⑥管理各种印花税及监制印花税票事项；⑦管理造币及监督国立及私立银行；⑧办理国家公债；⑨编制国家预算决算、财政统计事项。

（4）国库主任掌理：①国家款项之出纳；②出纳之逐日报告及会计；③库款之保管。

（二）中国国民党关于财政方针的决议案

1. 1924 年《对广东政治财政统一决议案》

1924 年 2 月 1 日，中国国民党第一届中央执行委员会第一次全体会议通过《对广东政治财政统一问题案》，提出广东为最高党部所在地，与全国革命有极大关系。目下广东政治、财政未能统一，亟应设法统一，使吾党革命根据地趋于巩固，方能全力以策全国革命之进行。最后决议："以中央党部名义建议于本党总理。"

2. 1926 年《关于财政决议案》

1926 年 1 月 19 日国民党第二次全国代表大会通过了《关于财政决议案》，确定以下方针政策：

（1）统一财政。统一国家财政，实为发展国家之唯一基础。应以坚决之态度，将所有各种收入集中于政府之财政部。其他一切国家及军事之费用，均由国库支出。

（2）建立预算制度。所有国家之收入及支出，均须包括在国家预算之内。此项预算须经国民政府批准。若无政府特许明令，各机关团体不能增多其由国家预算所准许之费用。地方预算应呈缴国民政府，国民政府可以决定其支出及收入并得限制其税项之征收。若有不敷时，以国家款项资助之。国民政府宜注意税项外之收入，因税项为人民之负担，实不宜加重。预算若有不敷时，得发行国内公债。军队与政府机关之人员须有定额，各人员之薪额不得超过定额。

（3）租税政策。以直接税为最公平之征收，然亦不可遽废间接税（如货物税等）。为发展本国实业起见，外国货之税率，应较本国为重。废除苛捐杂税，以农业税、商业税、工业税代之。涤除民政军政人员皆能征税之陋习，只有政府财政部乃是唯一之征税机关。除法定税项外，各地方人员无增加税项及附加税之权。以一种厘金取代多种厘金。废除商人承买饷税制度。由财政部所派出之各属财政所管辖税收事宜。

（4）银行政策。政府须以国家中央银行及其分行为收入及支出之总机关。各机关及各公众团体无需动用之金钱，应储蓄于国家中央银行。中央银行宜在广东各处及各省重要地方设立支行。

（5）改良币制。广东币制纷乱，使国民受莫大之损失，而外国殖民地之银行则坐收其利。为改良币制，国民政府宜从新铸造新币。大洋为纯银九百分，杂质一百分；辅币（小洋）为纯银七百分，杂质三百分。旧币则依其所含之纯银价值由中央银行收回。政府宜令中央银行之纸币为标准货币，银币则仅为其辅币，以便零售之交换。除中央银行纸币外，不准他种纸币（外国殖民地银行纸币）在内地商场使用。如有使用外国货币及拒用国币者，宜惩办之。凡在中国境内所设立之各银行（包括外国银行）均须向政府领取特许证。

（6）公债政策。为发展国家经济及完成重大之计划（如建筑黄埔商港）起见，宜采用国内公债办法，以政府所有之产业为其担保。此公债为短期有奖公债。

（7）关税政策。关税税率自主，乃中国人民应有之权利。国民政府应管理各水陆关卡之收入，而将此收入存放中央银行。关税之行政人员应由国民政府委派。以此关税发展国内工商业及增加国内原料及物产之输出，并增加政府之收入。

3. 1927 年《统一财政决议案》

1927 年 3 月 17 日国民党第二届中央执行委员会第三次会议通过。其要点是：①国民政府治下各省财政急谋统一。各省财政主管人员在正式省政府未成立前，由财政部选任，对财政部完全负责。②国民政府治下各省，非经财政部许可，不得征收新税，改变税率，组织新银行、新公债及钞票，或取消通行钞票之使用权。③设立预算委员会，审定国民政府预算，其委员由国民政府任命。④征收直接税，如所得税、资产税、遗产税等。⑤改良地税，其生产率须以现在农产之市价为标准。⑥中央银行为国家之金融机关，调剂全国金融，并须积贮大宗准备金，以平准国外汇兑。⑦改组关税管理机关，厘定进出口生产率。

(三) 财政税务管理法规

1. 金融管理法规

(1)《中央银行条例》。

1924 年 8 月 7 日大元帅核准公布，16 条。

中华民国中央政府为发展国内实业，调剂国内金融，补助国民经济，促进国际贸易起见，设立中央银行，由政府筹备资本经营之。第一次资本定为一千万元，由募集国外债款充之。中央银行设总行所在地，各省会及商工业繁盛都市均得设支行分行，或与他银行订立代理合同，但须呈请政府核准备案。中央银行之业务年限，以 30 年为期。期满时呈请政府核准延长。

中央银行之业务如下：①买卖有价证券、商务确实期票及汇票或贴现；②办理汇兑及发行期票、支票及汇票；③买卖生金生银及各种货币；④经收各种存款，并代人保管证券、票据、契约及其他贵重物品；⑤贷放定期或活期有据实担保或抵押品之借款；⑥代其他银行、公司、商号或个人收取各种票据之款项；⑦买卖经政府担保之有息债券证券及本国铁路公司商场工厂之优股票；⑧其他关于银行应经营之业务。中央银行由政府授予下列之特权：①代政府募集内外实业债款；②发行货币；③代理金库现金之出纳及代收各项公款。

中央银行设行长1人，副行长2人，任期6年。董事长1人，董事8人，任期3年。监事1人任期2年。均由政府任命。在职期间内，不得兼任他银行职务。行长代表中央银行总理行务，监督指挥所属各职员。但遇有重要事项须先经董事会议决。董事长及董事有监督行务议决重要事项及建议之职责。监事掌稽查账目，查察库存现金及有价证券暨财产契据等事项。

下列事项应由董事会议决后，由行长执行：①资本之增加；②支行分行之设立地点及其存废；③营业计划及预算决算；④贷借于政府款额期限及条件；⑤购入证券股票之限制；⑥货币之发行额；⑦合同契约之签订；⑧关于业务各项专章及各类办事规章暨帐簿表册格式之规定或修正；⑨抵押品，担保品之处分；⑩总行各科及各支行分行重要职员之进退；⑪公债金及行员奖励金之分配。前项议决事项其重要者仍由行长随时呈请政府核示。

中央银行营业年限，以每年一月至十二月为一总决算期，就编具下列表册书类，经监事复核，提交董事会议决后，呈报政府查核备案并予公布：①财产目录；②贷借对照表；③营业报告书；④损益计算书；⑤盈利分配案；⑥行员奖励金分配案。每月月终应编具营业统计书及贷借对照表，经监事复核，呈报政府备案。

（2）《中央银行基金公债条例》。

1924年8月9日大元帅核准公布，14条。

中华民国政府为拨充中央银行资本起见，发行"中央银行基金公债"，以广东省通毫银一千万元为额。此项公债以十足收款并无折扣。年息6厘。以中央银行之资本为抵押。

发行后，前5年只付利息，自第6年起用抽签法，每年还本十分之二，至第十年本息一律还清。每年6月1日还本一次。

此项公债之票面概为一千元。由财政部长会同中央银行行长署名盖章。此项公债得自由买卖抵押，遗失概不补给。如有伪造及毁损其信用者，依律治罪。

（3）《广东省金库条例》。

1925年8月4日国民政府第14次会议议决修正通过，8月6日公布。

广东省金库管理省政府之现金出纳及保管事项。设库长一人，承省政府之命，受财政厅长之监督，综理金库一切事务。必要时得设立支金库或分金库。

金库之一切现金须存储中央银行。未设立中央银行分行支行者，委托其他稳固银行或银号，代理金库事务。

监察院、财政部或财政厅得随时检查省金库之款项及簿据，并得稽查中央银行之库款及簿据。

财政厅收入税款，均由省金库收纳，由中央银行代理保管。省金库于现款之支出，须核明财政厅发给之支付命令，交中央银行付出。

省金库每月须制成收支报告书3份，分送监察院、财政部、财政厅各一份。三机关得随时派员检查金库之款项簿据。

（4）国民党中执会关于划一纸币以利流通的决议。

在 1927 年 3 月 18 日于武汉召开的第二次中央政治会议上，后方政治工作联席会议主席孙炳文呈请"划一纸币以利流通案"，当经决议"交国民政府财政部核办"。

孙炳文提案的理由是：查各省市区中央银行所发纸币，多盖有该省市地名。缘因各地有以大洋为本位者，有以毫洋为本位者，一般无知奸商与狡诈之银业界，遂借为口实，随意操纵，从中渔利，以至彼此不能流通，其至任意低折。故统一币制，实为目前最大要务，特拟定办法五则：①各省市区一律不准在货币上盖有各该地名称，庶免彼此之分，而收划一币制之效；②各省市区一律以中央纸币为本位，全国各省十足通用，不得任意压抑歧视；③将全国银币改铸总理遗像银币，以补中纸零兑之流通；④严禁奸商操纵金融，违者处以紊乱金融罪；⑤禁止各国纸币在中国境内行使一案，须严厉执行。

不久，武汉国民政府财政部又在 6 月 3 日布告规定：按照本部整理各种票币办法，市面流通、公私出入，均以中央银行汉口分行及汉口中国、交通三银行票币为限。在鄂湘赣三省通用大洋券，亦准一律行使。至湘桂赣毫洋券，应在湘桂赣三省区域以内行使，鄂省境内未便流通，免致发生种种困难。

2. 公债法规

（1）1924 年《大本营财政部有利支付券条例》。

1924 年 1 月 12 日大元帅第 43 号指令核准公布，大元帅指令云：该部以粤省自军兴以来，赋敛已烦，不宜再增苛细捐税，重扰商民。拟发行有利支付券 300 万元，劝令殷富商民认购，并指定广东全省沙田登记费、民产保证费及印花税等项作为还本付息基金，限二十五个月内本息还清。准如拟施行。其条例要点是：

经财政委员会会议议决，发行"大本营财政部有利支付券"300 万元，利率为月息一分。自发行第二月起按月支付利息。自发行后第六个月起，每月抽签还本二十分之一。

此项支付券概不记名。如有遗失毁坏，不挂失，不补发。此项支付券得随意买卖、抵押，亦得作为担保品。

（2）1925 年《修正发行广东短期金库券条例》。

1925 年 9 月 11 日公布，共 6 条。

决定发行广东省金库券，定额 200 万元，月息 6 厘。分为 500 元、100 元、50 元、10 元、5 元 5 种。定期 3 个月本息偿还。

（3）1926 年《国民政府财政部有奖公债条例》。

1926 年 1 月 23 日公布，共 15 条。

国民政府为改进国民经济及兴办造纸厂、士敏土厂、制革厂、其他应行兴办之实业起见，特由财政部发行有奖公债票 100 万张。每张 5 元，共计 500 万元，定名为"国民政府财政部有奖公债"。此项有奖公债由财政部以国家收入拨交中央银行为还本给奖之担保，并由中央银行负完全责任。

此项有奖公债之还本办法，分为三期，每十个月为一期，第一期每一个月还本 2%，第二期每个月还本 3%，第三期每个月还本 5%，至第三十个月全数偿清。每届还本由财政部抽签决定。

此项募集之款项每年所得溢利，得提出二成充作奖金。此项奖金分为九等，一等奖一张，奖金 2 万元，至九等奖 600 张，各奖一元。此项公债于中奖时，即连本一并发还。

每届抽签开奖之期，应由财政部会同监察院派员办理，并邀请地方各法团推举代表莅场监视，仍任人参观。此项有奖公债由财政部公债科主管，并设立有奖公债局经理发行事宜。此项还本给奖由财政部委托中央银行及其他殷实商号按期支付。

此项有奖公债票为无记名式，得自由买卖、抵押，并得作公务上缴纳保证金之担保品，中央银行抵押放款之抵押品。此项公债得为银行之保证准备金。

经理此项有奖公债之官吏或其他商民，对于此项公债如有损毁信用之行为，按照刑律治罪。

此外，1926 年 7 月 20 日国民政府又公布《第二次有奖公债条例》，规为其用途为"开辟黄埔商港"。共计 1 千万元，仍分三期还本，以利息作为奖金。

（4）1927 年《财政部有奖债券条例》。

经中央执行委员会议决，武汉国民政府 1927 年 5 月 23 日公布，共 18 条。

有奖债券由财政部呈请国民政府特准发行。其偿本给奖均由国民政府担保。有奖债券每张银元五元。总额定为 20 万张，其发行次数及日期，由财政部决定。

有奖债券之中签者，即凭券付奖，不另还本。未中签者，自开签之日起，三个月内向有奖债券局兑换，整理金融公债，或用以承购由政府标价之逆产。

抽签之日须当众公开，由国民政府财政部及所在地之各级党部、总工会、农民协会、总商会、商民协会各派二人，会同监视开签。

3. 税务总处组织章程与税务法规

（1）《国民政府财政部税务总处组织章程》。

1926 年 2 月 24 日国民政府公布，共 11 条。

税务总处隶属于财政部，掌理税务行政及各关输出入关税之征收事项，监督所属各关卡。税务总处设置处长一人，下设第一课、第二课。

第一课掌理以下事务：①税务行政及交涉事项；②审核各关之设立、废止及征收区域事项；③税务人员之任免考绩事项；④核定税务机关薪费及编制预决算事项；⑤处分缉获充公货物及支配奖金事项。

第二课掌理以下事务：①整理税则税率统一事项；②拟订征收规章及改良手续事项；③考核税收比较及征解事项；④筹划加税免厘事项。

（2）《违反印花税法案审理委员会章程》。

1926 年 1 月财政部公布，共 14 条。

财政部印花税处为了防杜滥罚所有关于违反印花税法案，特设审理委员会，由财政部长指派一至三人，监察院指派一人，广州四商会轮派一人，共同组成。

凡省河支处各检查员、专员及各区长警检获，或人民告发之违反印花税法案，应将违反事实及商店名称、管辖区域所在地方，切实填注于报告单内连同证物送会审理，不得私自交区执行处罚。各属支处辖内商民如有关于各支处审理违反印花税法案处罚不公者，得由被罚人呈请本处，将案发交委员会复审。审理结果，主张互异时，以多数表决。

审理委员会接到报告单及证物时，应即开会审理。认为确属违反税法者，由委员会以书面判定罚金数目。其非违反印花税法者，仍以书面判决之。前项判决书应由各委员联同署名，送处长核定，再行分别函送管辖警区执行，就近追缴罚金，或发还单据将案注销。

各当事人如有认为处罚不公者，得于三日内将充分理由详细声叙，呈请本处再行审理。如审理结果仍主张处罚时，应照案送区执行，追邀罚金。

（3）《煤油汽油特税章程》。

1926年6月28日财政部税务总处发出布告，说明煤油专卖业经遵令取消，另定征收煤油汽油特税章程10条，业经国民政府政治委员会议决通过，定于6月28日照章施行。

政府于取消煤油类专卖后为抵补国库损失，平均人民负担起见，除火油渣暂准免征外，凡煤油汽油入口时，均应征收特税，由税务总处在各输入地点，特派专员办理，或派员兼办。

煤油汽油特税税率，均按每10加伦计（即每一箱或两罐）收税毫银2元。凡煤油商贩运煤油汽油入国民政府辖境者，须先期取具殷商保证，向财政部税务总处请领煤油或汽油进口准单，方准输入。前项进口准单，只贴印花票5元，不另纳费。

煤油汽油输入时，如无进口准单或转运准单，一经海关或侦缉员查获，除货物全数充公外，并处以100元以上5000元以下之罚金。煤油汽油输入后，未经纳足特税或未粘贴检查证，私自出仓或发售时，一经查获，除货物充公外，并处以500元以上1万元以下之罚金。

（4）《征收出产运销物品暂时内地税条例》。

1926年10月17日国民政府公布，共6条。

凡两广与中国各省或外国所贸易之物品，无论为出产品或运销品，应一律征收暂时内地税。此项内地税，对于普通货物之征收税率，应按照现在海关或常关所征收税率，加征半数。对于奢侈品则加征一倍。但烟酒煤油汽油等已遵缴特税者得免征。

为征收此项内地税，财政部得在各海关及常关口卡或其附近进行征收。

凡买卖或经理各项货物，而不依本规定缴纳税项者，除将货物充公外，应处 3 年以下监禁，或处以该项货物所值的十倍罚金。

4.《国民政府财政部盐务总处组织章程》

1926 年 2 月 24 日国民政府公布，共 11 条。

盐务总处隶属于财政部，掌理盐务行政与场产运销及征税与稽核一切事宜。盐务总处置处长副长处各一人，下设第一课和第二课。

第一课掌理事务：①盐务行政及交涉事项；②盐务人员任免薪费事项；③改良盐场仓栈建筑事项；④调查考核盐类之制造及产额事项；⑤核定盐务机关之存废事项；⑥调查改良运盐手续及保护事项；⑦筹划支配销盐区域事项。

第二课掌理事务：①编制盐务收支预算决算事项；②编制盐务收支统计事项；③调查审订场产运销一切费用事项；④调查整理销盐数目事项；⑤考核税收比较事项；⑥考订盐税生产率事项；⑦征解盐税款项事项。

1926 年 7 月财政部修正章程，将原一、二课，修改为总务、运销、场产、审核、出纳五课。

5. 缉私卫商管理法规

（1）《缉私卫商管理委员会组织法》。

缉私卫商管理委员会附设于财政部，管理盐务、沙田、银币、印花税票、烟酒、禁烟、煤油类、爆烈品及其他违禁品之私铸、私售、私制暨匿税、瞒厘之侦缉事宜，并保卫航运厂肆各商。

缉私卫商管理委员会的职权：①关于私铸、私运、私制之侦缉事项；②关于举报各案之受理及侦查事项；③关于水陆之检查事项；④关于违法违章之惩罚处分事项；⑤关于处置充公货物事项；⑥关于侦缉水面及市乡之走私匪类事项；⑦关于派遣军队兵舰警察协缉事项；⑧关于水陆商运之保护事项；⑨关于商运之保险及赔偿事项；⑩关于缉私人员之任免及奖惩事项；⑪关于缉私卫商各项章程之编订事项。

缉私卫商管理委员会设委员长一人，由财政部长兼任。委员4～8人，由政府特派。委员长总理本会事务，各委员会同委员长处理会务。缉私卫商管理委员会设置干事处和保卫、运输、经理、侦缉、执法等局处，分掌会务。

(2)《缉私卫商暂行条例》。

1926年2月24日国民政府公布，共11条。

国民政府为体恤商艰维护饷源起见，组织缉私卫商管理委员会，办理缉私卫商各事宜。委员会由财政部会同陆海各军组织。缉私卫商之区域，暂以广东全省为起点，但得因商民之请求，对于国民政府所辖各区域次第推行（先从广州及西江、东江试办，俟有成效，再分别推行于南路、北江及琼崖各属）。

缉私卫商分为水陆两种办法。水路，指定各军舰编制舰队，分段常驻或梭巡。陆路，指定各军舰择扼要地方，分区驻防巡护。因缉私卫商之必要，查有土匪图劫及违法私运违禁品等事，委员会得命令各军舰或军队，分别搜剿逮捕。为执行缉私职务起见，无论何项船只或官商所运货物，均须受其检查。如查有违章走私及抗拒实据，即准将船货及当事人扣留，转运至省，呈报委员会照章处分。

6.《财政部禁烟总处戒烟药膏专卖总局组织章程》

1926年9月29日国民政府财政部公布《财政部禁烟总处戒

烟药膏专卖总局组织章程》和《戒烟药膏专卖总局职掌规则》《戒烟药膏专卖总局收买药料暂行规则》。主要内容是：

戒烟药膏专卖总局隶属于财政部禁烟总处，管理全国戒烟药膏之专卖，并附属药料专卖事宜。其职权是：①关于戒烟药料之采办专运事项；②关于戒烟药膏之配制发行事项；③关于戒烟药料、药膏私运、私售、私制、私藏、私吸之检查事项。

戒烟药膏专卖总局设局长一人，由财政部禁烟总处长兼任。下设总务课、营业课、会计课，并具体规定各课分掌事务。

遵照政府专卖计划，所有各商店或行栈及水陆居民，藏有戒烟药原料（即已贴印花之烟土），依财政部派员会警查封，验明呈报有案者，得依本规则之规定，分别由局给价收买。未经查封者或有人误藏未贴印花之烟土，能在限期内自行呈缴者，由局验明按规定价格五成给价收买。

1926年10月1日，财政部又制定《各属禁烟局职务规程》规定各属禁烟局，除分隶于禁烟支处或分处者外，均直隶于财政部禁烟总处。执行关于禁烟之法令，及征收专卖检查缉私各事宜。各属禁烟局设局长一人，由财政部委任。各属禁烟局对于专卖之药膏药料，除自行备款请领承销及分发领有牌照各商代销外，得按财政部定额，招商统承或分承。但须取具商店保结，呈请财政部核准，并由部发给布告，分行地方官军警备案。

十四　内政各机关组织法及其相关的行政管理法规

　　1917 年 8 月《中华民国军政府组织大纲》规定，军政府设立内政部，其所掌管的工作范围很广，凡在政府系统中没有设立专门机构的内政事宜，几乎都由内政部管理。1921 年 1 月 9 日军政府制定《内政部官制》9 条。1921 年以孙中山为首的总统府改设内务部。并于同年 7 月 15 日颁布《内务部官制》15 条。1923 年 3 月大元帅大本营仍改称内政部。国民政府成立后，先后从内政部中分立出教育行政委员会（教育部）、建设部（实业部）、劳工部、农政部、交通部以及侨务委员会等专门机构。以上各行政机构，先后制定了若干有关的行政法规。因此，本章将内务、教育、实业、交通、劳工、农政各方面的法规，分节进行阐述。

（一）内政部组织法与内务管理法规

1. 1921 年军政府《内政部官制》

1921 年 1 月 9 日发布，9 条。

内政部长管理内务行政及地方自治、社会事业、劳工、教育、土地、农务、矿务、工业、渔业、商业、粮食、卫生等行政事务。内政部次长帮助部长整理本部事务。

内政部设司长 2 人，承本部长官之命，分理下列事务：①人口户籍及国籍事项。②选举事项。③地方行政事项。④地方自治事项。⑤育孤、养老、救灾、收养废疾及监督慈善各团体事项。⑥警察事项。⑦卫生防疫事项。⑧改良风俗事项。⑨保护劳工事项。⑩筹办普及教育及改良振兴各种学校事项。⑪著作权及艺术特许事项。⑫报纸事项。⑬行政区域及分割变更事项。⑭国道及桥梁事项。⑮海河堤防及水利事项。⑯振兴工业及监督奖励各工厂事项。⑰保护及改良渔业事项。⑱管理粮食事项。⑲礼制及国乐事项。⑳宗教事项。㉑地方官吏之任免、奖恤、铨叙等事项。㉒土司事项。㉓文官考试事项。㉔文官惩戒事项。㉕统计事项。

司之分置及事务之分配，由内政部长决定。

内政部得设下列各局，分理以下事务：

土地局，分理测量土地，规定地价，登记册籍，管理公地。

农务局，分理制造并输入机器肥料，改良动植物种类，保护农民，开垦荒地，培植及保护森林，兴修水利，提倡农会。

矿务局，分理调查矿区，考验矿质，草定矿律，监收矿税，监督官业，奖励民业。

商务局，分理奖励国货，检查货品优劣，保护专利及牌号，奖励海外航业，监督专卖事业，设立贸易银行及货物保险公司。

2. 1921 年大总统府《内务部官制》

1921 年 7 月 15 日大总统颁布，15 条。

内务部直隶于大总统，管理全国内政，兼管教育、实业、交通等行政事务。置总长一人承大总统之命，管理本部事务，监督所属职员并管辖各官署。次长一人，辅佐总长整理部务。内务部置秘书处，及第一、第二、第三各司。对三个司的分工作了明确规定。除附设矿务局外，撤销其他各局。

第一司掌理人口户籍及国籍事项，选举事项，地方行政事项，地方自治事项，救济及慈善公益事项，改良风俗及褒扬事项，保存古物事项，土地调查测绘事项，土地收用及官地收放事项，道路及桥梁事项，海河堤防及水利事项，地方官吏之任免奖恤事项，土司事项，文官考试及惩戒事项。

第二司掌理礼制及国乐事项，宗教事项，筹办社会教育及学校教育事项，管理粮食事项，农业、林业、工商业、渔业、畜牧业之保护、监督、奖励及改良事项，保护劳动事项，著作权及艺术特许事项，医院药房注册及医生产婆药剂士特许事项，报纸事项。

第三司掌理筹划铁路建设事项，管理国有铁路业务及附属营业事项，监督地方公有及民业铁路事项，监督陆上运输事项，邮务事项，邮务汇兑及储金事理，电报及其他电气事项，监督地方公有及民业电气事项，航业及航海标识事项。

与此同时，大总统还在1921年7月15日颁布《内务部矿务局官制》7条。主要规定：矿务局职掌以下事务：①调查矿区，②考查矿质，③草定矿章，④监收矿税，⑤监督官业，⑥奖励民业。矿务局设局长一人，由内务总长呈请大总统任命，承内务部长官之命，管理本局事务，监督所属职员。下设科员、技士，承长官之命，分理局务或办理技术事务。

1925年国民政府成立后，仍设有内政部，但未见制定内政部组织法。

3. 内务管理法规

根据现有资料，内务管理法规，主要是关于学会、民团、社团审核备案的批文。

（1）大本营内政部核准备案之法学共济会。

1924 年 4 月 12 日《谢英伯为组织法学共济会请立案呈》称：窃维近世立国，首重法治。人类图存，端赖合群。法之编纂，有待乎学者之贡献；群之发展，必须乎智力之团结。民国十有三年，尚未有一正式法典，其有待于编纂研究，固不待言。今欲张大国法治之徽帜，树士林法学之阶梯，以为完成法典之准备。自当内审历代格律之沿革变迁，外考列邦法令之异同得失，集中西学说，一炉共冶，融夏虫井蛙之见，通东鹣西鲽之邮。以凭权度从违，作他日法规绳墨，是诚吾国法学之士，当今急务也。矧法律乃维持社会工具，社会情状变迁，法律亦因之而异，是故应时代之潮流，为适宜之规定，其研究固无穷期也。然而集思乃能广益，孤立必至寡闻，自非群策群力，共同切磋，不足以收研究实效。有见及此，特组织法学共济会以联络同志研究法学实行共济为宗旨。本研究学问为基础，进而为生活之共济。拟由会中营律师业务者，设立法律救济团，凡工人及贫民权利受非法侵害时，于相当限度内，委托办理诉讼事件，不受报酬。庶几不谙法律之人，虽无资延请律师，亦得于法律范围内，主张权利，受相当保障。现已征集会员 90 人，制定章程照章选出干事部职员，择定会址，乞准于立案。

1924 年 6 月 2 日，大本营内政部部长徐绍桢批文认为：该会以研究法学实行共济为宗旨，用意良深嘉许，所拟章程亦尚妥协。应予备案。

（2）向大本营内政部备案的广东省民团章程。

1924 年 9 月 15 日，广东省长廖仲恺向大本营内政部咨送《广东全省民团统率处章程》和《民团条例》要求查照备案。

《广东全省民团统率处章程》14 条

广东全省民团统率处，直辖于省长，掌理全省民团之编制、训练、指挥等事宜。设督办一人，会办一人，由省长委任，综理本处事务。内设总务、训练、宣传三科。

督办于必要时，行召集全省民团代表及地方官代表，开团务会议。并得集中全省民团之一部或全部，施行检阅。

《广东全省民团条例》29 条

凡本省人民，为防御盗匪，正当自卫，得自备枪械饷项，遵照本条例之规定举办民团。民团分为农团、工团、商团、乡团四种。统归全省民团统率处统率，并同时受各该管地方官指挥监督。

农工商团之团丁，限于真正的农工商民，乡团之团丁，限于居住该乡之乡民。但有下列情形之一者不得充当团丁：①曾犯徒刑以上之罪者；②有精神病者；③吸鸦片或嗜赌者；④游手无业者；⑤身体衰弱者；⑥年未满 20 岁或逾 50 岁者。

编制。各县民团分为乡、区、县三级，以乡团为基本组织。应设置乡团局（冠以农、工、商、乡团字样）。区设区团局，由各乡团局代表组织。县设县团局，由各区团代表组织。县团局直接隶属于全省民团统率处。各民团每 10 人编为一分队，三分队为一小队，其上为中队、大队、团、总团，各置队团长一员，由各该团局遴选，呈报民团统率处转呈省长委任。

职责。各民团以捍卫地方，防御盗匪为主要任务。民团应遵守下列规定：捕获盗匪应在 12 小时内解送地方官厅讯办。不得行刑及自行释放或科罚。如有赃物，应一并呈解。

此外，还具体规定有关饷械，奖恤及惩罚办法。

（3）国民政府核准立案的《中华国货促进会章程》。

1925 年 9 月 9 日国民政府准予立案。

《广东省政府致国民政府呈》中转述中华国货促进会会长的呈称："自上海五州惨案发生，而九江、青岛、镇江、汉口、长沙等处之巡行群众，叠遭帝国主义者之屠杀。近且扩于革命首都之广州矣，国人痛势之式微，恨强邻之无道，乃谋以经济绝交之手段，为政府外交之后援。日来抵制劣货，拒用外币之声甚嚣尘上，亦可见人心未死，而敌忾具有同情也。"

《中华国货促进会章程》的要点是：本会以本救国之精神，抵抗帝国主义之经济侵略，促起国人振兴国货为宗旨。因此要求会员，自入会之日起，以后新买物品，应以国货为主，务使外货渐次绝迹于我国内，以符本会宗旨（但国货无相当之代替又属必需者，得暂用友国之货）。凡有发明国产货品，足与外国货抵抗者，得由本会用全体之力维持之，并代呈政府奖励，或请予免税专利等事。章程还规定该会的职员及其组织机构。

国民政府批示："准予立案，章程、名册及图章式样存"。

4. 医药管理法规

（1）《管理医生暂行规则》。

1923 年 9 月 13 日大本营内政部公布《管理医生暂行规则》、《管理医生暂行规则施行细则》及《医生资格审查委员会简章》。

《管理医生暂行规则》的主要内容：

在正式的《医师法》及《医师药剂师考试章程》未颁布以前，关于医师之认许，适用本规则。凡具有医生资格者，应由内政部分别中医、西药，发给医生开业执照。其未经核准给照者，不得执行医生之业务，违者处 200 元以下之罚金。

凡年在二十岁以上，具有左列资格之一者，准发给医生开业执照：①在国立或经部认可之公私立医科大学，及医学专门学校毕业，领有毕业文凭者。②在外国官立私立医科大学，及医学专门学校毕业，领有毕业文凭者。③外国人曾在该国政府领有医术开业证明书，经外交部证明认为适于执行医业者。④曾经各地方该管官厅考试及格，领有证明文件者。⑤在经部认可之中医学校或中医传习所肄业三年以上，领有毕业文凭者。⑥曾任官公立医院医员三年以上，确有成绩及证明文件者。⑦有医术知识经验，在本规则施行前行医五年以上，有确实证明，并取具给照医生三人以上之保证者。

医生非亲自诊察，不得施行治疗或开给药方及交付诊断书。医生诊治遇有传染病，或疑似传染病及中毒者，应即据实向该管地方官厅呈报。医生不得因请托贿赂伪造证书，或用药及其它方法堕胎，违者按刑律治罪。医生关于其业务，不得登载及散布夸张虚伪之广告。

本规则颁布后，各地方中西医生得分别或联合组织医生公会，拟章程，由该管地方官厅转报内政部核准备案。

为了切实执行《管理医生暂行规则》的有关规定，大本营内政部于1924年1月18日发出第15号布告，公布《检查执照专员简章》9条，由内政部派出检查专员，凡未照章领取行医执照而开业者，务须于2月1日前来部补领，逾期即照章执行处罚。

1924年1月25日，大本营内政部发布第17号布告，指出近来有不少产科师前来请求注册，但本部尚未制定《管理产科师规则》。据医生资格审查委员会决议，暂准援用广州市卫生局前颁《产科师注册章程》办理。

（2）《管理药品营业规则》。

1924年4月30日大本营内政部公布《大本营内政部管理药

品营业规则》和《检查药品规则》。

凡曾在内政部核准注册的药品，该制药商应于药品制成发售时，贴用内政部药品检查证，俾资识别而辨真伪。药品检查证由内政部制就颁发，按药品定价高低，分为五种。制药商应按照制成药品定价购领药品检查证，在药品的容量器或包纸上照额贴足，并加盖该商图记。

凡伪造或改造药品检查证者，照印花税法的相关规定处罚。还对制药商违反本规则各条之规定者，分别规定了不同数额的罚金。凡抗纳罚金者，内政部得酌量情节轻重，勒令停业，或没收其药品。

（二）教育行政委员会组织法与教育法规

依照 1921 年《内务部官制》的规定，在内务部内设立教育局，主管教育行政事宜。广州国民政府成立后，专门设立了教育行政委员会。1927 年改为教育部。先后制定的教育法规有以下各件。

1. 1924 年《大学条例》与《国立广东大学规程》

（1）《大学条例》。

1924 年 8 月 13 日大元帅孙中山公布，8 条。

大学之旨趣，以灌输及讨究世界日新之学理、技术为主，而因国情，力图推广其应用，以促社会道义之长进，物力之发展副之。

大学之规模、实质须相称。其只适于设一单科者，得以一单科为大学；其适于并设数分科者，得合数分科为一大学。大学得设研究院。大学得授各级学位。

大学除国立外，并许公立及私立。公立及私立大学均受政府监督。公立及私立大学之设置及废止，须经政府认可。分科之增设或废止，亦同。私立大学须设定财团，有大学相当之设备，及足以维持大学岁出之基金。

（2）大元帅孙中山发布成立广东大学令。

1924 年 2 月 4 日孙中山发布大元帅令：着将国立高等师范、广东法科大学、广东农业专门学校合并，改为"国立广东大学"。

1924 年 3 月 12 日大元帅第 96 号训令，据国立广东大学筹备处呈称：教育为神圣事业，人才为立国之本，故国家设立大学，实振兴教育之总键，陶冶人才之巨炉。东西各国莫不注重大学，所以不竞投巨资，莫非为国家奠定基础。当国立广东大学筹备时期，首须顾及经费为第一入手办法。但原来之经费既少，新拨经费无多，盼厥成功，相差尚远。现经广东省署决定，拟开办省外各属筵席捐，并将该捐项以三分之二拨为国立广东大学经费，以三分之一拨为各该地的教育经费并由大学荐人由财政厅委任，随时分赴各属监提。大元帅核准上述决定，特指令广东省长、各军长官知照，并转饬所属一体遵照，"对于此项筵席捐永远不得截留挪用，以重学款，而维教育。"

1926 年 6 月 7 日，大元帅核准《国立广东大学劝捐章程》，训令广东省政府遵照通令各县，按照所派数目依限审定解缴（每县最高 2 万元，最低 300 元不等）。

（3）《高师、法大、农专三校归并广东大学办法》。

1924 年 6 月 5 日大元帅核准公布，8 条。

高师、法大、农专学生依照所学学科归入广东大学各学院各科。归入大学其待遇照旧，至原定毕业时期为止。原有三校学生归入大学以前所修了之科目，由各学院审查后认为与大学所授者程度相当时，准其免修；其不相当者，由各学院酌情另定办法。

原有三校已毕业学生，一律为广东大学同学会会员。原有三校毕业如欲得本大学学位者，准其补习大学课程。其应补习之科目及学分由各学院规定。

1924 年孙中山北上前夕，广东大学于 11 月 11 日举行成立典礼，孙中山亲临指示，写了以下训词："国立广东大学训词：博学审问慎思，明辨笃行。中华民国十三年十一月孙文。"后来为了纪念孙中山，将广东大学改称"中山大学"。以后在武汉又设立另一所中山大学。1927 年 2 月 9 日汉口《民国日报》报道：由武昌前武大、医大、商大、法大、文大五校合并改组成立中山大学。

（4）《国立广东大学规程》。

1924 年 9 月 1 日大元帅核准公布，共 9 章 71 条。章名是：宗旨、设科、入学学费及修学、考试毕业及学位、校长及校务机关、教职员之任用及待遇、财务、纪律及惩戒、附则。

宗旨与设科。国立广东大学以灌输及研究高深学理与技术，并因应国情，力图推广其应用为宗旨。设科，分为预科、本科及研究科。在国内新制高级中学未达到相当数额及程度时，暂设预科。本科设列下列分科：①文科；②法科；③理科；④工科；⑤农科。研究科，俟大学第一次本科毕业，大学有充分之设备时，由大学校务会议决定设立。预科修业年限二年，本科修业年限四年。

本科入学资格：①广东大学预科毕业；②具有下列各项资格之一，经入学试验合格者；（甲）其他国立大学预科毕业；（乙）有同等学历之公立私立大学预科毕业；（丙）高等专科学校毕业；（丁）新制高级中学毕业。

考试、毕业及学位。本科学生设学期考试及学年考试。凡各项科目不及60分者为不及格。每学年有三分之一以上科目不及格者，不得升级，但已考试及格之科目得免再习。本科各分科学生，已满修学年限，成绩及格者，当准予毕业，授予各该学科之学士学位。

校长及校务机关。校长一人，由行政元首任命，主持全校事务。设立大学校务会议。由校长、各分科学长、预科主任、以及全校教授互选若干人组成，以校长为主席。其主要职权是：议决大学一般进行计划及学生入学毕业事项；议决各科系之设立及变更，议决学位之设定，奖学金之给与，审议预算，以及大学内部规则的制定与变更等事项。

大学各分科设立各分科教授会，由各该科教授组成，以各分科学长为主席。分科学长由校长就该分科教授中指认，任期二年。大学分科各系设各系教授会，以各系主任为主席。各系主任由教授互选，任期一年。

教职员之任用及待遇。大学之教课事宜，由教授、讲师、助教、助理员担任。教授由校长提出经聘任委员会审查合格后，聘任。教授系专任职，非在不妨碍本校教课范围内，且经大学校务会议同意，不得在校外兼任教务或其他职务。教授薪金分为若干等级，以其在校年限进级。继续服务6年者，得休息一年，照支全薪。

本科科系设置。广东大学文科设有中国文学系、外国文学系、史学系、哲学系。理科设有数学系、物理学系、化学系、生物系、地质系。农科设有农艺系、农艺化学系、园艺系、蚕桑系、畜牧系、病虫害系、森林生产系、森林经营系、农业经济系、林业经济系。

法科设有法律学系、政治学系和经济学系。其中法律学系的课程计划，分为四个学年，并有必修和选修。（括号内为每星期时数）。第一学年必修课有：法理学（1）、民法（总则，4）刑法（总则，3）、宪法（4）、外国法（2）、经济学（4）、第二外国语（2）、体育（2）。选修课任选其一：中国法制史（3）、政治学（3）。第二学年必修课有：民法（债权，4）、民法（物权，2）、罗马法（2）、刑法分则（3）、行政法（总论，3）法院编制法（1）、外国法（用外国文讲授刑法，2）、第二外国语（2）、体育（2）。选修课有社会学（2）、财政学（总论，3）。第三学年必修课有：民法（亲属，2）、商法（商人通则、公司条例，3）、民事诉讼法（4）、刑事诉讼法（3）、国际公法（4）、行政法各论（3）、外国法（用外国文讲授民法）。选修课有：刑事政策（2）、比较民法（4）、破产法（2）、第四学年必修课有：民法（继承，2）、商法（商事通例、票据、船舶，4）、民事诉讼法及强制执行法（2）、国际私法（2）、外国法（用外国文讲授商法，2）。专门研究（论文或译书）。选修科目（任选其二）有：社会立法论（附劳工法，3）、公证法及法庭实务（1）、判例（1）、法医学（1）、社会主义及社会运动（1）。

2. 1926 年《国民政府教育行政委员会组织法》

1926 年 2 月 20 日广州国民政府公布，共 9 条。

教育行政委员会掌理中央教育行政。教育行政委员会以国民政府所委教育行政委员为干部会，下设行政事务厅，依干部会议决，处理本委员会所管事务。干部会推举常务委员 2 人处理常务，并得以本委员会名义对外接洽交涉事件。

行政事务厅设置秘书处、参事处、督学处。秘书处掌理：整理及准备干事会会议材料，襄助常务委员处理所管事务。参事处掌理关于教育施设计划制定事项，关于教育统计作业之指导与编制事项。督学处掌理关于教育法规之编订、实施状况之监督视察事项，关于教育行政上人事、财务之监督审核事项。

3. 《教科书审查规程》

1926 年 10 月 1 日教育行政委员会公布，共 18 条。

小学校及中等学校各类教科图书，非经国民政府教育行政委会审定，不得采用。但在未审定公布之前，暂时沿用者，不在此例。如须教育行政委员会审定认为不当的教科图书，不准各校采用，并得禁止发行。

审定图书以不背党义而适合教授目的、教育程度、教科体裁者为合格。教科图书分为教员用及学生用二种。凡呈请教育行政委员会审查之图书，无论印本或稿本，皆须预备两份送呈。如用稿本应预印数页作为纸张印刷款式等之样本，其未经完成或未定价目之图书，不得收付审查。已经审定或正在审查中的教科图书，如发行人将内容变更，呈请复审。

已经审定的图书，由教育行政委员会将下列各项予以公布：①书名；②册数及页数；③定价；④某种学校用；⑤发行之年月日；⑥编辑人及发行人之姓名。已经审定之图书，应在书面上记明"国民政府教育行政委员会审定"字样。已经审定之图书发行人，应将十倍该图书定价之审查费缴纳，方予公布。

4. 《学校职教员养老金及恤金条例》

1926 年 11 月日公布，共 17 条。

第一，关于养老金的规定。

养老金的条件：①学校职教员，凡连续服务 15 年以上，年逾 60 岁者，自请退或由学校请其退养者，得领养老金。②年未满60岁而身体衰弱不胜任务者，亦得领养老金，但以不任其他职务者为限。③职教员如因公受伤以致残废，不胜任务者，虽未满前条之年限，亦行领养老金。但以不任其他职务者为限。

养老金的标准：依照《职员及专任教员养老年金表》执行。凡连续服务15年以上者，如因公伤致残而退职时，职员及专任教员之养老金，除依《养老金表》外，照最后年俸给予百分之十。兼任教员之养老金照最后三年内年俸平均数给予百分之三十。

养老金的支给时间，自退职之翌日起，至死亡日止。

第二，关于恤金的规定。

职教员领取恤金的条件，分以下五种：①连续服务10年以上者死亡时；②连续服务15年以上者死亡时；③连续服务20年以上者死亡时；④因公致死亡时；⑤因公受伤或受病以致死亡时。

恤金领取标准，分别规定如下：①职员及专任教员，属于前条第一项者，照最后年俸之半数；第二项者照最后年俸之全额数。第三、第四、第五项者，照最后年俸之倍数。②兼任教员，属于前条第一项者，照最后三年内年俸平均数的百分之三十；第二项者百分之四十；第三项者百分之五十；第四、第五项者，照最后三年内年俸之平均数。

第三，其他规定。

服务年数之计算，以连续一校者为限。但当转任他校者系经主管教育行政机关调用，或原校校长许可并专案呈准者，不在此限。

国立学校遇有应发之养老金或恤金，由国库支给，省立学校由省库支给，市县立学校由市县教育经费支给。私立学校遇有应发之养老金或恤金，由各校察度经费情形酌量支给。

各校请领养老金或恤金，应由本人或其法定继承人，开具履历事实及请领金额，经由该校校长呈请主管教育行政机关核给。

5. 国民政府关于推行国语注音字母的批令

1926年3月31日，国民政府令中华全国总工会，指出：教育行政委员会呈称：现准政府秘书处函开，无线电队职员濮思顺拟具国语注音字母及简略教授法，请于革命军中及劳动界均加教授一案，经国民政府常委会议决，交教育行政委员会审核。此举为普及国语教育起见，尚属可行。惟在军人，及劳工中训练，似应由政府分行军事委员会及全国总工会酌量办理。除批准并函达军委会外，合行抄同濮思顺原呈，令发该会遵照酌量办理。

同年3月30日国民政府另批无线电队濮思顺："呈及附件均仰候令行军事委员会及全国总工会酌量办理"。

（三）实业部组织法与经济管理法规

1921年军政府时期，没有专门管理实业的行政机关，而是由内务部分管工商农渔等实业行政事宜。1923年大元帅大本营设置建设部，专管工商农渔等行政事宜。到1927年，武汉国民政府改设实业部，制定了实业部组织法。在上述各个历史时期，先后制定了若干经济管理法规，积累了许多有益的经验。

1. 《国民政府实业部组织法》

1927年7月4日公布，共20条。

实业部直隶于国民政府，管辖全国农工商水利森林垦殖渔牧等实业及其设计组织管理，并监督指导事项。实业部设部长一人，承国民政府之命，管理本部事务，监督所属职员及所辖各官署。实业部内设秘书处、农林处、工商处、矿务处、水利处五处。

秘书处职掌：关于机要文书撰拟，收发文件、保管档案、典守印信、职员进退、统计报告、宣传出版、经费预决算及会计，本部之官产官物，庶务及其他事项。

农林处职掌：关于农林牧渔之设计、奖励、试验改良，整理改良土壤，官荒垦殖，林地登记勘测，国有林管理，天然林采伐保护，蚕丝茶棉之检查指导，气候测验及天灾预防，狩猎畜种及兽疫等事项。

工商处职掌：关于工商业之保护监督，国营工商业之管理，商品陈列试验，交易场所的监督取缔，度量衡的检查推行，公司注册立案，商标特许，发展国际贸易及保护华侨工商业，调节物价，劳资仲裁等事项。

矿务处职掌：关于矿业监督保护，矿业调查及诉愿，矿务警察，矿质分析，国营矿业及炼冶工厂管理，矿业用地，地质调查等事项。

水利处职掌：关于全国水利建设推广，水利行政计划，水利测绘工程实施，水利争议请愿处分，水道疏浚，水灾防御救济，江湖河工管理，河提湾港建筑等事项。

实业部对于各省区最高行政机关之执行本部主管事务，有监督批示之权责，对于各省区行政机关之命令或处分，认为有违背法令或逾越权限，得呈请国民政府取消之。实业部为发展国外贸易，保护华侨工商事业起见，得派驻各国商务官及考察实业专员。

2. 1923 年《暂行工艺品奖励章程》

1923 年 10 月 4 日大元帅指令公布，共 18 条。

大本营建设部呈文提出："富国之道，工商为重，改良商品，工艺为先。吾国工业方面，方在萌芽，提倡奖励，责在政府。"本部工商局特制定本章程，其要点是：

关于工艺上之物品及方法，首先发明及改良，或应用外国成法制造物品著有成绩者，得按本章程呈请奖励。享有奖励权利者，以中国人为限。

奖励类别：①凡关于工艺上之物品及方法，首先发明或改良者，得呈请专利，其年限分为三年、五年两种，由建设部核准。②凡应用外国成法制造物品著有成绩者，呈请给予褒状。但下列工艺品不得呈请奖励：①有紊乱秩序妨害风俗之虞者。②业有同样发明或改良呈请核准在先者。还规定饮食品和医药品，不得呈请专利。

专利权得承继或转移，但须呈请建设部核准换给执照。在专利年限以内，如有他人私自仿造妨害专利权时，享有专利权者得呈请禁止。

已行专利者，如有下列情事之一，其专利权应即取消：①已得专利权自给照之日起，满一年尚未制造营业者。②贩运外国货品冒充自制专利品发行者。③所制物品与说明书所载与各样模型不符者。④专利期内无故休业一年以上者。⑤以诈伪方法蒙请核准者。

根据本章程的规定，建设部还制定《暂行工艺品奖励章程施行细则》，于1923年10月26日予以公布。

3. 1923年《国有荒地承垦条例》

1923年11月26日大元帅公布，共6章30条。章名是：总纲、承垦、保证金及竣垦年限、评价及所有权、罚则、附则。

本条例所称之国有荒地是指江海、山林、新涨及旧废无主未经开垦者而言。凡国有荒地除政府认为有特别使用之目的外，均准人民按照本条例承垦。凡承领国有荒地开垦者，无论其为个人或为法人，均承认其为有承垦权者。但是，非有中华民国国籍者不得享有承垦权。

凡欲领地垦荒者，须具书呈请该管官署准报建设部立案。承垦人缴纳一定保证金（每亩一角）后，即由该管官署发给承垦证书。该条例第二、三、四章具体规定了呈请书和承垦证书的详细内容以及按地亩面积规定的竣垦年限和按荒地质量规定的地价。

承垦者依照条例规定如期竣垦，并照章缴纳地价后，该管官署应按其缴纳之亩数发给所有权证书。

4. 1924 年大本营建设部《权度法》

1924 年 2 月 14 日大元帅指令批准公布。

建设部在 1924 年 1 月制定了《权度法》及其附属法令《权度法施行细则》，《权度营业特许法》，《官用权度器具颁发条例》，于 1 月 10 日呈请大元帅审核。

呈文提出制定《权度法》的理由是：权度划一，所以便民利用。《虞书》美舜政绩曰：同律度量衡。《周礼》：质人一职，同其度量，壹其淳制。而《管子》亦曰：权度平正，不可以欺轻重，差以短长。近观欧美各国，亦莫不以划一权度视为国家要政。我国法治不修，典章废驰，而权度不独自成风，抑更县自为制，参差不一，欺诈日生。往者，民国四年有鉴于此，曾经善后公布权度各法则以期廓清积弊，乃迄未推行尽利。固由积重难返，更始维艰，而百政丛脞亦可概见。我帅座建造邦国，革故鼎新，凡我设施，中外属望。广州为护法政府所在地，尤宜法治昌明，为全国模范。兹拟定《权度法》及其附属法会，并确定在广州市区内的施行日期令如下：

第一条《权度法》、《权度营业特许法》、《权度法施行细则》及《官用权度器具颁发条例》，自民国十三年六月一日于广州市区内施行。

第二条《权度法施行细则》第五十二条，权度器具之暂准行用期限，于广州市区内得缩短为一年。

大元帅第139号指令指出：划一权度，以杜侵欺，洵属国家要政，而广州市乃政府所在地，尤为中外观瞻所系，应准如所请。以期首善之区，积习先革，次第推行，渐及各省。仰即由部录令布告广州市市民一体周知。

不久，大元帅又在同年3月30日核准公布了《大本营建设部权度检定所暂行章程》，4月20日公布《广州市权度检查执行规则》。这样就使得《权度法》在广州市的试行，有了一套比较完善的法律依据。

5. 1924年《商标条例》

1924年2月19日大元帅指令公布施行。1925年9月12日广州国民政府修正公布。

（1）《商标条例》的制定和修正。

1924年初，大元帅大本营建设部长林森拟定《商标法》40条及《商标法施行细则》32条，于同年1月29日呈请大元帅孙中山审核。该呈文提出的理由是：查商标专用，所以表彰工商品物；商标注册，所以保障商人私权，文明国家莫不定有专例，其通商各国方且缔结互相保护商标之条约。民国建造十有三年，关于《商标法》则尚未见诸实行，殊不足以振兴实业，保护私权。兹拟采仿商标专用主义，规定注册，严禁冒假。至外国人民呈请商标专用时，其有条约规定者，依现行条约办理，以昭公允，而便推行。大元帅孙中山于 1924 年 2 月 14 日发布指令，认为所拟《商标法》及施行细则，"均尚妥协"。惟此项法规，既未经议会议决，自应改为条例，以符名实。仰即遵照将标题及条文内容所用"法"字，一律修改为"条例"。

建设部根据上述批示进行修改，定名为《商标条例》连同《施行细则》，于 1924 年 2 月 19 日以大元帅第 177 号指令公布施行。

为了具体掌管商标注册事宜，1924 年 3 月 20 日建设部于《大本营公报》发布《商标注册所暂行章程》，成立商标注册所。由总办综理会所事务。设立第一、二、三科，分管审查注册及评定调查事项。

广州国民政府成立后，对《商标条例》进行修改，于 1925 年 9 月 12 日公布施行。主要修改点：①将原文的多处"实业厅"，改为"广东商务厅"。即以广东省政府的商务厅作为商标注册的主管机关。②将第三十一条的"得依法起诉于省政府"，修改为"得依法提起诉愿于广东省政府"。

1925 年 9 月 12 日还公布《商标条例施行细则》32 条，具体规定注册呈请书的填写内容和要求。

（2）《修正商标条例》的主要内容。

因表彰自己的生产、制造、加工、拣选、批售或经纪之商品，欲专用商标者，须依本条例呈请注册。但下列各款之一，不得作为商标：①相同或近似于中华民国国旗、国徽、国玺、军旗、官印及勋章者；②相同或近似于红十字章或外国之国旗、军旗者；③有妨碍风俗秩序，或欺妄公众之虞者；④相同或近似于同一商品习惯上所通用之标章者；⑤相同或近似于世所共知他人之标章，使用于同上商品者；⑥相同或近似于政府所给奖章，及博览会劝业会所给奖牌褒状者（但以自己所受奖者作为商标之一部分，不在此限）；⑦有他人之肖像姓名、商号或法人及其他团体名称者（但已得其承诺时，不在此限）；⑧相同或近似于他人注册商标失效后，未满一年者。

二人以上同一商品以相同或相近似之商标，各别呈请注册时，准实际最先使用者注册，或准最先呈请者注册。其在同日呈请者，非经各呈请人协议妥洽，让归一人专用时，概不注册。同一商人同一商品使用类似之商标，得作为联合商标呈请注册。

自商标注册之日起，由注册人取得商标专用权。商标专用权以呈请所指定之商品为限。商标专用期间，自注册之日起以二十年为限。到期如呈请续展期，仍以二十年为限。商标专用期间内废止其营业时，商标专用权因之消灭。因商标注册呈请所生之权利，得与其营业一并移转于他人，并得使用该商标之商品，多析移转。承受前项之权利者，非呈请更换原呈请人之名义，并经商务厅核准注册者，不得以之对抗第三人。其商标专用权抵押时亦同。

商标专用权除得由注册人随时呈请撤销外，凡有下列情事之一，商务厅得以其职权或据利害关系之人呈请撤销之：①于其注册商标自行变换，或加附记，以图影射而使用之者；②注册后并无正当事由，迄未使用已满一年，或停止使用已满二年者；③商标移转后已满一年，未经呈请注册者，但因继嗣之移转不在此限。

凡经核准注册之商标及关于商标之必要事项，商务厅应登载于《政府公报》，或商务厅所刊行之公报。商标呈表人对于核驳有不服者，自审定书送达之日起，30日之内，得其不服理由书，依法诉愿于广东省政府。

关于商标争议的评定问题。对商标有争议时，得由利害关系人提出请求书于商务厅，请求评定。各当事人所呈之书状，商务厅应抄示对方，令限期具书答辩。评定委员由商务厅厅长指定3人进行合议，以其过半数为决定。有利益关系应行回避。对于评定之决定不服时，自评定书送达之日起，60日内得依法提起诉愿于广东省政府。关于商标专用权事项，有提出民事或刑事诉讼者，应依评定之评决确定后，始得进行诉讼程序。

处罚办法：犯下列各项之一者，处一年以下徒刑或500元以下罚金，并没收其物件：①使用他人注册商标于同一商品，或使用附有他人注册商标之容器包装于同一商品，或以此种商品交付或贩卖者。②意图使用于同一商品，而伪造或仿造他人之注册商标者。③同一商品以与他人注册商标相同或近似之商标，使用于营业所用之广告、招牌、单票及其他交易字据者。犯下列各项之一者，处6个月以下徒刑或200元以下之罚金：①以诈欺取得商标专用权者。②以未经注册而冒称注册之商标使用于商品交付贩卖者。③以冒称之注册商标，表示于营业所用之广告、招牌、单票及其他交易字据者。证人、鉴定人及通译，对于商务厅及其嘱托之行政或司法官署为虚伪之陈述者，处6个月以下之徒刑或200元以下之罚金。但于该案审定或评定之前自首者，得减轻或免除其刑。

外国人民依商标互相保护之条约，欲专用其商标时，得依本条例呈请注册。关于上述商标之处罚及赔偿损害，如涉及外国人民时，有条约特别规定时，依现行条约办理。

据《大本营公报》1924年7月30日第21号所载商标专刊第一次"公告"，下列外国商标准予注册。

①审定美洲瑞芬氏广嗣药露之鹰十字商标。

②审定日本东京服部洋行电器之花瓣商标。

③审定广州翰华公司留香墨汁之双羊商标。

以后《大本营公报》开辟的"商标专刊"登载多起准予注册的国内外商标。

6. 1926 年《黄埔商埠股份有限公司招股章程》

1926 年 7 月 8 日国民政府公布，共 21 条。

本公司定名为"黄埔商埠股份有限公司"。本公司承国民政府之特许，以集资辟黄埔商港，建设码头货栈，经营商埠营业为目的，本公司依照《中华民国股份有限公司条例》注册存案。本公司总事务所设在广州市。黄埔商埠急于经营，所有计划已由本公司执行委员会聘请筑港专家设计测量，准备进行第一步工作。

本公司资本总额定为广东通用毫银二千万元，分为二千万股，每股毫银一元，一次收足。除由政府筹拨一千万元外，其余一千万元由中华各界人民认购。股本分为优先股及普通股两种，由宣布章程之日起，在本国及港澳，两个月内（外埠四个月内）附股交银者，为优先股，股银依照额定九折缴纳。逾期附股交银者，为普通股，股银十足缴纳。本公司股本利息，定为年息一分，依收据所填交款日起，每年付息一次。本公司每年溢利，先除股息，后除花红，其余按股分派，或贮作公积，应由董事会随时议定。

本公司所招股本，一经收足金额四分之一，即行召集股东大会，选举董事成立董事会。在未举出董事之前，暂以政治委员会一人、建设、市政、财政、农工、实业、土地六厅厅长，另由"开辟黄埔商埠促进会"选出 6 人，组成执行委员会，对政府负责，办理招股、保管款项及开埠一切事宜。本公司每一股有一选举权，凡股东皆有被选为总协理、董事及监察之权。本公司设董事15人（由政府股票选举7人，人民股票选举8人），监察9人（由政府股票选举5人，人民股票选举3人，发起开辟本埠各团体选举1人），任期一年，并得连任。总理1人，协理2人，均由董事会任免，其余各职员由总理协理任免。

本公司股东大会每年举行一次，如有特别事故，得随时由董事会召集特别会议。但有股票总额十分之一向监察委员会要求开会时或监察委员会认为有开会必要时，该会须召集特别会议。本公司每届年终总结一次，须将全年收支数目经过情形及资本盈亏报告股东大会，以昭信守。

（四）交通部组织法与电信管理法规

1. 《国民政府交通部组织法》

1926年11月13日公布，共15条。

交通部受国民政府之命令，管理全国铁路、邮政、航政及其他关于水陆空交通之建设及行政事务。

交通部设部长一人，管理本部事务及监督所属职员。交通部长对于各地方最高级行政长官之执行本部主管事务，有指挥监督之责。交通部长对于主管事务，认为各地方最高行政长官之命令或处分有违背法令或逾越权限时，得呈请国民政府予以取销。交通部内设置秘书处、铁路处、邮电航政处，无线电管理处。

秘书处掌理下列事项：关于撰写文书、收发文件、典守印信、保存档案、铨叙职员事项，关于本部会计出纳、编制本部预决算、购办本部需用物及其他庶务事项。

铁路处掌理下列事项：关于管理国有铁路，监督民办铁路事项，统一铁路会计制度、整理铁路统计事项，关于澄清铁路积弊事项，关于铁路建设之设计、促进现有铁路之建筑完成事项，关于监督陆上运输业事项，关于铁路职工之训练及养成铁路专门技术人员事项，关于改善铁路职工待遇及办理路工保险事项。

邮电航政处掌理下列事项：关于管理监督全国邮政事项，办理邮政汇兑及保管邮政储金事项，管理电报省际长途电话及其他有线电交通事项；监督各省民政电话事项，管理沿海及内河航政事项，关于经营国有航业，奖励民办航业事项，监督制造船舶及水上运输业事项，关于训练海员养成航海专门技术人员事项；改善海员待遇保障海员利益事项。

无线电管理处掌理下列事项：关于管理全国无线电交通事项，管理无线电报台及无线电播音事项，经营无线电材料制造厂及无线电器具专卖事项，监督取缔私有无线电台及无线电播音台事项，关于训练无线电技术人员事项。

2. 1926 年《无线电信条例》

1926 年 9 月 25 日国民政府公布，共 12 条。

凡不藉电线之一切电力通信，统称为"无线电信"。无线电信为政府之专有事业。除军用无线电信由军事机关直接管理外，所有公用私用无线电信，均由建设厅管理。

无线电信材料，由政府设立或个人或团体设立之专卖局经售。广播无线电话事业及广播无线电话收音台，由政府设立管理局管理。除广播无线电话收音台外，个人或团体机关如欲设立无线电发报或收报台者，须先呈报建设厅，如有下列理由之一，经核准给予执照，方得设立：①行驶海洋及沿海各口岸之船只，为谋航行之安全；②个人或教育机关为研究试验之用，其研究试验之方法确与无线电学前途有重大关系者；③个人或团体机关，因特殊情形，经建设厅认为有设立电台之必要者。

外国商轮在领海内及各口岸停泊时，非得建设厅之特准给予执照，不得随意用无线电通信。遇必要时，建设厅得限制或停止停泊港内外外国商轮之通报，并得酌派有经验人员卸除其机器之一部或全部。

任何无线电台，在接到海轮呼救电报时，应立即通报最近之救生站或轮船。

凡犯下列各条之一者，得处一百元至五百元之罚金，并没收其机器：①未领执照私立电台者；②已经取消执照之电台，私自通报者；③普通无线电报及广播无线电话之材料，有私制或假冒专卖局标记，或未加专卖局标记者。

凡犯下列各条之一者，得处三个月至一年之监禁，或五百元至二千元之罚金：①电台有违抗政府收用或卸除其机器，如本条例第六条及第八条所规定者（第六条规定：依本条例所设立之无线电台遇有必要时，政府得收管其机器之一部或全部，并得酌情派员使用其机器，以为公众或军事通信之用。第八条规定：遇必要时建设厅得限制或停止其所设立之各电台）；②凡利用无线电以传布假伪消息，煽惑听闻者；③凡扰乱船只呼救或公众及军事通报者。

3. 1927 年《新闻电报章程》

1927 年 3 月交通部公布[①]共 9 条。

国民政府为发扬民众舆论，特准国内新闻电报照三等急电待遇。由电报局或无线电台传递刊登报纸及送交广播无线电台之新闻消息，国内用华英文明语，国外用各种承认之文字明语者，准

---

① 原文未注明公布日期。引自 1927 年 3 月 13 日出版的《国闻周报》第 4 卷第 9 期。

作新闻电报收费。其办法是：①国内，华文每字3分，英文每字6分。②国外，照国外新闻电报价目办理。

报馆或通信社之访员，欲发寄新闻电报，可向电报局或无线电台，领取呈文格式，填就后交由电局或电台，转呈交通部发给凭单。访员发电报应遵守以下各项：①须将凭单缴验。②电文署名用该访员姓名，收电者名称用凭单内开列之名称。③发电局台对电文有疑义时，应解释或予证明。④电文不准或夹杂有私事性质或希图牟利之文字。⑤预付半个月报费于发电局或电台，到期结清。⑥不准拍发报告失实，有妨国民利益社会安宁之新闻电报，查出即行扣留。

凭单以两年为期，不得转让。违反本条例规定者，交通部得酌量取销凭单。

（五）劳工部组织法与劳动法规

1. 国民党改组后关于劳动立法原则的规定

孙中山对保护劳工一向非常重视。早在1920年10月拟制的《内政方针》中，就明确规定"保护劳动，谋进工人生计，提倡工会"。不久在1922年2月24日以大总统名义颁布《暂行工会条例》，这是我国最早的工会立法。

1924年1月国民党改组，在《中国国民党第一次全国代表大会宣言》"对内政策"中，提出"制定劳工法，改良劳动者之生活状况，保障劳工团体，并扶助其发展"。

1926年1月16日，中国国民党第二次全国代表大会专门通过《工人运动决议案》，提出关于改良工人状况的劳动纲领11条。同年10月21、22日国民党中央及各省区联席会议通过的

《本党最近政纲决议案》中，也有关于工人政纲 10 条。综合起来，确定了以下劳动立法的原则：

（1）在法律上，工人有集会、结社、言论、出版、罢工之绝对自由。主张不以资产及知识为限制之普遍选举。

（2）废除包工制，制定劳动法，以保障工人之组织自由及罢工自由，并取缔雇主过甚之剥削，但关于兵工厂及其他军用事业或与军事有关的交通事业，须另定劳工待遇条例，以不妨碍国民革命运动为标准。

（3）主张八小时工作制，禁止十小时以上的工作。限制工作时间，每星期不得超过 54 小时。例假休息照发工资。

（4）修正工会法，改善工会之组织，免除工会间的冲突。

（5）制定最低工资制度。

（6）保护童工、女工。禁止 14 岁以下之儿童作工，并规定学徒制。女工在生育期内，应休息 60 日，并照发工资。

（7）制定劳动保险法，并设立工人失业保险、疾病及死亡保险机关。

（8）改良工厂卫生，改良工人住居，并注意其卫生。

（9）设立劳动实习学校及工人子弟学校，以增进工人普通知识及职业技能。

（10）奖励并扶助工人消费合作社，切实赞助工人的生产合作事业。

（11）设立劳动仲裁会，以调处雇主与雇工间之冲突，务求满足工人之正当要求。

此外，在 1926 年 10 月联席会议通过的新政纲中，还有关于学校教职员和机关职员雇员的若干条，皆属于劳动法的范畴。其主要内容是：提高教职员薪金标准，特别要提高小学教职员的薪金；要正式规定各机关职员及雇员的薪金；薪金要按月发给，不得拖欠；假期及病假期中应受领薪金；要规定死亡之保险，服务过一定年限，应享受养老年金；机关职员和雇员每年应有半个月的休假，假期内仍受领薪金。

上述劳动立法原则，就成为国民政府制定劳动法规的依据，例如1924年10月1日颁布的《修正工会条例》，① 就是依照上述政纲并对参照近几年的新经验加以补充修定的。以后又制定了与劳动立法有关的各种法规。

2.《国民政府劳工部组织条例》

国民党改组后，在中央执行委员会下设立工人部，主管工人运动及一切劳工事务。到1927年武汉国民政府建立后，鉴于工人运动的发展和劳工行政事务的增加，决定在国民政府内设立劳工部，委任全国总工会委员长苏兆征为部长。在省政府内设立劳工厅。

1927年5月15日公布《国民政府劳工部组织条例》12条。

国民政府劳工部直辖于国民政府，管理全国劳工事务，监督与劳工有关系各机关，执行国民政府劳工政策。

劳工部设部长一人，管理本部事务，及监督所属职员。劳工部长于主管事务，对于各省各地方最高行政长官之命令或处分，认为不合法或逾越权限，得呈请国民政府取消之。劳工部内设秘书处、劳工保险处、劳动监察处、失业救济处。设有秘书长和各处长，承部长命令，分掌各处事务。劳工部因监督劳工法令之实施，得派遣指导员及检查员若干人。劳工部得设置参事会，由劳工部聘任参事若干人，以讨论有关劳工事务上的各项重要问题。

---

① 关于《暂行工会条例》和《修正工会条例》的详情，参阅本书上篇第5题。

秘书处掌管：①起草劳工法令事项；②宣传事项；③工会罢工登记事项；④劳工图书编纂事项；⑤撰核文书及收发公布文件事项；⑥典守印信保存档案事项；⑦本部预决算及会计事项；⑧本部庶务及其他不属于各处事项。

劳动保险处掌理：①工资与物价指数之调查统计事项；②全国劳动调查事项；③监督指导各地劳工保险局之工作事项；④工厂设备改良事项。

失业救济处掌管：①失业登记统计事项；②职业介绍事项；③各地失业救济局之管理事项。

劳动监察处掌管：①劳动监查事项；②劳资纠纷事项；③工厂违反劳动法之控诉与处理事项。

3. 《劳工部失业工人救济局组织大纲》

1927 年 5 月 27 日①公布，共 10 条。

国民政府劳工部失业救济局，为救济失业工人巩固北伐后方起见，特设置湖北失业工人救济局。设局长一人，副局长一人，主持本局一切事宜，下设总务科、组织科、宣传科、救济科四科。必要时经劳工部许可，得设立职业介绍所。

救济局的救济事业，暂时只限于武汉三镇之失业工人。必要时，得呈准劳工部之许可，推广救济范围。

据《汉口民国日报》1927 年 6 月 3 日报道：工人救济局于1927 年端午节前，决定普发救济金一次，每人一元，日内分赴各工会散发。在本局登记之失业工人可直接到本局领取。

4. 《劳工仲裁会条例》

1926 年 8 月 16 日国民政府公布。

---

① 此为汉口《民国日报》发布日期。

设立劳工仲裁会的宗旨是为解决劳工组织间的争执，包括工人之纠纷，决定工会范围和其他纠纷或冲突。如农工厅不能解决工人争执时，当即在 24 小时内呈请国民政府设立仲裁会。

劳工仲裁会由政府委派仲裁代表一人及有关系之双方或数方各派代表一人，共同组成。仲裁会的职责是：①调查争执原因；②调查关于争执之各工会的互相关系；③调查关于争执或纠纷之各种事项；④研究有关工会要求条件之曲直。仲裁会须于最短时期调查完竣，然后作出公平判决。

对于仲裁会的判决，如一方或各方不满意，可上诉国民政府。国民政府所认为公平或修改的判决，即为最后的判决，各方必须遵守。

凡工人争执须在仲裁会解决，无论何时各方不得聚众携械斗殴，或有违犯警律或危害公共之行动。两工会发生争执时，双方的行动不得危及第三方。无论何方违反此条例所造成的损失，归其直接负责。

1927 年 5 月 19 日《汉口民国日报》发布《国民党中央执行委员会训令》——特令国民政府执行以下决定：

（1）制定劳资仲裁条例，由劳工部及各省政府组织劳资仲裁机关，解决工人厂主间及店主间之各种冲突。

（2）制定劳动法，工厂商店分别规定一定工作时间，并按当地生活情形，规定工资之数目，及工人养老金，及各种劳动保险。

（3）制止工人店员之过度要求，并禁止其干涉厂店之管理。另由总工会与商人协会组织特种委员会，审查工人店员之要求条件，并加以相当之限制。

（4）工会或纠察队对于店主或厂主有恐吓罚款及擅自逮捕，

或用其他压迫方式者，一律严禁。劳资双方有纷争者，须陈述于仲裁机关解决。

（5）外人在华经营工商业者，应由外交当局根据上列各项原则办理。

5.《工商联席会议决议案》

湖北全省总工会全体执行委员与汉口特别市商民协会全体执行委员，于1927年5月16、22日举行联席会议，在工商联合的原则指导下，对急需解决的若干问题，作出以下14项决议，明确规定店东和店员的权利义务。这也是当时劳动立法和正确处理劳资关系的重要成果。

（1）改良店员待遇问题。①营业室内夏季须设置电扇或风扇，冬季须设置火炉或火盆。②夏季店东要给店员备送汗衫和手巾各一件。③每月朔望日店家须备办较优的肴馔。④店中须备置经常救治药品。

（2）店员工作时间问题。①店员每日工作时间在十一小时以内者，照旧，十一小时以上者，一律改为十一小时。②在工作时间内，店员不得自由离店，如有要事，须经店东或管事的许可。③在工作时间以外店东不得限制店员的活动。

（3）工商界线问题。①凡手工业之店东，自己作工又雇有工人者，应一律加入商民协会。②手工业中自做自卖（如逢衣，做鞋等）而未雇佣工人者，仍属劳动性质，则加入工会。③凡独立贩卖之小商店而未雇佣店员之店主，则加入商民协会。④商店之经理多半为店主的代理人，应加入商民协会。⑤股份组合之商店，其股东同时又服务于店内者，则加入商民协会（但担任店员的股东则加入工会）。⑥半工半商性质的摊担职业者，有的加入工会，有的加入商民协会。为了避免民众组织内部冲突，一律退出原会籍，另组织摊担联合会，直属市党部。

（4）劳动童子团问题。①童工在商店每日工作时间以八小时为限，在工作时间内须受店东的正当指挥。童工每星期中得休息半日，作为教育训练时间。②店东担负童子团服装费，但以一次为限。童工集会店东预留膳食。

（5）用人问题。①工会及店员不得强迫店家加用店员。②店员有不正当行为或不服店家正当管理，店东可先通知店员工会予以辞退；③平时辞退店员，依照《解决工商纠纷委员会决议案》9条规定办理。主要内容是：凡在工会现任职务者，不得辞退（但有私人过失者例外）；有实据证明商店亏本不能支持者，得收歇，但须有营业状况证明；店员如有重大过失者，得辞退之，但必由工会另行介绍；学徒除有不端行为者，不得辞退；店家加用店员，由店员总工会之职业介绍所予以介绍，试用期为一星期。

（6）营业收歇问题，由全省总工会与商民协会审查解决，如不能解决时，得呈请政府仲裁机关解决。①在未解决之前，店东不得有运货私逃等事，店员不得逮捕店东或管理店产等事。②如店东弃店私逃时，其财产由商民协会及全省总工会处理，但须尽先发给该店员之救济金，并呈政府备案。

（7）营业管理问题。①店员及店员支部不得干涉店家之营业管理权。②店员应促进商店之发展，在工作时间不得怠忽工作。

（8）工商谈判问题。①由全省总工会与商民协会组织工商俱乐部解决一切工商间的纠纷。店员工会亦得加入工商俱乐部，共同处理各项问题。②店员支部不得单独向店家提出要求，店家亦不得单独承认店员支部之要求。

（9）工人对店东算总账问题，已由全省总工会通告制止。其有特别情形者或发行纠纷时，由工商俱乐部解决。

（10）码头工人运货问题，由全省总工会、商民协会及武汉码头总工会，及武汉市政府、市公安局各派代表共同商定解决。

（11）救济失业工人问题。①商民协会须筹措失业工人救济金。②由工商联合会名义呈请政府迅速恢复铁路通车及长江通航，饬令各军队不得驻扎民房并恢复建筑业。

（12）停工参加大会问题，由总工会通告全体工人，停工参加大会每年以两天为限。纪念日得商民协会同意可全体参加，或依政府决定执行。

（13）抑平物价问题，由商民协作筹划市面各种必需品之充分供给，并组织物价委员会限制各种物价之过分增涨。

（14）工商联合问题，由全省总工会与商民协会共同发表工商联合宣言，并作广大之宣传，筹备召集工商扩大代表大会，并由双方推出负责人员。总工会推定向忠发、刘少奇、董锄平3人，商民协会推定刘云生、刘一华、毛晋阳3人。

6. 劳工部布告——巩固工商联合战线，保护工人阶级利益

1927年6月17日劳工部长苏兆征发布。

最近国民政府增设农政劳工部，就是要把农工政策见诸实施。本部长向为海员，于工人阶级被压迫的痛苦既经身受。现在奉长劳工部，自当依照本党所定政策，为工人阶级谋得种种利益。关于劳工保护、劳动保险、失业救济等法令条例，当于最短期间，次第公布，以为工人利益的保障，并设立劳资仲裁机关以谋解决劳资间种种纠纷。凡我革命民众，应该深切了解，只有工人农民的生活改善，购买力增加，工商业者才能发展。工人农民与工商业者利害相同，自应联合一致。

不幸近来因帝国主义者及其走狗军阀买办阶级的造谣中伤，商民有堕其奸计中者，对工人运动，疑虑横生。同时，工人农民甫经解放，不免有初期的幼稚行动，遂使工农与工商业者的革命同盟发生罅隙。最近中央对于巩固革命同盟，已经三令五申，本部自当切实执行。此后各劳工团体或个人，如有违反中央迭次训令之幼稚行动，准即据情呈报本部当依法彻究，决不偏袒。其有藉词蒙蔽，假以摧残劳工团体或个人者，本部长为保护工人利益，亦当依法彻究不贷。各省官厅对于工人团体，尤应切实保护，毋得藉端压迫，致干未便。

（六）农政部组织法与农政法规

1. 国民党改组后关于农民政纲的规定

1926 年 1 月，中国国民党第二次全国代表大会通过的《农民运动决议案》，指出中国农民的人数占全人口的百分之八十以上，故中国之国民革命，质言之，即是农民革命。吾党为巩固国民革命之基础，惟有首先解放农民，无论政治的或经济的运动，均应以农民运动为基础。党之政策，首须着眼于农民本身之利益，政府之行动，须根据于农民利益而谋其解放。基于上述理由，大会提出农民运动的政纲，包括政治的 8 条，经济的 11 条，教育的 3 条。1926 年 10 月，国民党中央及各省区联席会议通过的《本党最近政纲决议案》中，关于农民者 22 条。1927 年 3 月国民党二届三中全会通过的《农民问题决议案》，提出 10 项具体政策方针。后者概括了当时农民政纲的全貌，简述如下：

（1）政府应立即着手建立区乡自治机关，管理区乡一切行政、经济、财政、文化等事宜。农民协会应成为组织与指导此自治机关的中心。

（2）区自治机关内应设立土地委员会，由农政主管机关派员及农民协会代表组成。以筹备土地改良及实行政府所规定关于土地整理与土地使用之各种办法。

（3）所的乡间不属于政府军队之武装团体，必须隶属于区或乡的自治机关；如有不服从者，即应依照处置反革命条例处办。区乡自治机关有改组此等武装团体的权力，使之成为保卫乡村人民的武力。

（4）本党联席会议关于减租25%的决议，应于本年内完全实行，田租契约应向乡自治机关注册。乡自治机关与农民协会得决定当地最高租额，并监视不得超过。废除一切租约内或租约外的任何苛例。由政府下令准许亲身耕种之佃农有永久使用土地权；非地主收回亲自耕种，不得调田另佃；如佃农自愿退田或地主收回亲自耕种时，佃农对土地所增善者，应得相当报酬。

（5）区乡公地及庙产，政府应下令饬其交给区乡自治机关管理。各宗族公有之祠堂地产，须禁止族长或少数豪强分子把持，致违反宗族内贫困者的利益。

（6）政府应严重处罚贪官污吏、土豪劣绅及一切反革命者，并应没收其土地财产。此等土地财产属于区乡者，视为人民所共有。

（7）旧有田税法则，急应改革。征收于农民的种种苛捐杂税，本应逐次废除。政府应从速规定与当地需要相当的划一税率。如此方可减轻农民负担。

（8）为减轻高利贷剥削，政府应明令禁止高利贷盘剥，规定利率不得高过年利二分或月利二厘，并禁止利上加利。国民政府农政部应从速确定办法，以解除农民因债务所受之痛苦，并应设法立即组织农民银行，年利百分之五，贷款给农民。

（9）为防止地主及奸商抬高粮食价格及救济天灾时之贫困农民，政府应准许区乡自治机关请求农政主管机关，给以管理粮食出口及保存一部粮食之权。

（10）国民政府应加紧筹备以下各问题，预备提交下届中央执行委员会全体会议：①付租须经由区乡自治机关，由政府从租内扣除田税；②实行民主制度之县政府；③组织独立的、民主主义的司法制度，以解决由土地发生的问题及其他问题；④解决贫农土地问题的具体办法。

2.《农民协会章程》和《农民运动委员会组织大纲》

1924 年《农民协会章程》

1924 年 6 月 24 日，国民党中央执行委员会制定，经大元帅孙中山核准公布。

在中央执行委员会的呈文中提出：本会以为欲实现本党对内政策所列举之农民政策，一方固应由政府以政治之设施，为贫苦之农民实行解放；一方尤赖贫苦之农民能建立有组织有系统之团体，以自身之力量而拥护其自身之利益。爰为拟订农民协会章程，建议于政府批准实施。

《农民协会章程》共 15 章 83 条，各章名称是：总则、农民协会会员、会员之权利与义务、农民协会之组织、全国农民协会、省农民协会、县农民协会、区农民协会、乡农民协会、纪律裁判委员会、任期、纪律、经费、农民协会与其他机关之关系、章程之实行。其主要内容如下：

（1）章程规定了会员条件和入会手续。本章程所称农民者，是指自耕农、半自耕农、佃农、雇农和农村的手工业者。凡居住在中国的人，不论国籍、性别，凡是年满 16 岁，履行了入会手续的，皆得为本会会员。凡有下列情形之一者得拒绝入会：①有田百亩以上者；②以重利盘剥农民者；③为宗教宣教师者，如神甫、牧师、僧道尼巫等；④受外国帝国主义操纵者；⑤吸食鸦片及嗜赌者。关于入会手续和要求是：①填写入会志愿书。②承认并遵守本会章程。③承认恪守本会纪律。④缴纳入会金及月费。并规定凡农民入会须由该乡全体会员大会3/4通过，并经区农民协会执委会批准。开除会员，大体与上述规定相同。

（2）关于会员的权利和义务。①会员在各级会员大会均有发言权、表决权及控告权；②依照章程，选举或被选为农民协会职员及代表之权；③会员须遵守章程与纪律，服从本会决议案，如有违背及破坏者，均受纪律制裁。

（3）关于农民协会的任务，有以下5项：①实行协会之决议及口号；②宣传三民主义之农民政策，并从事三民主义建设的工作；③宣传农民与工商间经济之关系及联络扶助之方法；④提倡合作事业；⑤厉行禁止烟赌。还规定农民协会得设立下列组织：①农民自卫军。②农业改良部。③雇农部。④佃农部。⑤手工业部。

（4）章程规定了各级农民协会的成立程序是：有3个乡农民协会成立后，即组织区农民协会；3个区农民协会成立后，即组织县农民协会；5个县农民协会成立后，即组织省农民协会。最先成立的省农民协会，得兼摄全国农民协会职权。待三个省农民协会成立后，即组织全国农民协会。章程还规定了各级农民协会的组织机构和职权。

依照这一章程，各级农民协会在国民政府管辖地区，取得了合法地位，因而推动了农民运动的发展。至1927年6月根据国民政府农政部对16个省的统计，全国已有广东、湖南、湖北、江西、河南五省成立了省农民协会，安徽正在筹备成立省农民协会。县农民协会共计 201 个，区农民协会 1102 个，乡农民协会16144 个，村农民协会 4011 个。会员总数为 9，153，093 人。

1926 年的《农民运动委员会组织大纲》

在中国共产党的推动下，国民党中央执行委员会第 26 次会议于 1924 年 5 月决定组织农民运动委员会，以辅助国民党中央农民部的工作。1926 年 1 月国民党第二次全国代表大会后，林祖涵任国民党中央农民部长。2 月 5 日农民部发布通告，由农民部拟定的《农民运动委员会组织大纲》和委员名单，经中央第二次常委会批准公布。委员名单是：林祖涵、毛泽东、肖楚女、阮啸仙、谭植棠、罗绮园、甘乃光、宋子文、陈公博等。

《农民运动委员会组织大纲》，共 8 条：①农民运动委员会之设立，为辅佐中央执行委员会农民部进行工作，由农民部主管。②农民运动委员会之委员，必须经农民部介绍，提交中央执行委员会通过。③委员会的主席为中央农民部部长。④委员会所议决之事项，统交农民部执行。⑤委员会至少每星期开会一次，如遇特别事故时，得开临时会议。⑥委员会对中央如有建议时，交农民部提出。⑦委员会人数不定，但至少有 7 人以上。⑧委员会得聘请对于农民运动有经验之外人为顾问。

1927 年 3 月 26 日，中央农民运动委员会举行扩大会议，讨论筹备组织全国农民协会问题。决定组织中华全国农民协会临时执行委员会，临时执行全国农民协会的职权及筹备召开全国农民代表大会事宜。全国农协临时执行委员会由 13 人组成，邓演达、谭延闿、毛泽东、谭平山、陆沉任常务委员，彭湃为秘书长。4 月 9 日全国农民协会临时执委会开会，确定代表选举标准，以县为直接选举区，县农协会员满 1 万人者推选代表 1 人。并具体分配各省代表的名额。代表资格，以纯粹农民为原则，如非农民，必须从事农运具有劳绩，得农民信任者。会期因故一再延期，最后确定于 10 月 1 日举行。后因政局骤变，全国农民协会没有正式建成。

3. "二五减租" 政策的提出及实施

为了减轻农民的地租负担，各地农民运动中皆规定实行减租。减租标准各地不一。一般依照田地的肥瘠情况，副业的多寡，押金的轻重和押金利息的有无，减少原租额的 5% 至 30%。孙中山在 1924 年 11 月离粤北上以前，总结广东各地实行减租的经验，提出了 "二五减租" 的政策。这一论断的根据之一，是 1926 年 10 月 1 日鲍罗廷所写的《土地问题》。鲍说："二年前总理说自（己）签字一个命令，即减少农民纳租税——从百分之五十中减少百分之二十五。使此命令能执行，农民即可减少十二石半谷了（以百石为标准）。此命令为我在广州所亲见，现仍存在公文库中。……此命令我认为总理遗嘱中最重要的一项。为何此命令未执行？因为当时国民党没有力量去执行"。[①] 根据之二，即恽代英在《国民党中央及各省区代表联席会议之经过》中说："有一条政纲，就是要规定要减少田租百分之二十五。这条政纲，总理在北上之前，已经定下，但因总理北上之后，有种种之关系，省政府的人，把他放在箱子里锁起来，现在找了出来，依然规定下来了"。[②]

自 1926 年 10 月国民党中央及各省区联席会议正式确定实行 "二五减租" 政策之后，在农民运动深入地区，即开始按此规定执行。如江西省农民代表大会 1927 年 3 月决议案规定："依照中

---

① 《鲍罗在中国的有关资料》，中国社会科学出版社，1983，第 603 页。

② 《恽代英文集》（下），人民出版社，1984，第 893 页。

国国民党联席会议决议案，一律减轻佃农佃租百分之二十五"。

现在保存下来的湖南浏阳县农民协会印制的《承佃契约》，①就是实施"二五减租"的佐证。这一契约的原件，是自右向左竖写的，分为两部分。右面约占 3/4 是"承佃契约"的内容，左面 1/4 是"说明"，规定了有关政策及双方应遵守的权利义务条款。

《承佃契约》的全文是：

> 立承佃字人涂礼和，今凭介绍人戴科阳，佃到谢有名所管浏阳第九区第二乡，地名石烟冲袁家塘税田壹亩贰分，计四坵。原租谷叁石整。遵照中央政府条例，每石减租谷贰斗伍升整，二8扣（即七五折，参见注释②），实租谷贰石贰斗伍升整。当凭当地农协证明，两无异言，此据。
>
> 　　　　　　　　　　　　　　发佃人　　　谢有名
> 　　　　　　　　　　　　　　承佃人　　　涂礼和
> 　　　　　　　　　　　　　　介绍人　　　戴科阳
> 　　证明人浏阳第九区第二乡农协执委长　　戴克文印
> 中华民国十六年六月初五日

《说明》的全文是：

> 承佃人所佃之田土屋宇山岭等业，在右方所管字样之下，申诉明白后，接写"当由承佃人出备押金洋若干，交

---

① 《历史教学》，1964 年第 7 期，第 40 页，附有《承租契约》原件照片。

② 此为中国传统民间数码的一种，从一至十的写法是：丨、刂、川、乂、8、一、二、三、攵、十。如一、二、三连用，应写为"丨=川"。

与发佃人收讫。此项押金自承佃之日起，应由发佃人出备年息若干，交与承佃人收用。承佃人则每年完纳租谷若干（或某种租谷若干）。年岁丰收，不得短少；惟遇水旱荒歉，认为应予减免时，得请凭本地农协秉公酌定，双方不得无理争执。至于整理屋宇，修培塘圳，其材料工资伙食，应由发佃人负担。承佃人对于发佃人之屋宇山岭，如应负维持之责者，应切实维持。日后契约解除时，业产与押金，双方发还。此系□□（原件两字不清）同意，相应订立佃约，各执一纸为据"等字样。

4. 土地问题决议案和《佃农保护法》

土地问题决议案

1924 年 1 月《中国国民党第一次全国代表大会宣言》提出："私人所有土地，由地主估价呈报政府，国家就价征税，并于必要时依报价收买之，此则平均地权之要旨也"。同年 8 月 21 日，孙中山《在广州农民运动讲习所第一届毕业礼的演讲》中，又提出"耕者有其田"的口号。其实施方案是采取"让农民可以得利益，地主不受损失"的"和平解决"办法。就是"照地价去抽重税；如果地主不纳税，便可以把他的田地拿来充公，令耕者有其田，不至纳租到私人，要纳税到公家。"[1]

到 1927 年，南方各省的农民运动蓬勃发展起来，广大农民强烈要求得到土地。同年 3 月，在国民党二届三中全会上，毛泽东、邓演达、陈克文等提出了解决农民土地问题的主张。经过会议讨论决定组织土地委员会，负责讨论这个问题，并拟定解决办

---

[1] 《孙中山全集》第 10 卷，中华书局，1986，第 554~558 页。

法。会后，于同年4月2日武汉成立"中央土地委员会"，邓演达、徐谦、顾孟余、毛泽东、谭平山5人为委员，邓演达为主席。土地委员会在一个多月的时间内先后召开过三次土地委员会会议，六次扩大会，四次专门审查委员会会议。特别是扩大会议，有的竟达70多人，包括了国民党、共产党和军队的军政要员以及各省市党部和从事农民运动的负责人。经过激烈争论，最后拟制了7个决议案。即：①《解决土地问题之意义决议案》；②《解决土地问题之纲领决议案》；③《解决土地问题决议案》；④《农民政权与解决土地问题决议案》；⑤《佃农保护法决议案》；⑥《革命军人土地保障条例决议案》；⑦《处分逆产条例决议案》。

但上述决议案，提交国民党中央政治委员会讨论时，却遭到许多委员的反对和指责。结果只通过了两个决议案，一个是《佃农保护法》，一个是《处分逆产条例》，并以武汉国民政府名义公布生效。其他五个决议案，却被否决了。因而，农民的土地问题当时没有得到解决。

1927年《佃农保护法》

1927年5月10日武汉国民政府公布。

由于地租制度非常复杂，各地租额高低相差悬殊。在地租过高地区，既或实行"二五减租"之后，其租额仍然很高。为了改善贫苦佃农的生活，武汉国民政府制定了《佃农保护法》10条。明确提出佃农缴租不得超过收获量的百分之四十。《佃农保护法》主要内容是：

（1）租种官有、公有、私有田圃、山场、湖池、森林、牧场等之佃农，皆应受本法之保护。佃农对于地主，除缴纳租项外，所有额外苛例，一概取消。

（2）佃农缴纳租项等，不得超过所租地收获量的百分之四十。实际交纳数量，由各地地方政府会同当地农民协会，按照当地情形规定之。

（3）包租及包租制，应即废止。凡押金及先缴租项全部或一部等恶例，一概禁止。

（4）佃农缴纳租项应在收获时缴纳。如遇岁歉或天灾战事等，佃农得按照灾情轻重，有要求减租或免租的权利。

（5）佃农对于所耕土地有永佃权，但不得将原租土地转租别人。

（6）凡佃农与地主间之契约，必须报请区乡自治机关备案。

5.《国民政府农政部组织条例》

1927 年 5 月 19 日公布，① 共 12 条。

国民政府农政部直隶于国民政府，管理全国农政事务，监督与农政有关的各机关，执行国民政府保护农民之政策。农政部设部长一人，管理全部事务及监督所属职员。农政部长于主管事务对于各省各地方最高行政长官之命令或处分，认为不合法或逾越权限，得呈请国民政府取消之。农政部内设置秘书处和一、二、三、四处。秘书长及各处长秉承部长命令，分掌各处事务。农政部设有参事会，由农政部长聘任参事若干人，以讨论农政事务上各项重要问题。

秘书处掌管：①关于起草农政法案事项；②关于宣传事项；③关于农民组织登记事项；④农政图书编纂事项；⑤撰校文书及收发公布文件事项；⑥典守印信保存档案事项；⑦本部经费预决算及会计事项；⑧本部庶务及其他不属各处事项。根据上述规

① 此为汉口《民国日报》发布日期。

定，5 月 24 日公布《农政部秘书处组织条例》8 条，秘书处设秘书长一人秘书若干人，下设一、二、三科，科下分股办事。

第一处掌理：①县区乡自治机关事项；②地方行政事项；③行政区域事项；④农政考绩赏罚事项；⑤养成训练地方自治人员事项。

第二处掌理：①农民武装自卫事项；②农政公安事项。

第三处掌理：①土地收管及分配事项；②土地改良及水利事项；③农政技术改进事项；④雇农佃农小农等保护事项；⑤增进农村经济筹设农民银行合作社等事项。

第四处掌理：①农政调查事项；②农政统计事项；③土地图志事项；④国籍户籍等事项。

国民政府农政部部长谭平山于 1927 年 5 月 20 日就职视事。国民政府任命罗绮农为农政部秘书长。

6. 农政部布告——阐明扶助农民政策，纠正农民幼稚行动

1927 年 5 月 26 日农政部发布。

今后农村居民，凡同情于革命者，皆应集合于本党政府保护农民政策之下，共谋新制度之建设，以促民生政治之实现，早日享有安居乐业之幸福。至于反革命分子如何肃清，土豪劣绅如何惩办，农村附逆如何处分，应按照本党政府最近所颁各种条例，一概交由政府机关办理，不得自由行动。如有违犯，定必严惩。

本部一面自当督促所属，于最短期间，建立县区乡自治政府，改良农村经济，巩固农村自卫，普及农村教育等，以切实保护农民利益。

最近对于农民所发生幼稚举动加以制止者，并非对于保护农民政策有所变更。各地方长官应体会此意，善为诱导，倘有挟意曲解，藉此挟制农民，定当严办不贷。仰各民众暨各县长，一体知悉。

十五　其他直属机构及其有关法规

（一）法制委员会组织法与修正民律草案及
起草《国民会议组织法》

1. 1924 年孙中山谈组织法制委员会的目的

1923 年建立大元帅大本营时，设有法制局，后改为法制委员会。1924 年 4 月 18 日，孙中山于大元帅府与廖仲恺、戴传贤、林云陔、吕志伊等法制委员谈话时，提出组织法制委员会的目的，要做好以下三件事：①

第一，要把现在广东各机关的组织条例，全部拿来审查。整理行政的系统，改善行政的组织。在审查时应该要求各该机关的人列席，"求事实的明了和理论的贯彻"。

第二，要把一切现行的法律，全部拿来审订。和民国建国精神相违背的地方，通要改过，并且一方（面）要求适合于革命时期中的行使，一方面要求适合于国家和人民的需要。

第三，要审定法院编制和司法行政的组织。我们一个着眼在

①《与大本营法制委员的谈话》，《孙中山全集》第 10 卷，中华书局，1986，第 84 页。

除弊，一个着眼在便民。能除弊方能确立司法的尊严；能便民方能完成司法的效用。至于法官和律师的考试，也是一件要紧的事情。委员会要制定考试的通则和法官律师考试的专则。法制委员会即根据上述精神，着手拟制各种法律条例。其详情参见本书的相关章节。

2. 1924年《大本营法制委员会处务规则》和《会议规则》

《大本营法制委员会处务规则》

1924年5月8日大元帅核准备案，共21条。

本会分为两组。第一组掌拟订或审定关于法律事项。第二组掌拟订或审定关于行政制度事项。委员长及委员须担任一组或两组事务。

委员长或委员对于各种法制，认为有拟订之必要时，得提出经本会可决后，再依组分任起草。大元帅及各部院送交审查之法制案，应由委员长依其性质交主管组审查后，提交本会讨论。

委员长对于本会秘书处职员有监督指挥之权。秘书处设立文牍股和庶务股。

《大本营法制委员会会议规则》

1924年5月8日大元帅核准备案，共12条。

本会会议，每星期举行一次。但有特别事故得由委员二人以上之提议，由委员长召集临时会议。会议由委员长主席。委员长因故缺席时，由委员公推一人为主席。

本会议决下列事项：①大元帅发交之件；②各部院送交之件；③本会委员提议之件。担任审查或起草之委员，审查或起草完竣，先交委员长付印，分送各委员审阅，于会议席上公决。会议日程连同审查案于两日前分送各委员。

本会议以有全体委员三分之二以上之出席，方能开会。以出席委员三分之二以上之同意，始得议决。提议各案一次不能议决者，应由委员长宣告延会。

3. 1925 年国民政府法典编纂委员会和《法制委员会组织法》

1925 年国民政府成立时，决定设立"法典编纂委员会"。同年 7 月 22 日任命林翔、卢兴原、陈融、林云陔、曹受坤为法典编纂委员会委员。

1925 年 9 月 5 日国民政府决定将法典编纂委员会改为法制委员会。委员多由法院人员兼任，或具有充分法律学识及经验者。

1925 年 9 月 29 日公布的《法制委员会组织法》规定：

法制委员会直隶于国民政府，掌理拟订或审定一切法制事宜。

法制委员会置委员 7 人，由政府派充。会务由委员会议议决。关于法制之起草及审查，由委员分任。

1926 年 4 月 12 日，国民政府令，将法制委员会改为法制编审委员会。委派林翔、卢兴原、林云陔、陆嗣曾、杜之秋、湛桂芬、陈芝昌、于若愚、卢文澜为法制编审委员会委员。

4. 1926 年《法制编审委员会组织法》

1926 年 6 月 1 日公布，共 11 条。

法制编审委员会直隶于国民政府，掌理编订及审定一切法制事宜。法制编审委员会置委员若干人，由国民政府派充，互选一人为主席。

法制编审委员会内附设法律讨论会，其会员由法制编审委员会函聘法学专家充任。

会务由委员会议讨论决定。会务会议非有过半数委员出席，不得开会，非有出席委员过半数之同意，不得议决。可否同数时，取决于主席。关于编订及审定各项法令，由委员会议指定或分任。

　　在这一时期内，国民政府令法制委员会或法制编审委员会起草了许多法律草案。但对于修正《民律草案》和起草《国民会议组织法》则鲜为世人所知。特将此两案录后，供研究中国立法史者参考与重视。

5. 国民政府关于修正《民律草案》令二则

　　（1）国民政府于 1925 年 12 月 15 日发布第 241 号令——关于修正民律草案问题。

　　　据司法调查委员会呈称：窃以司法官员以依据法律为唯一之职责，现我国法律诸待编制。其中尤以民律为关系重要。现在民律未布，司法官根据前清不完不备之现行律，[①]引律既穷，则据该法官之所谓条理者，以行武断。以此确定人民权利，至为危险。查前清法律编查馆所编之民律草案，[②] 选择各国民律至精之法理，又派员调查各省之习惯，审慎周详，始成此律。民国元年本经南京临时议会通过。[③]

---

　　① "现行律"，即指《大清现行刑律》，1910 年（清宣统二年）颁布。是在《大清新刑律》颁布之前暂时适用的过渡性法典。主要是刑法内容，但也规定民事条款，单独分出，以示民刑区分。

　　② "民律草案"，是指《大清民律草案》，自 1907 年（清光绪三十三年）至 1911 年（清宣统三年）8 月完成。但未正式颁布。史称"第一次民律草案"。

　　③ 南京临时政府参议院于 1912 年（民国元年）4 月 3 日通过的《新法律未颁行以前暂适用旧有法律案》确定："惟民律草案，前清时并未宣布，无从援用。嗣后凡关于民事案件，应仍照前清现行律中规定各条办理。"

十年三月二日军政府复修正而颁布之。① 其时高等审判厅长
陈融以其中数条有不适用，呈前大理院长徐谦，呈奉大总统
命令，交大理院核议，延其施行。② 延至今日，延期已久，
而大理院并未核议。夫恶法胜于无法，况该草案经中外法律
大家编订，精良如前所述。本会为民律急待颁布起见，特具
文呈请钧府准予将该民律草案发交法制委员会迅予审查，如
果有修正之必要，限以一月之内修正完毕，呈请钧府令颁
布，俾法官有所拘束，人民得所保障。是否有当，理合呈请
察核施行。

国民政府令批如下：呈悉，候令行大理院将该民律草案提交
法制委员会审查，于两个月内修正完毕，呈请颁布，仰即知照。

（2）国民政府 1926 年 3 月 25 日第 147 号令——关于修正民
法草案问题。

现据司法行政委员会呈称：法制委员会委员林翔等呈请指定
修正民律草案方针一案，经国民政府常务委员会 2 月 6 日议决，
交司法行政委员会议复。

按原呈分甲乙两主张。甲主张该草案系上稽我国历代法
例，旁参德、日民法，荟萃中外名流，讨论数载，纵有小
疵，不无可取。宜择其中窒碍难行者，酌为修改，余仍其

---

① 1921 年孙中山在广州重建"军政府"后，于同年 3 月 2 日颁布了《修正民律草案》。但
　这一重要史实，却鲜为人知，因而在中国立法史未引起重视。笔者曾试图查找这一民律
　草案的原文，但目前尚未查到。
② 据《孙中山全集》第 5 卷第 575 页所载，大总统于 1921 年 7 月 14 日发布《命民律延期
　施行令》指出："据大理院长徐谦呈称，民律已届施行期，唯审察社会现制及各地风俗
　习惯，尚有应行修正之处，拟请暂缓施行等语。民律着延期施行，仍交该院长审拟办
　法，呈候核夺。"

旧。乙主张法律为社会之产物，宜适应社会之潮流，尤须毋背国宪。先大元帅宣示，以党治国，吾党党纲，即国民政府之宪章。该草案关于物权、债权，亲族、继承等编，与党纲之妇女解放、平均地权、节制资本，无一相合，非彻底改造不可。以上两种主张，彼此参照，皆不乏相当之理由。惟查吾国民律草案原取材于德、日。德民法颇称完备。然其施行之期，距今不过五十余载，则缔造之艰，已可窥见一斑。次就日本民法而论，明治6年即着手编纂，先后由名士箕作麟祥及法国之法律学者巴苏那数十人，详细考虑，复经元老院之审查修正。至明治28年，总则、物权、债权三编草案始定。明治30年亲族、相续二编草案始定，尤足证立法之不易。若将党纲加入，势非延长期间不能蒇事。则当民律未产出之际，全国人民之权利义务，无由昭划一而臻于明确，而司法官之裁判，反得以己意为左右，其弊必有不堪胜言者。况查该草案经先大元帅在粤时，由前大理院长徐谦呈准修正补行，公布在案，虽因局部之反对，未克实行。然以作为暂行法，亦当不至于谬妄。……不过以法治国，不可一日无法。就其中显与国宪相抵触者酌量删改，俾得暂时应用，并非为永久之昭垂而一成不易者也。至加入党纲，以求适合乎民情，乃当然办法。本党第二次全国代表大会亦有督促政府从速依据党纲制定保护农工、男女平等种种法律之议决案，是以本会主张仍由法制委员会遵照前令，于两个月内将民律草案修正，呈请公布日时。仍请钧府明令该会为根本上之讨论，另编新民法，以备采择施行。综上观察，是甲乙二主张，均属不可偏废，不过缓急之不同耳。

国民政府常委会令批：呈悉，准如所议办理，仰候令行法制编审委员会遵照。

但是，在这一时期内，法制编审委员会并未完成对于民律草案的修正工作，而于1926年10月4日奉国民政府之命，"着即裁撤"。

6. 国民政府令法制委员会起草《国民会议组织法》

1926年3月31日发布。

　　据广东东江各属行政委员周恩来呈称：东江各属行政大会第十七次会议临时动议案——请国民政府颁布国民会议组织法，令先由广东各地职业团体代表（依总理所规定），开人民代表会议，将来由县而省而国，得尽力推行，以促成全国国民会议之实现一案。窃查中国近状，代议制度既经破产，职业团体代表会议实将代之而兴。去岁总理北上，明白宣言，召集以职业团体为单位之国民会议，各地人民闻风响应。一时国民会议促成会几遍见于全中国，总会亦成立于北京。卒因帝国主义及其工具军阀之嫉忌压迫摧残，以至功亏一篑。总理已没，余痛犹存。今者北方时局混乱，帝国主义军阀自身均呈崩溃之象。全国人民复以自身环境之关系，需要真正统一之国民政府。而先总理所发起之国民会议，实为适应此需要唯一手段。弟以各地人民组织不一，指挥既难齐一，收效自当减少，既负人民自身之希望，复有愧于总理遗嘱中所指示，须于最短期间促其实现之至意。而欲求组织整齐，指挥灵便，以须统一之法令或规程，方可收其成效。理合将请求颁布国民会议组织法，令各缘由备之呈请钧核，伏乞俯赐察核，从速颁布，俾得有所遵循。是否有当，乞批示只遵等情。

国民政府令批法制委员会："仰该委员会即将国民会议组织法起草，呈候核定颁布。"

同时，还于 1926 年 3 月 31 日，另批广东东江各属行政委员周恩来：呈请颁布《国民会议组织法》事，"已令法制编审委员会起草矣"。

此项《国民会议组织法》虽未见公布，但对于准备召开国民会议，当时却取得了共识。并确定由社会各界职业团体推选代表，先开县民会议、省民会议，最后召开国民会议，以此作为过渡性的人民代表机关。

（二）侨务机关组织法与侨务法规

1923 年成立大元帅大本营时，在内政部设置侨务局，主管华侨事务。国民政府成立后，于 1926 年设置直接隶属于国民政府的侨务委员会。先后制定若干侨务机构的组织法规以及侨务管理法规。

1. 1923 年大本营内政部《侨务局章程》

1923 年 12 月 26 日大元帅核准公布，15 条。

内政部设侨务局，掌管下列事项：①关于保护回国华侨事项。②华侨子弟回国就学事项。③保护旅外华侨之内地家属及财产事项。④提倡奖励华侨回国兴办实业事项。⑤导引华侨回国游历内地及其招待事项。⑥襄办华侨选举国会议员事项。⑦奖励华侨举办慈善公益事项。⑧介绍华侨为中外出产贸易事项。⑨华侨教育及学校注册事项。⑩海外华侨设立商业会所及其他公共团体之监督保护事项。

侨务局关于下列事项得斟酌情形，呈由内政部长咨商外交部，令饬交涉员及驻外使领馆协助办理：①关于调查保护华侨工商业事项。②劳工海外移殖及应募事项。③调查华侨生活及工作状况事项。④调解华侨争执事项。⑤华侨户口调查及国籍事项。

内政部设侨务委员会，为评议机关，遴选回国华侨之学识优裕者充任。设侨务顾问若干人，由部长聘请熟悉侨务名望素孚者充任。侨务局设局长一人，由大元帅简任。局内分科办事。必要时得增设驻外侨务官及调查员，由部长委任。

凡华侨回国及出外时，须向侨务局注册。经注册之华侨，其本人或家属遇有事故须向政府请求时，得直接呈由侨务局办理。关于华侨举办公益，创办实业，销募公债及赞助政府有功人员，应颁荣典，由内务部另定褒扬条例，呈请大元帅颁奖，以资鼓励。

依照上述章程的有关规定，内政部长徐绍桢于1924年1月11日公布了《侨务局经理华侨注册简章》、《内政部侨务局保护侨民专章》和《大本营内政部侨务局办事细则》。

2.《侨务局办事细则》

1924年1月11日大本营内政部公布，共20条。

侨务局设会办一员，佐理局务。暂设总务科、第一科、第二科。每科设有科长1人，科员2人。总务科掌理撰辑保存公文，典守印信，会计统计及本局庶务等。第一科掌理回国华侨保护事宜、华侨教育及学校注册事项、奖励华侨举办慈善公益事项。第二科掌理奖励华侨回国兴办实业，海外华侨设立公共团体以及华侨户口调查与国籍事项。

侨务局设局务会议，凡属本局职员均行提出议案。每星期至少召开一次。以局长为主席，会办、科长、特别指定人员及提出议案人员皆得列席。每期局务会议记录，随时呈报部长查核。

侨务一切寻常文件，用局长名义，盖本局关防。重要事件，应呈请内政部长核示办理。侨务局对外的护照、单照、证书，按规定应用部印由部长署名者，由内政部钤盖空白颁发本局填用。

3.《侨务局保护侨民专章》和《经理华侨注册简章》

1924 年 1 月 11 日大本营内政部公布。前者 20 条，后者 5 条。

中华民国人民旅居外国及回国者，统称侨民，凡回国侨民均须依《侨务局经理华侨注册简章》的规定，注册领取证明书。注册手续本人亲到或委托亲友或迳用信函申请均可。

已在侨务局注册之回国侨民遇有受欺凌冤抑情事，得直接呈报侨务局，侨务局当为之保障或申雪。有意兴办实业者，得申请侨务局指导及扶助。侨民回国居住或游历内地，得呈请侨务局知会地方官保护招待。

凡旅外侨民均须向侨务局注册领取证明书。其在内地家属、财产均受侨务局的保护。如有被人欺凌及霸占情事，得直接向侨务局申诉。侨民子弟回国就学得请侨务局给予证明书，并按着程度送入相当学校肄业。凡前赴外国之人民，无论工商，如须领取出洋护照时，得请侨务局介绍。前赴外国之人民，在本局注册后，由侨务局发给公函，交由各该侨民于抵埠时，呈递驻在地公使或领事，妥予照料保护。凡侨民系在未与中国立约之国侨居，或该地尚无领事驻在者，其保护事宜当由侨务局委托在该国商会或派侨务官办理。

凡旅外侨民有被虐遇灾事故发生，须与该国政府交涉者，当由侨务局商请外交部，或驻在地商会交涉保护拯救。凡旅外侨民有争执等事，当由侨务局转请驻在地领事及商会调解，或派员前往会同办理。凡旅外侨民遇有变故回国者，由侨务局知会各地方官分别护送回籍安置。

4. 1926 年《国民政府侨务委员会组织条例》

1926 年 8 月 21 日公布，共 14 条。

国民政府侨务委员会直隶于国民政府，专门管理海外华侨下列事务：①关于取缔监督移民海外事项；②保护奖励海外华侨事项；③指导监督海外华侨政治经济社会及教育等团体之组织进行事项；④调查各国政府对待华侨之政策条例，海外华侨之户口、国籍、工商农学之生活状况等事项；⑤优待回国华侨之游历参观，指导华侨子弟回国就学，介绍回国华侨兴办实业等事项；⑥处理海外华侨之争执纠纷事项。

由国民政府任命委员 5 人，组成华侨委员会，并于委员中指定一人为主席委员。侨务委员会所议决之案件，由主席委员署名执行。侨务委员会内设秘书处及移民科、组织科、交际科、调查科。各科主任由委员分任。

侨务委员会设立名誉顾问若干人，由委员会聘请熟悉侨务名望素孚者充任。另设立名誉咨议若干人，由委员会就回国及居留海外华侨之热心国事著有劳绩者充任。侨务委员会于必要得增设驻外侨务特派员及调查员，由委员会委任，其权责以不与驻外使领职权抵触者为限。

凡华侨回国及出外时，须至侨务委员会注册。在侨务委员会注册之华侨，其本人或其家属遇有事故须向政府请示时，得直接呈由侨务委员会办理。

1926 年 9 月 4 日，国民政府任命邓泽如、陈友仁、彭泽民、曾养甫、周启刚为侨务委员会委员。

5. 1926年《华侨褒章条例》

1926年7月12日广州国民政府公布，共9条。

凡海外华侨，对于革命事业著有勋绩，或曾捐巨款者，得依本条例给以褒章。褒章分为四等：①一等金质褒章；②二等金质褒章；③一等银质褒章；④二等银质褒章。给予褒章时并附给执照。

海外各地最高党部查得当地华侨，有合于上述规定应给予褒章者，得详列事实，呈由中央海外部覆核后，转请国民政府酌给各等褒章。

凡受褒章者，限于本人终身佩带。但犯罪或违反其他法令，受褫夺公权之宣告时，应将褒章及执照，一并缴还。

（三）考试院组织法与考试法规

1. 《考试院组织条例》

1924年8月26日，大元帅孙中山颁布，26条。

按五权宪法精神，考试权系与行政权分离独立，宜特设机关掌理该项事务。故设立考试院，直隶于大元帅，管理全国考试及考试行政事务。考试院置院长一人，由大元帅特任，综理考试行政事务，并监督指挥所属各职员。副院长一人（简任），参事6~10人（简任），秘书长、秘书及事务员。由参事组成参事会，管理计划考试科目，审议考试程序及考试标准。

考试与监试委员会。考试院于举行考试时，分别设置下列各种考试委员会，掌理考试事务：①荐任文官考试委员会；②委任文官考试委员会；③外交官及领事官考试委员会；④司法官考试委员会；⑤律师考试委员会；⑥法院书记官考试委员会；⑦荐任警官考试委员会；⑧委任医官考试委员会；⑨监狱官考试委员会；⑩中等学校教员考试委员会；⑪小学校教员考试委员会；⑫医生考试委员会；⑬其他特种考试委员会。上述各种考试委员会，由委员长一人、委员若干人组成。待考试完毕，即行撤销。

考试院于举行考试时，置监试委员会，掌理监试事务。由委员长一人、委员若干人组成。考试完毕即行撤销。

各省区设置考试分院，管理各该省区之考试及考试行政事务。考试分院得就各该省区酌划区域组织各种委员会巡回考试。考院分院关于考试行政受考试院之监督指挥。考试分院置分院院长一人，参事若干人。考试分院在举行考试时分别设置各种考试委员会和监试委员会。

2. 《考试条例》

1924年8月26日，大元帅孙中山颁布，共64条。

考试分为以下13类：①荐任文官；②委任文官；③外交官及领事官；④司法官；⑤律师；⑥法院书记官；⑦荐任医官；⑧委任医官；⑨监狱官；⑩中等学校教员；⑪小学校教员；⑫医生；⑬其他特种考试。上述第①、③至⑤及⑦类每三年考试一次。第②⑥⑧⑨类，每二年考试一次。第⑩至⑫类每年考试一次。第②、⑥、⑧至⑫类的考试，在分院举行。第⑬类的考试时间地点，由考试院酌定。考试日期，在中央举行时，应于4个月前由考试院公布。在各省区举行者应于3个月前公布。

应试人资格。凡中华民国人民具有本条例所定各种考试资格者，得参与相关的考试。条例对各类考试规定了不同年龄和投考资格。例如报考司法官则规定：年龄22岁以上，须有下列各款资格之一者：①本国国立大学或高等专门学校学习法政学科三年以上毕业者；②经政府认可之外国大学或高等专门学校学习法政学科三年以上毕业者；③经政府认可之本国公私立大学或高等专门学校学习法政学科三年以上毕业者；④在外国大学或高等专门学校学习速成法政学科一年半以上毕业，曾充推事、检察官一年以上，或曾在第一款或第三款所列各学校教授法政学科一年以上，经报告政府有案者。但有下列情形之一者，不得参与各种考试：①褫夺公权尚未复权者；②有精神病者；③亏欠公款尚未清结者；④吸食鸦片者；⑤为宗教之宣传师者。此外，还规定应试人违背考试规则者，不得参与考试。考试委员与应试人有亲属关系者，于口试时应声明回避，违者其口试无效。考试及格后六个月内发现有违反上述规定经证明者，其及格无效，并追缴证书。如有贿托嫌疑者，移送法院处理。

考试方法与科目。考试分为第一试、第二试、第三试。第一试之科目为国文、三民主义、五权宪法。应试人非经第一试及格后，不得参与第二试及第三试。第一试第二试为笔试，第三试为口试。笔试口试均用中国文字语言作答。但特种考试或专门学科得以外国文字语言作答。第二试科目由考试院或考试分院选定 6 科以上考试。该条例对各类考试和各学科规定了不同的考试科目。例如"荐任文官"中"法律科"，的考试科目是：比较宪法、行政法、民法、商法、刑法、国际法、民事诉讼法、刑事诉讼法、国际私法、比较法制史、社会学等 11 门。司法官的第二试科目是：比较宪法、民法、刑法、民事诉讼法、刑事诉讼法、行政法、法院编制法、商法、国际私法、经济学、社会学等 11 门。第三试就应试人曾经笔试之各科目，进行口试。第一试以考试各科目平均满 60 分者为及格。第二试第三试之考试各科目合计平均满 60 分者为及格。但第二试有一科不满 50 分者不录。考试及格人员由考试院或分院给与及格证书。考试及格人员由考试院呈报大元帅发交各主管官署分别任用或注册。但对司法官还规定在考试及格后，须分到地方审检各厅实地练习，期满后由主管长官咨送考试院再试。再试也分笔试和口试两种。其笔试以二件以上诉讼案件为题，令应试人详叙事实及理由，拟具判词作答。口试则以应试人实习期内所得之经验进行口试。

　　以上是经孙中山审批的考试法规。至于这些考试法规当时是否已经开始实施，目前尚未见到直接的史料。但它所确定的基本原则，对后世的考试制度，仍具有重要参考价值。

十六　监察机构的设置与
监察惩吏法规

（一）监察院与监察法规

1.《国民政府监察院组织法》

1925年7月17日公布，共13条。

监察院受中国国民党之指导监督与国民政府之命令，根据中国国民党中央执行委员会政府改组令第三条，监察国民政府所属各机关官吏之行动，及考核税收与各种用途之状况。如查得有舞弊亏空及溺职等情，当即起诉于惩吏院惩办之。

设监察委员5人，执行院务，互选一人为主席。所有全院事务均由院务会议解决。院务会议须有监察委员过半数出席，议决后由主席署名，以监察院名义行之。

监察院分设五局及一政治宣传科。

第一局分设总务科和吏治科。吏治科负责考察各官吏之称职与渎职，以便升降；调查各大学及专门学校之人才，以便荐举；建立考试制度，以求政府各种适当人才。

第二局分设训练科，审计科。审计科负责审查各机关所用之簿记方法是否遵守训练科所议定统一方式，并有审核政府一切机关各项收入之权。本科科长为审计长，得派员亲赴各地各机关审查账目事项。在广州市内各机关一月审查一次，市外各地各机关三个月审查一次，审查后将一切经过情形报告监察院。当派员审查各机关时，如遇有怀疑及质问，无论任何高级官吏，应即予圆满之答复。倘经查出舞弊情事，应即报告监察院，再由监察院起诉于惩吏院，依法办理。

第三局分设邮电科和运输科，第四局分设税务科，货币科。分别负责调查政府所属各系统的情况。第五局分设密查科和检查科。前者负责密查各机关所发生之非法案件而报告之。后者负责搜集各官吏舞弊渎职违令及滥费公家财产等案件之证据，以起诉于惩吏院。各科科长须富有专门学识及经验者，方可由本院委员会委任之。

此外还规定政治宣传科，由中国国民党委派一人，专理宣传本党主义及指导各党员与官吏遵守党纪事项。国民政府任命谢持、林祖涵、黄昌谷、甘乃光、陈秋霖5人为监察院委员。1925年8月1日发布的《国民政府监察委员就职宣言》中，提出："国民政府建设计划，能否实施，当视病国殃民之蟊贼，能否尽杀。但人民之耳目，即为政府观察之所由，人民之喉舌，即为政府兴革之所寄。委员等就职伊始，当秉总理大公无私之遗规，破除情面，努力为人民除害。同时愿受人民一切痛苦之陈诉，使人民得实行总理所主倡之民权。深望人民与政府合作，并为本院之后盾，使贪官污吏无所遁逃"。

2.《修正国民政府监察院组织法》

1926年10月公布，共14条。主要修正点是：

明确规定监察对象及其具体职权。原组织法规定"监察国民政府所属各级机关官吏之行动"，修改为"监察国民政府所属行政、司法各机关官吏事宜"。特别补充了六项具体职权：①关于发觉官吏犯罪事项；②关于惩戒官吏事项；③关于审判行政诉讼事项；④关于考查各种行政事项；⑤关于稽核财政收入支出事项；⑥关于官厅簿记方式表册统一事项。

监察院组织机构的变化。主要规定设监察委员5人，审判委员3人，分掌监察及审判事务。其他院内行政事务由委员会议处理。监察院设秘书处及四科。秘书处承委员会之命，处理印信、记录编撰、会计、庶务事项。第一科负责考查各种行政事项。第二科负责稽查中央及地方财政收入、支出及统一官厅簿记表册事项。第三科负责弹劾官吏违法处分及提起行政诉讼事项。第四科负责审判官吏惩戒处分及行政诉讼事项。

监察院惩戒官吏，发现刑事犯罪时，应将刑事部分移交司法机关审判。前项案件应由监察委员一人执行刑事原告职务。

监察院行使职权时，随时调查各官署之档案册籍。遇有质疑，该官署主管人员应负责为充分之答复。监察院认为必要时，得设置监察员若干人，逐日分赴行政司法各机关调查。监察院对于官吏违法或处分失当，得不待人民之控告迳以职权检举之。

3.《审计法》及其施行规则

（1）《审计法》。

1925年11月28日国民政府公布，共17条。

监察院关于审计事项应行审定者如下：①国民政府总决算；②国民政府所属各机关每月之收支计算；④特别会计之收支计算；④官有物之收支计算；⑤由政府发给补助费或特与保证之收支计算。

监察院审定各种决算，应就下列事项编制审计报告书，呈报国民政府：①总决算及各主管机关决算报告书之金额与财政部金库出纳之计算金额是否相符，②岁入之征收，岁出之支用，公有物之买卖让与及利用，是否与预算相符；③有无超过预算及预算外之支出。监察院应将会计年度审计之成绩，呈报国民政府。其认为法令上或行政上有应行改正事项，得并呈其意见。

各行政机关应将经常预算，送财政部或财政厅审查，呈国民政府或省政府核定后，由部或厅送监察院备案。经管征税或他项收入之各机关，每月经过后，应编造上月收入计算书送监察院备查。各机关每月过后，应编上月支出计算书，连同凭证单据，送监察院审查。但因国家营业之便利，其他有特别情事者，其凭证单据得由各该机关保存，而监察院得随时进行检查。

监察院审查各机关计算书如有疑义得行文查询限期答复。监察院随时派员亲赴各机关审查账项，如遇怀疑及质问，无论任何高级官吏应即予以完满之答复。监察院审查各机关之支出计算书及证明单据认为正当者，应呈报国民政府准予核销；认为不正当者，应由监察院通知各该主管长官执行处分。但出纳官吏得提出辩明书，请求监察院再议。监察院认定为应负赔偿之责者，应通知该主管长官不得为之减免。此项赔偿事件之重大者，应由监察院起诉于惩吏院进行惩办。各机关故意违背监察院所定之送达期限及答复期限，应即通知该主管长官或上级机关执行处分。其故意违背监察院各种证明规则者亦同。

各机关现行各种会计章程，应送监察院备案。其会计章程有与审计法规抵触者，应通知各机关修正。各机关所有簿记，监察院得派员检查，其认为不遵守监察院所定之方式者，应通知各机关修正。监察院对于审查完竣事项，从议决之日起，五年内发现其中错误、遗漏、重复等情事者，得为再审查。若发现诈伪之证据，虽经过五年后，亦得为再审查。

（2）《审计法施行规则》。

1925 年 11 月 28 日国民政府公布，共 18 条。

各机关应于每月一日以前，依议决预算定额之范围，编造本月支付预算书，送监察院审核。各机关如有新委员须随时报明其姓名俸给于监察院，以便稽核。凡代理省库国库出纳之机关，应将每日收支实数造成日计表，送监察院审核，不得并日汇报。经管征税及他项收入之各机关，应每月编造上月收入计算书，送监察院审核。各机关应每月编造上月支出计算书，连同证凭单据送监察院审查。其有该管上级机关者，应每月编成上月收入计算书、支出计算书，送由该管上级机关核阅，加具按语，送监察院审查。

财政部应于年度经过后三个月以内，编造全年度国库出纳计算书，送监察院审查。凡关于公有财产之变卖，其办理手续须报告监察院审核，凡关于国债事项，如偿还方法及抵押物品等，如单据契约，均须送监察院审查。遇有收到债款或收回债券，均应报告监察院，以备查核。

监察院审查各机关之计算书，如有疑义时，行文查询，限文到后七日内答复。监察院因审计上之必要，得向各机关调阅证据或该管主管长官之证明书。各机关储藏簿记内所载收支数目与现存之款项及其单据，监察院得随时派员检查是否相符。各机关应将出纳官吏姓名履历及如有保证金者，注明保证金额，送监察院备查。遇有交代时亦同。出纳官吏交代时，应将经管款项及物品，详列交待清册，点交接管人员，由该管长官报明交代情形于监察院，此项交代清册监察院得随时调查。

倘经监察院查出舞弊情事，应即起诉于惩吏院依法办理。

（3）《监察院单据证明规则》。

1925 年 11 月 28 日国民政府公布，共 20 条。

本规则之规定，以收据凭单为证明收支数目之准确。收据须由受款人直接出具，不得由会计员、庶务员或其他承发人代造。收据上须有收款人署名签字或盖章。但商号收据以商号印章代之。

各单据有杂列各种货币者，应注明折合率及折合银元总数。洋文单据应由经手人译成汉文附粘于背面。各项单据均应由出纳官吏签字及盖章，并注明用途。

（二）惩吏院与惩治官吏法

1. 《国民政府惩吏院组织法》

1926 年 1 月 23 口公布，共 10 条。

国民政府惩吏院受中国国民党之指导监督，与国民政府之命令，掌理惩治官吏事件。

惩吏院置委员若干人，并互选一人为主席委员。惩吏院审理案件，以委员 3 人至 5 人组织合议庭。合议庭以主席委员为庭长。主席委员缺席时，以主管该案之委员代理之。全院事务由委员组织院务会议公决行之。院务会议非有委员过半数之出席不得开议，非有出席委员过半数之同意，不得议决。可否同数时，取决于主席。

惩吏院设秘书处，掌管机要文书、统计、会计、庶务及其他事项。置秘书长一人，科长若干人，由院呈国民政府任命。

国民政府于 1925 年 7 月 22 日任命徐谦、邓泽如、邹鲁、林云陔为国民政府惩吏院委员。1926 年 5 月 4 日，国民政府将惩吏院改为审政院，任命邓泽如、李翔、李章达、潘震亚、卢文澜为审政院委员。

2.《惩治官吏法》

1926 年 2 月 17 日国民政府公布，共 3 章，19 条。3 章的名称是：总则、惩戒事件、附则。

总则规定"本法所称官吏，以文官、司法官及其他公务员为限。官吏非据本法，不受惩治。但其他法令有特别规定者不在此限。惩吏院接受惩戒事件后，认为必要时，得呈请国民政府或通知该监督长官，先行停止其职务（并停俸给）。停止职务之官吏，未受褫职处分或科刑之判决者，得依上述程序命其复职。

惩戒事件规定：凡违背誓言、违背或废弛职务者，应给以相应的惩戒处分。惩戒处分分为以下六种：褫职、降等、减俸、停职、记过、申诫。所谓"褫职"，即褫夺其现任之官职。"降等"即依其现在之官等降一级改叙。受降等之处分，无等可降者，减其月俸 1/3。"降俸"即依其现在之月俸，减额支给其数的 1/10 以上，1/3 以下。"停职"，即停止一月以上六月以下的职务之执行，并停止俸给。"记过"，由该管长官登记。如一年以内受记过处分至三次者，由该管长官依前条规定减俸。"申诫"，由惩吏院呈请国民政府或通知该管长官以命令行之。

惩戒程序规定：①监察院对于官吏认为应付惩戒者，应备文声叙事由连同证据咨送惩吏院惩戒之。各监督长官对于所属官吏认为应付惩戒者，备文声叙事由连同证据，请监察院咨送惩吏院惩戒之。②惩吏院接受惩戒事件，应将原送文件抄交被惩戒人，并指定日期，令其提出申辩书，或令其到院面加询问。但有正当事故不能到会时，得委托代理人到会答辩询问。被惩戒人对于指定日期不到会，又不委托代理人或不依限期提出申辩书者，惩吏院得迳为惩戒之议决。③惩吏院应制作议决书，并呈报国民政府。该议决书除咨送监察院并传知被惩戒人外，并将其主文或全文公示于政府公报。④记过、申诫处分，由国民政府或该管长官得迳予行之。⑤惩戒事件认为有刑事嫌疑者，应交法庭办理。

3. 国民政府惩吏院议决书第一号（摘要）

国民政府惩吏院议决书　　　惩字第一号①

被付惩戒人　周雍能（即周静斋）粤汉铁路路警处长

　　　　　　周熙春粤汉铁路第一区区长

右被付惩戒人经监察院以营私舞弊等情，呈请国民政府交付惩戒，本院评议会审查议决如左：

　　　　主　　文

周雍能　　褫职，停止任用三个月。

周熙春　　褫职，停止任用一年。

周熙春违法抽收保护费银圆九十六元六毫，着即缴案。

　　　　事　　实

周雍能，原任军事委员会秘书长，于去年九月间私兼粤汉铁路路警处长，当即派其族侄周熙春为该路第一区区长。对于粤汉路从前抽收保护费等积弊，不特毫无改革，且任周熙春勾通旧任职员朋比为奸，因仍如故。当经查办粤汉铁路委员会查悉前情，呈国民政府监察院覆核后，转呈交付惩戒到院。本院即令被付惩戒人提出申辩书，复令到会面询明晰，依法开会议决。

　　　　理　　由

本案被付惩戒人周雍能，被举发营私舞弊之点计分：

① 《中华民国国民政府公报》第33号，第49页。

（一）勒收柴卡保护费；（二）侵吞警饷及办理护车队舞弊；（三）违令支领兼差薪俸三项。

被付惩戒人，身为粤汉铁路路警处长，对于所属区长警兵等应负监督整饬之责，对于从前积弊，亦应负兴革之责。乃到任伊始，即派族侄周熙春为区长，任其勒收柴捐营私舞弊，实属废驰职务，咎无可辞，令依惩治官吏法第六条第一项予以褫职处分，并停止任用三个月，以示惩儆。至周熙春职掌分巡，宜如何洁己奉公，乃竟于数旬中勒收保护费九十六元六毫之多，显属违背誓词。本院自应遵令着即如数缴案，听候处置，并应依惩治官吏法第六条第一项予以褫职处分。自褫职之日起，一年内不得充任官吏。再周熙春私取保护费之行为，涉及刑事范围应候移法院办理。特议决如右。

中华民国十五年五月七日

国民政府惩吏院主席委员邓泽如

委员李章达　　卢文澜　　　　　　科长肖诚

本件证明与原本无异。

科长　肖诚　递送。

十七 地方政权机构的改革
及其组织法规

国民党中央关于中国地方政权体制，原则上确定采用省、县、市政府的形式。关于省政府，1925 年 6 月 24 日国民党中央执委员会《政府改组大纲》，确定省政府采取由厅长组成的省务会议的形式。到 1926 年 10 月国民党中央各省区联席会议决定改用省政府委员会制度。县市政府也采取委员制，同时决定建立省民会议、县民会议、乡民会议，用职业选举法选举代表，皆为各该级政权的咨询机关。

《政府改组大纲》还规定市设立市政委员会，由现代职业团体、农会、工会、商会、教育会、自由职业团体六种团体中，各委任 3 人，合 18 人为委员（现时暂用委任制，将来再行选举制），以组织市政委员会，并任命委员长一人，为市政委员会之主席。设置财政、工务、公安、教育、卫生五局，每局委任局长一人。

依据上述原则，先后制定了省政府组织法以及各厅的组织法。以后在实践中根据形势发展的需要，在省之下，创立了行政委员公署，作为省政府的临时派出机关。1927 年 3 月国民党二届三中全会通过了《湖南省民会议大纲》和《湖南省民会议组织法》。湖南省党部制定了《区乡自治条例》。1927年3月初汉口收回英租界后，制定了中国历史上第一个特别行政区法规。1927年3月上海工人三次武装起义中创建了上海市民代表政府。以上都是这个时期产生的具有历史意义的地方体制的重大改革。下面分别进行阐述。

（一）省政府组织法的演变

自国民政府成立以来，省政府组织法经历了前、中、后演变过程。具有代表性的有以下几种：

1. 1925年《中华民国省政府组织法》

1925年7月1日国民政府公布，共10条。是前期的省政府组织法。

省政府于中国国民党指导监督下，受国民政府之命，处理全省政务。以民政、财政、教育、建设、商务、农工、军事各厅组成。各厅长联合组成省务会议，推举一人为主席。各厅长至少每月一次以书面报告其职务经过于省务会议。省政府设秘书处，承省政府命令掌理秘书事务。

关于省行政之命令，经省务会议决定之后，主席及主管厅长署名，以省政府名义公布。省政府于不抵触国民政府命令之范围内，得发布省单行规程。

省政府得任免荐任官吏，各厅长得任免委任官吏。省政府认为省内官吏之命令，为违背法令，逾越权限或妨害公益时，得停止或撤销之。

国民政府于1925年7月1日，任命廖仲恺为广东省财政厅长，许崇智为军事厅长，许崇清为教育厅长，孙科为建设厅长、陈公博为农工厅长，宋子文为商务厅长。以上各厅长于 7 月 3 日依法成立广东省政府。许崇智为省务会议主席。

1926 年 3 月 19 日，国民政府发布关于统一广西问题的决议方案，决定依照国民政府颁布之《省政府组织法》，成立广西省政府。各厅组织法，由广西省政府斟酌参照订定。但应归中央直辖之机关，如交涉员、高等审判厅等，由国民政府直接管辖。

2. 广东省政府各厅组织法

广东省政府成立后，国民政府于 1925 年 7 月 15 日公布了《广东省政府民政厅组织法》、《建设厅组织法》、《农工厅组织法》、《军事厅组织法》。7 月 17 日公布《商务厅组织法》。1926 年 4 月 12 日公布《土地厅组织法》。到 1927 年 2 月 23 日又公布《司法厅组织法》。

民政厅组织法规定：民政厅受省政府之指挥监督，掌理全省民政事务，监督县长及所属各官署。各县县长由民政厅报告于省务会议，由省政府任免。民政厅设第一、第二两科。

建设厅组织法规定：建设厅专任经营管理省内交通及新建设事业。建设厅直接管辖治河处、公路局、航政局、电报局、无线电局、各铁路管理局。厅内还设有第一、第二两科。

农工厅组织法规定：农工厅监督掌理关于全省农工各事项。设置统计、农工两科。农工科掌理：①保护佃农农会，耕地整理，业农争议，农人失业救济，劳农银行，农业生产合作等。②保护工会，劳资争议，工人失业救济，劳工银行，劳工医院，消费合作等。

军事厅组织法规定：军事厅受军事委员会之指导监督，并受国民政府军事部之指挥，掌理省区内关于地方绥靖事宜，监督省内现有一切人民武装自卫团体。省区内临时发生事变，经省务会议议决需要用兵力时，由军事厅陈请于军委会及军事部施行。依据军事部所颁之各学校各团体普及国民军事教育及体育诸计划，在省区内监督其实施。

商务厅组织法规定：商务厅掌理广东全省地方商务行政，提倡矿业，农产、森林、垦殖、渔牧、丝茶及工业制造各事业，并监督农商等实业团体。商务厅内设立两科。第一科负责调查商务状况及商务统计报告，关于调剂金融事项，调剂物价商品原料输出入，改良各种生产出品及预防灾害，关于度量衡之检定事项。第二科负责掌理商业及商标注册立案，特许专利及奖励补助事项，工商考核及陈列，矿物化验，监督农商实业团体及审查商事公断事项，交易所及其他经纪之监督取缔事项。

1926 年 4 月 1 日，国民政府令宣布将广东商务厅改为实业厅。国营实业管理委员会应办事项，统归广东实业厅办理，国营实业管理委员会应即撤销（据查国民政府曾在 1925 年 12 月 7 日决定在财政部内设立"国营实业管理委员会，所有士敏土厂、皮革厂等皆归其管理)。1926 年 5 月 24 日公布《广东省政府实业厅组织法》，规定实业厅掌理全省农工商矿等实业行政事务。设置第一、二、三科。

土地厅组织法规定：土地厅主管全省土地事宜，设置两科。第一科掌理以下事项：①关于土地种类之调查及核定报告事项；②土地面积之测勘及清丈事项；③测勘人员之养成及任用事项；④测勘队之组成及派遣事项；⑤关于土地业权纠葛之审决事项；⑥关于登记手续之审定事项；⑦关于土地产品之安全事项；⑧关于绘制全省土地总分各图事项。第二科掌理以下事项：①关于测勘人员薪费川旅费等之核定事项；②关于土地业权之登记事项；③关于土地业权执照之核发事项；④关于业权执照费之征收报解事项；⑤关于执照存根之审核及编存事项；⑥关于预算决算及统计之编制事项。

司法厅组织法规定：司法厅为省政府之一部分，受国民政府司法部之监督指挥，依省政府的命令，管理全省司法行政。置厅长一人，管理本厅事务，并监督所属职员及所辖法院。司法厅内设置总务科、民事科、刑事科、监狱科四科。

3. 1926 年《修正省政府组织法》

1926 年 11 月国民政府重新公布《修正省政府组织法》。这一组织法是根据 1926 年 10 月召开的国民党中央各省区联席会议通过的几个决议案，进行修正的。

（1）国民党中央各省区联席会议关于地方政权的几个决议案。

第一，《省政府、地方政府及省民会议、县民会议议决案》。

1926 年 10 月 19 日，中国国民党中央各省区联席会议通过。

省政府的形式，采用委员制，组织省政府委员会。委员额数由 7 人至 11 人，其中有兼厅的，亦有不兼厅的（与现行厅长制不同）。其产生方法，由中央执行委员会指定数人，会同省执行委员组织省政府。

省政府下设民政、财政、建设、军事、司法、教育各厅，必要时得增设农工、实业、土地、公益等厅。

县市政府之组织，亦采用委员制，由省政府任命委员若干人，分掌教育、公路、公安、财政各局，必要时设立农工、实业各局。由省政府指定一人为委员长（特别市组织法另定）。

省民会议、县民会议、乡民会议，用职业选举法选举代表组成。其组织法，由省党部起草，呈由中央党部决定。省民会议、县民会议皆为咨询机关。省民会议每年召集一次，以两星期为限。立即预备将来选举代表至国民会议。

第二,《省政府对国民政府之关系议决案》。

1926年10月20日中国国民党中央各省区联席会议通过。

凡关于一省之事,归省政府办理。凡两省以上有关系之事,或全国有关系之事,归国民政府办理。外交事务归国民政府办理。省政府之厅,须受国民政府性质相同之部的监督指挥。

国民政府与省政府之财政,须明白划分界限。省财政归省政府管理,国家财政归国民政府管理。

划分省军队与国家军队的界限。省军队为维持省法及治安秩序而设,其数额由中央决定。但为国防之用,亦可由国民政府调遣。县政府不得用任何名义组织军队。国民政府得按照政治、外交、军事及战略上之需要,设立国家军队,并决定其数量、质量及驻防地点。

地方司法划归省政府办理,但省高级法院仍隶属于国民政府司法部。省监狱归省政府司法厅管理,但国民政府司法部得因必要在省之地方设国立监狱。大理院分院,得由国民政府司法部酌定各省适当地点设立之。各省须设立国民政府监察院分院。

省内之国立大学归国民政府办理,省之小学、中学、大学皆归省政府办理。但教育方针应由中央决定。

第三,《省党部与省政府之关系议决案》。

1926年10月20日,中国国民党中央各省区联席会议通过。

根据各省情形的不同,可分为三种办法:①省政府在省党部指导之下;②省政府在中央特别政治委员及省党部指导之下;③省政府与省党部合作。某省应用某种办法,由中央执行委员会决定。

（2）《修正省政府组织法》。

1926 年 11 月国民政府公布，共 13 条。这是中期的省政府组织法。其重要修正点是：

成立省政府委员会。由国民政府任命省政府委员 7～11 人组成省政府委员会，行使省政府的职权。由省政府委员会推选 3～5 人组成省政府常务委员会，由常务委员互推一人为主席。常务委员会按照省政府委员会的决议执行日常政务。

省政府得制定省单行法令，但不得违反国民党的决议及国民政府之命令。省政府的一切命令及公文，须经全体常务委员及关系厅厅长之署名行之。

省政府下设民政、财政、建设、教育、司法、军事各厅。必要时得增设农工、实业、土地、公益等厅，分管行政事务。各厅长由国民政府任命之政府委员兼任，但委员中可以有不兼厅者。省政府设立秘书处，秉省政府委员会之命，分任秘书事务。

此时，中央机关已决定北迁。为了使广东得以继续巩固，重新改组了广东省政府。任命陈树人，李济深、孙科、陈孚木、甘乃光、何香凝、许崇清、周佩箴、宋子文、李禄超、徐权柏等 11 人为省政府委员。分设 9 厅，陈树人为民政厅长，宋子文为财政厅长，孙科为建设厅长，许崇清为教育厅长，徐权柏为司法厅长，李济深为军事厅长，陈孚木为农工厅长，李禄超为实业厅长，周佩箴为土地厅长。

4. 1927 年《湖北省政府组织法》和《省政府委员会会议规则》

《湖北省政府组织法》

中央政治委员会通过，1927 年 3 月 31 日武汉国民政府公布，共 13 条。这是后期的省政府组织法，即分别制定各省的政府组织法，强调政府委员会的集体领导体制。

湖北省政府于中国国民党中央执行委员会及湖北省执行委员会指导监督之下，受国民政府之命令，管理湖北全省政务。省政府的职权，由湖北省政府委员会行使。

湖北省政府委员会由国民政府任命之委员 11 人组成。设常务委员 3 人，由省政府委员会推选，按照省政府委员会的决议，执行日常政务。湖北省政府命令及公文，其范围及于全部者，经全体委员署名，范围仅及一部者，经全体常务委员并关系厅厅长署名，其他普通日常事务，由常务委员会全体署名行之。

湖北省政府得制定湖北省单行法令，但不得违反党的决议及国民政府命令。湖北省政府得任免省内各机关荐任以下官吏。

湖北省政府下分设民政、财政、建设、教育、司法、农工各厅，于必要时得增加军事、实业、土地、公益等厅，分管行政事务。各厅设厅长一人，由省政府委员兼任。另设省政府秘书处，置秘书长一人，分科办事

湖北省政府于 1927 年 4 月 10 日宣布正式成立。中国国民党湖北省执行委员会于同日发布《对湖北省政府成立训令》，指出：辛亥首义之武汉，逐于全国革命怒潮汹涌澎湃之中，成为革命之新根据地。本年"一三"惨案，热血飞溅，使英帝国主义丧胆，而放弃其力争经营之汉口租界，开收回一切租界之先河。风声所及，全球震惊，不独使国民政府外交，别开创局，而且在中华民族独立运动史上转一新章。最近党权运动，创自武汉，全国风从，仅及一月，一切政治军事外交财政等大权，均集中于本党最高权力机关之中央执行委员会，打破个人独裁军事专政之局。而各县农村之打倒土豪劣绅运动，其势如暴风骤雨，迅猛异常，行将冲决网罗，铲除反革命势力之下层基础。此实民主势力

战胜封建势力之一步，而为国民革命史上所应大书特书者也。在此军事胜利、外交胜利、民主势力胜利声中，湖北省政府适于此时应革命之需要，在国民政府首都所在地成立。其最大使命无过于顺应革命民众之要求，建立革命化民主化之省政府，实现下列目标：①澄清吏治，造成廉洁政府，使革命全部利益，归革命民众享受。②打倒土豪劣绅，铲除封建下层势力，发展乡村自治，建立民主制度之新社会秩序。③实现农工政策，帮助农工团体之发展，以扩大革命力量。④省民会议为民众建设政治之机会，为民众接受政权之方式，应于最短之期内召开，使中国革命取得之政权，归之革命民众，以求民主政治之实现。

《湖北省政府委员会会议规则》

1927 年 3 月 31 日[①]公布。

省政府委员会为全省最高行政机关，委员会由省政府委员组成。委员会会议开会时，由出席委员推定临时主席。委员会每周开会一次，必要时得由常委会或委员 3 人以上署名，召集临时会议。委员会议须有在省政府所在地之委员过半数出席，方行开议。委员缺席须将缺席理由通知秘书处，并记入议事录。

下列事项得向会议提出：①报告事项及报告后讨论；②中央及省党部交议事项；③国民政府交议事项；④各委员及各厅提议事项；⑤人民请愿事项；⑥其他重要事项。凡提议事项必须于开会前提出，编入议事日程。议事日程所记载各种议事，须先期印刷分送各委员。凡议事关系重要者，得由主席指定人员进行审查。凡议案与其他机关有关系者，得通知其主管人员列席报告。

讨论与表决。讨论结果有数说时，主席得依次付诸表决。表

---

① 此为汉口《民国日报》发表日期。

决方式，得用举手或投票，以多数决定之。如可否同数时，取决于主席。

议事录。议事录须记载开会之次第，年月日及所在地，到会委员姓名人数及缺席委员之姓名人数，报告及提议事项及报告提议者。投票表决时，应记明可否之数。其他必要事项。议事录于每次会议完毕宣读后由主席签名。议事录要呈送中央党部及国民政府，并送省党部及各委员、各厅。

1927年7月11日，武汉国民政府公布（经中央执行委员会议决）的《河南省政府组织法》（12条）、《河南省政府委员会会议规则》（6章21条）、《河南省政府秘书厅组织条例》（7条）。其主要内容与湖北省基本相同。主要变化是省政府委员会内不设常务委员，而由国民政府从委员中指定一人为主席。

（二）广东省行政委员公署的创立

原来的广东全省，在行政方面极不统一，地方官吏各自为政，大元帅府的政令难在广州以外实行。1925年10月11日国民政府发表东征宣言，决定扫除陈炯明余部，统一广东。由蒋介石任东征军总指挥，周恩来任政治部主任兼第一军党代表。至11月3日东征军攻占汕头。陈炯明在东江的势力至此全部崩溃。在东征的同时，还进行南征，至1926年初，广东全省完全统一和巩固了。

1925年11月，国民政府决定将广东全省94县划分为东江、南路、广州、西江、北江及海南六个行政区，成立行政委员公署。设置行政委员公署的理由是："因粤省幅员辽阔，交通不便，兵战连年，匪盗充斥，故假以事权，俾便分途整理，此不过暂时之制"。① 行政委员的主要职权是：①督率所属各县县长，处理地方行政事宜。②对所属各县县长得先行任免，再行报告省政府。

据《国民政府公报》所载，1925 年 11 月 21 日国民政府任命周恩来为广东东江各属行政委员，行政公署设于汕头，管辖惠州、潮州、梅县（嘉应州）所属 25 县。此外，国民政府还在 1926 年 3 月 24 日令广东省政府，批准周恩来呈请委任该署第一、二、三科科长，并予加委。

1925 年 11 月 21 日，国民政府还任命甘乃光为广东南路各属行政委员。12 月 1 日又任命宋子文兼任广东广州各属行政委员，古应芬兼任广东西江各属行政委员。

东江行政公署建立后，由周恩来主持召开的东江各属行政会议，于 1926 年 2 月 22 日至 3 月 3 日，在汕头召开。出席会议的有潮梅海陆丰所属行政长官及农工商学妇女等人民团体代表 124 人。收到各种提案，报告书数百份。经过大会讨论通过议案 93 件。在建设方面，如治河浚港，修建省道县道；教育方面，增加平民教育，确立革命化教育方案，优待小学教师，推行国语；民政方面，取缔旧保卫团，整顿警察；财政方面，逐步废除苛捐杂税，增加洋货厘金；农工方面，援助省港罢工工人，扶助农工团体，援助妇女解放，禁止工头压制工人群众，以及建议组织东江国民会议促成会等等。

总之，行政委员公署的建立，对整顿吏治推进各县行政制度的革命化，以及实现广东根据地的统一和巩固，发挥了重要作用。因而开创了中国行政体制中的"行政委员公署"或"行政

---

① 《国民政府公报》第 18 号，第 35 页。

专员公署"的先河。

（三）湖南省民会议大纲与湖南区乡自治条例

1927 年 3 月 17 日，在武汉召开的国民党第二届中央执行委员会第三次全体会议，通过《湖南省民会议大纲》12 条和《湖南省民会议组织法》13 条。这是中国政权建设史两个重要的法律文献。

1. 《湖南省民会议大纲》

省民会议议决一省制度法律及施政方针，其议决案须经国民政府之批准。

省民会议选举执行委员若干人，组织执行委员会，为省民会闭会期间执行机关。执行委员人数，应相当于湖南之县数以上，其人数由省民会议自行决定。

省民会议应于所选之执行委员中，选举省政府委员 9 人至 11 人及各厅厅长，呈请国民政府任命；如国民政府认为有不适当之人时，得由国民政府择其他执行委员另委之。省民会议执行委员会，得对于省政府委员及厅长提出弹劾，并另选继任之人；但须呈请国民政府任免。

省民会议每年召开一次，必要时得延长之。省民会议执行委员会每三个月开会一次。省民会议第一次会议，由省党部会同有全省性质之民众团体筹备召集。以后即由省民会议执行委员会召集。省民会议执行委员会由省政府依期召集。省政府不如期召集时，可自行召集。

省民会议执行委员会及省政府，受中国国民党湖南省党部的指导。如有意见冲突时，须受中央党部的训示。

2.《湖南省民会议组织法》

湖南省民会议由下列各团体和各区域所选出的代表组成。（甲）团体代表：中国国民党湖南省党部（20人）、共产党湖南区委（5人）、湖南省军（每团1人）、湖南省学生联合会（5人）、湖南省女界联合会（3人）、湖南省教职员联合会（3人）、大学（须有本科并已立案者，每校1人）、湖南省商民团体（7人）、湖南矿业总会（1人）、湖南律师公会（1人）、湖南新闻记者联合会（1人）。（乙）区域代表：按各县等级，每县选出4~6人。每市选出1~6人，产业区域各选出1~3人。县市代表，先由有选举权的团体产生初选代表，然后进行复选代表大会进行选举。

省民会议的职权是：①接受及采纳省政府之报告；②地方制度之创制或变更；③省法律之创制或变更；④选举省民会议执行委员；⑤选举省政府委员及厅长；⑥通过省政府之预算决算及财政计划；⑦省农工产矿业之发展；⑧省交通之发展；⑨省教育之发展；⑩省之军政；⑪省之治安及解决土匪问题；⑫省之民政；⑬省之地方行政；⑭民众团体之组织发展问题；⑮关于农民问题、劳动问题、妇女问题之事项；⑯关于肃清反革命之事项；⑰省政治及其他重要问题；⑱关于国民会议之预备事项；⑲关于向国民政府建议事项；⑳关于人民请愿要求之事项。

省民会议选举9人组织主席团。由主席团组织秘书处，办理本会议文件及其他事务。本会议得组织各种委员会，审查讨论各种问题。本会须有全体代表之过半数出席，方得开议，有出席代表过半数之同意方得决议。本会议之会期为二星期，于必要时得议决延长之。

本组织法经中国国民党湖南省党部议决，呈请中央党部批准施行。本组织法解释权属于中国国民党中央党部。

从上述两个法律基本内容看，省民会议是作为临时性的省级最高权力（立法）机关，由它选举产生省政府委员会及其常设机关（省民会议执行委员会），听取省政府的工作报告，创制省的法律，审议省预决算，以及其他应兴应革事项。其产生方式，是由省内各革命政党、各社会职业团体及区域选出的代表组成。当时准备先由湖南省首先试验，然后推向其他各省。待条件成熟时，再由各省省民会议和全国各社会职业团体选出代表，组成国民会议，作为代行的全国最高权力机关，产生过渡性的中央人民革命政府。这是符合中国国情和实际情况并具有可行性的伟大创举，也是孙中山的最后遗愿。孙中山在遗嘱中提出："最近主张开国民会议及废除不平等条约，尤须于最短期间促其实现"。后来由于中国大革命的失败，上述计划未能实现，但它却为中国人民探求国家制度的改革，提供了十分珍贵的历史经验。

3.《湖南区乡自治条例》

1927 年湖南省政府公布，① 共 5 章 19 条。

区乡自治受县政府之监督。以国家行政区域之县划为区，区划为乡，名称冠以数字次第。区乡区域，由县自治筹备委员会按照各县之地形、习惯及便利分划，由县政府呈请省政府核准。凡中华民国之国民，居住某自治区域，皆为自治区域之住民。不论男女年满 15 岁，即有选举、罢免、创制、复决之权。但下列人员无上述权利：①反对革命者；②土豪；③劣绅；④买办阶级；⑤曾任官吏有贪污实据者；⑥盗匪；⑦吸食鸦片者；⑧精神病者；⑨受革命政府刑事上之宣告剥夺公权尚未复权者。

---

① 原件未注明公布时间。

　　自治事项。下列事项由自治机关处理之，但属于国家行政范围者不在此限：①关于调查登记事项，如调查户口，住民生死迁徙婚姻登记。②农工生活事项，改善农民生活及救济事业。③发展产业事项，如开荒造林，农田水利等。④教育事项，如强迫教育，识字运动，社会教育。⑤建设事项，如修桥筑路，指导住所建筑。⑥经济事项，如限制最高租额押金，提倡合作社，调剂民食。⑦救济赈灾，整理社仓积谷。⑧公断事项。⑨自卫事项，组织挨户团，肃清盗匪。⑩卫生事项。⑪改革风俗事项，如保障婚姻自由，禁止缠足穿耳，禁止赌博吸食鸦片等。

　　乡区自治机关。乡民会议为乡自治最高权力机关，乡民会议选出的乡务委员会为执行机关。乡务委员会由委员 5 人，候补委员 3 人组成，任期六个月。乡务委员互选常务、文书、财务、公断、公安各一人。由各乡选举代表，组成区民会议，为区自治之最高权力机关。由区民会议选出之区务委员会为执行机关。区务委员会由委员 7~11 人，候补委员 5 人组成。任期一年。区务委员会互选常务兼文书一人，财务、公安、公断、民食、学务、建设各一人。乡民会议每 3 个月开会一次，区民会议每 6 个月开会一次。1927 年 6 月 25 日，汉口《民国日报》刊载农政部提出的《县区乡自治暂行条列草案》。从其内容看，是在《湖南区乡自治条例》的基础上，进行增删修改的。但因尚未经过政治委员会的审议批准，当时并未付诸实施。

（四）中国最早的特区法规
——《汉口第三特别行政区（原英租界）市政局条例》

1. 汉口人民收回英租界的斗争与《汉口英租界协定》

　　1927 年 1 月 3 日~5 日，武汉人民举行庆祝国民政府北迁和北伐胜利大会，扩大反英反奉运动。1 月 3 日各界民众十余万人举行示威大会，会后当宣传队正在英租界江汉关附近向民众讲演时，不料大批英水兵竟向我民众开枪，当场死伤数十人。4 日，武汉工农商学各界举行集会，请国民政府立即向英领事提出严重抗议，并要英政府立即满足五项要求，如果 72 小时内不作圆满答复，即行收回英租界和海关，取消英国的内河航行权和领事裁判权。5 日国民党中央与政府临时联席会议议决组织"汉口英租界临时管理委员会"，派定委员 5 人（由外交、财政、交通三部各派一人，武汉卫戍司令部汉口办事处处长及临时联席会议代表一人组成），对英租界实行接管。

1927 年 1 月 8 日《国民党中央执行委员国民政府委员临时联席会关于设立汉口英租界临时管委会管理市政通电》指出："此次英水兵在汉口残杀同胞，经政府采用严重有效之方针，派遣军警管理汉英租界，组织管理委员会，为收回英租界之基础。民众对政府之方针，亦一致拥护，上下一心"。"至于各省英人之生命财产，均在政府保护之列，地方当局亦应妥为保护。盖吾所反对者，为整个的帝国主义，而非修怨于私人。"在中国人民团结一致的斗争下，英帝国主义不得不在 2 月 19 日与武汉国民政府签订了协定，正式承认将汉口英租界交还中国。这是中国人民反帝斗争史上的一大胜利。

《汉口英租界协定》，①武汉国民政府外交部长陈友仁与英国驻华使馆参赞阿马利 1927 年 2 月 19 日签定。其内容是："英国当局将按照土地章程，召集纳税人年会于三月一日开会。届时英国市政机关，即行解散，而租界区域内之行政事宜，将由华人之

---

① 原载《国民政府外交史》第 1 集，上海华通书局，1930。转引自《武汉国民政府史》，湖北人民出版社，1986，第 161 页。并按《广州武汉时期外交文献》（手抄本）校对。

新市政机关接收办理。在华人之新市政机关于三月十五日接收以前，租界内之警察、工务及卫生事宜，由主管之中国当局办理。英国工部局一经解散，国民政府即当依据现有"特别区"市政办法，组织一特别中国市政机关，按照章程管理租界区域。此项章程，由国民政府外交部长通知英国公使。在汉口五租界合并为一区域之办法未经磋商决定以前，此项章程继续有效。

2. 《汉口第三特别行政区市政局条例》

武汉国民政府为了管理新收回的汉口英租界，特设置汉口第三特别行政区市政局，并制定了《汉口第三特别行政区市政局条例》。这是中国革命法制史上设立最早的特区和特区管理法规。

据 1927 年 3 月 20 日出版的《国闻周报》第四卷第十期"新法令汇辑"所载该条例全文，共 6 章 50 条。章名是：总纲、市政局、市议会、年会与特别会议、选举、附则。

（1）本条例所称"第三特别行政区"，与原英租界同，并包括江滨浅水之地，由市政局依本条例进行管理。并规定区内之地契或永远租契，应于本条例实施后 60 日内，由有关系方面或适当委托之代理人，呈请市政局发给。受抵押者应于实施后一月内，呈报市政局注册。享有治外法权之外人，于租地或租房之前，应向其领事或总领事领取保证书，呈报市政局。个人产业权利或含有此性质之其他权利，均藉此承认。现未满期之江滨地皮执照，均不加干涉。将来江滨之利便，应先尽英国及中国之商行得之。

（2）市政局的组织及职权。市政局设局长一人。由外交总长选任，报国民政府核准任命。局长为特区之执行长官，并兼任市议会议长。市政局设执行秘书一员，受局长之命令与监督指挥，并监督局中各官员与雇员应办之事务。另设副执行秘书一员，襄助秘书办理局中事务。市政局设警长一员，受局长管辖，而与执行秘书会商管区内之警政。市政局之执行秘书由局长推荐，得市议会多数票之同意后，由外交总长委任。副执行秘书及警长，均由局长委任，并须得市议会多数票之同意。其他人员之委用，悉由局长主裁，皆须呈报外交部备案。上述官员与雇员无论职位大小，若无实在理由，不得开除或移调，亦不得减其酬金或俸薪。市政局得按照附例，及现行与纳税人年会所使实行之税则，征收各项捐税。特区内之不动产，除依本条例所征之税外，不另征他税（中央政府之地税除外）。市政局应管理特区之财政，一切收入应存于市议会指定之银行。一切开支，以用于特区为限。付出之款悉由秘书开具支票，由局长签字，并由参事两人副签（其中一人当为英人）。已过财政年度之出入对照表，先由中英查帐员稽核后，即应将本年预算案提交纳税人年会，听候核准。

（3）市议会。市政局设立市议会，议员共7人，除由局长任议长外，另6人，中英各占其三。由纳税人年会从特区内有被选资格诸人中选举之。1927年市议会之中英议员，由中英当局推举，然后依本条例选举。市议会于纳税人年会举行后即就职，至下届年会举行时为止。市议会至少须有5人出席，方能开议。议决案须经过半数表决通过。若遇赞否两方票数相等时，得由主席决定。市议会有权讨论并议决关于特区治理与行政之各问题。市议会通过的决议案由局长实行。如局长以为此项决议案侵犯中国主权，违背中国习惯，违犯本条例，而在法律上须由中国法庭承认者，则局长可中止执行。惟即应呈报国民政府外交总长作最后决断。市议会得于议员中指派专人负责局中财政、警员、工务、公共卫生、公共利便、食水供给各专部之责任。年会应由局长于每年三月召开。局长也可随时召集特别会议。年会可办理下列事务：通过上一年的帐目，确定本年预算案；决定筹征及修改各项捐税，准许市政局债款之担保；决定关于特区公共事务与卫生，以及一切有关区内之行政事务；选举议员等。年会或特别会议所通过之决议案，应由市政局实行。但关于条约权利之决议案，应报告湖北交涉员。如交涉员认为不当时，立即呈报国民政府外交总长作最后决定。

（4）选举。华人及与中国订约之各友邦侨民，他如机关团体及在特别区内置有地产房屋之公司，而捐纳杂税（地税与房捐）满银25两者，均得享有在年会投票权。未成丁者（年21岁以下），或受保护之人，应由其保护人在年会投票。会社团体及公司之在年会有投票权者，悉由其代表参与会议，但必以受委托证示市政局。参与年会之人有投票资格者如下：特区地产主人于投票一年依现行估价纳地税房捐银25两者，有一票权；纳银150两者，有两票权；纳银150两以上者，满75两加一票，以12票为限。但下列之人不得注册为年会投票人：①供职行政处者；②供职警务处者；③依法认为有精神病、疯疾者或聋哑者或依其本国法律无投票权者。下列之人剥夺其参与年会之权：①因犯牵涉剥夺或限制其公民权罪案，被控告或在审讯中者；②因犯罪受刑罚者，其人于刑满后并当于二年中剥夺其参与年会之权；③欠缴市政局捐税者；④债务未清之破产人。市政局在每年1月15日前应编定有投票之人名表，注明其票权，在局前张贴，并分送其人。投票权人对于名表如有异议，应于2月1日函达局长。局长应在2月15日前作出决定。局长之意见应作为最后之决断。

（5）附例。市政局对于其范围内之各事，并为达到本条例所为制定之目的起见，得制定附例。此项附例应提交年会通过后，再由局长呈报国民政府外交总长核准。对于违犯附例者，应按其国籍与地位，分别交由局中的警务法庭或领事法庭进行处理。现行之英工部局附例，除违反本条例规定者外，将由市政局继续实行至修正时为止。

此外还规定，市政局以中英文为正式文字。本条例如有修正之必要，可由纳税人三分之二之多数在年会为之，并须呈报国民政府外交部批准。

（五）上海工人三次武装起义中创建的上海市民代表政府

1. 上海市民代表政府的创立

随着北伐战争的胜利发展，上海工人阶级为了与北伐革命军相配合，共同消灭盘据在上海的反动军阀，在中国共产党及上海总工会的领导下，在 1926 年 10 月 23 日、1927 年 2 月 19 日和 3 月 21 日，连续发动了三次武装起义。特别是第三次武装起义，在周恩来（中共中央军委书记兼江浙区委军委书记）、罗亦农（中共江浙区委书记）、赵世炎（中共江浙区委组织部长兼上海总工会党团书记）的领导下，吸取了前两次失败的教训，作了深入的动员和周密的准备，组织 5000 人的工人武装纠察队，与进驻上海郊区的北伐军实行"里应外合"，一举打败了统治上海的反动军队，解放了大上海。建立了史无前例的上海市民代表政府，制定了若干革命的法律条令，是我国人民在大城市创建革命政权的最初尝试。

在第一次武装起义失败后，为了准备新的斗争，上海总工会在大力领导工人运动的同时，主动联合商学各界，要求上海实行自治，决定恢复在"五卅"时期被反动军阀封闭的"上海工商学联合会"，并于1926年12月6日将其改称"上海特别市市民公会"，用以筹备建立市民代表政府。在第二次武装起义开始时，中国共产党在《告民众书》中明确提出"建立民主政权"和"一切权力归市民代表大会"的口号。"上海市民公会"在1927年3月7日召开了上海各界民众团体代表会议，讨论通过了《上海市民临时代表会议组织法》。会后，各工会及各民众团体，依照组织法的规定，先后选举出市、区两级代表会议的代表。1927年3月12日，上海市临时代表会议召开第一次大会，选出31名执行委员，接着选举汪寿华等5人为常务委员。3月21日发出举行第三次武装起义的指令。起义胜利后，于3月22日召开上海市民代表会议第二次代表大会。出席代表4000多人（工人代表占一半以上），大会正式选出市政府委员19人，组成"上海特别市临时市政府委员会"。3月23日上海市民代表会议和上海市政府委员会，分别电呈武汉国民政府要求核准任命，并宣布开始办公。3月26日上海市民代表会议召开第三次代表大会，通过了《上海特别市市民代表政府组织条例草案》。武汉国民党中央政治委员会于3月25日正式核准电复："承认上海市民代表会议选出的19名市政府委员，即由武汉国民政府任命"。3月29日召开市民代表扩大会议，并举行市政府委员就职典礼。当众宣誓："誓死反对帝国主义，收回租界，铲除劣绅土豪、贪官污吏等封建残余势力，实现民主政治，绝不妥协。"上海市民代表政府的成立，深受上海工人阶级和各界人民的拥护。

2. 上海市民代表政府的组织制度

根据《上海市临时代表会议组织法》和《上海特别市市民

代表政府组织条例草案》的规定，上海市民代表会议，分为
市、区两级。市、区代表，由全市各工会、农民协会、各商
会、学生会、各自由职业团体（包括新闻记者联合会、律师公
会、医师公会、会计师公会、教职员联合会等）之全体群众，
分别开会，直接选举产生。各革命政党也得选派代表参加。选
举办法是市代表每千人（区是五百人）选举代表一人，人数在
千人以上者，则推选代表 2 人。皆任期一年，连选得连任。代
表溺职（即渎职）时，得由原选团体召集大会议决撤回，另选
他人。

（1）上海市民代表会议及其执行委员会。

上海市民代表会议，是全市最高权力机关。其职权是：选举
市代表会议执行委员；议决市立法、市税收、预决算及全市一切
应兴应革事宜；议决各代表提议其所代表之团体群众对于市政的
意见；议决市执行委员会的工作报告及其提议事项。

由上海市民代表会议选出 31 名执行委员，组成执行委员会，
由执委会推选 5 人，组常务委员会，具体执行市民代表会议议决
案，总揽全市政务。下设秘书、组织、宣传、市政、财政五股，
由常务委员分管。

（2）上海市政府委员会。

由上海市民代表会议选出 19 名政府委员，组成市政府委员
会。是全市最高市政执行机关。分局办事。当时决定设立教育、
财政、建设、土地、司法、公安、劳动、卫生八局。分别由政府
委员兼任局长。

此外，还规定要设立监察机构，由市民代表会议选出监察委
员 7 人。如发现市政府人员中有溺职舞弊者，即搜集证据，控告
于市民代表会议。

（3）区代表会议及其执行委员会。

当时规定上海市暂以原淞沪商埠公署管辖区域和原有租界为范围，全市分为八个区。即闸北、南市、沪西、沪东、浦东、公共租界、法租界和吴淞各区。区设立代表会议，是全区的最高权力机关。其职权是：选举区执行委员；议决本区一切应兴应革事宜；议决市执行委员会交议事项；议决本区执行委员会之工作报告及市民请议事项。区设执行委员会，并选出常务委员若干人，处理全区日常政务。

综上所述，可见上海市民代表政府具有以下特点：①其政权的性质，概括来说，是以工人阶级为领导，以工人为主体，联合全市各革命阶级、各社会团体，实行反帝反封建的革命统一战线的人民民主政权。②市、区两级代表会议的代表，都是群众直接选举产生，而未采取复选制。又是按照社会职业或团体为单位进行选举。这样使群众与代表有固定联系。既能及时反映群众意见，又便于对代表实行群众监督。③实行民主集中制的议行合一制。代表会议是最高权力机关，其决议，执行委员会或政府委员会都必须坚决执行。在执行委员会和政府委员会的内部，都采用集体领导原则，便于集思广益，在充分发扬民主的基础，实行集中统一的领导。

上海市民代表会议制度，是借鉴巴黎公社的经验，并结合中国革命的实际情况，而自行创立一种新型政治制度。它对以后中国的政权建设，特别是人民代表大会制度的创建，提供了重要的历史经验。

十八　刑事立法

这个时期南方革命政权适用的刑法典，基本上仍是沿用《暂行新刑律》。但是，根据革命形势的发展，适时地废除了旧刑律中许多与革命原则不相适应的规定。特别是根据革命的发展和同犯罪作斗争的需要，先后制定了许多新的单行刑事法规，如禁止贩卖人口、惩治盗匪奸宄条例，陆军刑律等。特别是首创了惩治反革命罪条例，是这一时期刑事立法的一大成就。

（一）对《暂行新刑律》的重要删除

1. 关于废除《暂行新刑律补充条例》

原在清末制定《大清新刑律》时，由于保守势力的坚持，在全文之后附加《暂行章程》5条。到辛亥革命以后，在将《大清新刑律》修改为《暂行新刑律》时，明令规定将《暂行章程》第一条至第五条，全部删除。但到袁世凯当政时，却在1914年12月24日又制定一个《暂行新刑律补充条例》15条。不仅恢复了《暂行章程》中的某些内容，而且增加了许多不合理的规定，如正当防卫不适用于尊亲属；和奸无夫妇女者处五等有期徒刑，相奸者亦同；"称妻者，于妾准用之"，即承认妾的合法地位等等。上述规定，一直遭到社会舆论的谴责。

1922 年 2 月 16 日，以孙中山为大总统的军政府，召开国务会议审议关于废止《暂行新刑律补充条例》。此案系由大理院院长徐谦呈请，并由国务会议批交法律审查委员会核复。经该会呈复认为"可行"，故遂由国务会议通过照办。

1922 年 2 月 17 日，孙中山发布以下命令：

> 大总统令
>
> 暂行刑律补充条例应即废除。此令。①

2. 关于废除《暂行新刑律》第二百二十四条

首先应该说明，当清末制定新刑律时，人民反清运动中的工人罢工、市民罢业事件屡有发生。统治当局为了镇压新兴的民众运动，在刑律中专门规定了惩治罢工的条款，即第二百二十四条。这在世界刑法史上是前所未有的。

《暂行新刑律》第二百二十四条规定："从事同一业务之工人同盟罢工者，首谋处四等以下有期徒刑、拘役或三百元以下罚金。余人处拘役或三十元以下罚金。聚众为强暴、胁迫或将为者，依一百六十四条至一百六十七条之例处断。"

据查上述规定的后一项，即指刑律的第九章骚扰罪。其内容是：第一百六十四条聚众意图为强暴、迫胁，已受该管官员解散之命令，仍不解散者，处四等以下有期徒刑、拘役或三百元以下罚金。附和随行，仅止助势者，处拘役或五十元以下罚金。第一百六十五条聚众为强暴胁迫者，依左列处断：①首魁，无期徒刑

---

① 《公布废止刑律补充条例》，上海《民国日报》1922 年 2 月 26 日第 6 版。

或二等以上有期徒刑。②执重要事务者，一等至三等有期徒刑或一千元以下一百元以上罚金。③附和随行，仅止助势者，处四等以下有期徒刑、拘役或三百元以下罚金。第一百六十六条于前条所列情形内，犯杀伤、放火、决水、损坏其他各罪者，援用所犯各条，分别首魁、教唆、实施，依第二十三条之例处断。第一百六十七条规定犯一百六十五条之罪，宣告二等有期徒刑以上之刑者，褫夺公权，其余得褫夺之。①

北洋军阀统治时期，利用这一刑律的反动条款，对革命工人的反抗活动进行了残酷的迫害。因此，革命政党和进步人士，纷纷要求废除上述规定。以孙中山为大总统的广州军政府根据南方工人运动的发展，于1922年明令废除这一反动条款。

据上海《民国日报》1922年3月7日报道：1922年2月27日，总统府开国务会议，大理院长徐谦提议：废止《暂行新刑律》第十六章"妨害秩序"内关于"同盟罢工"处刑之条文第二百二十四条，及其他相关条文。略谓：近今各国劳工问题，日益主张各种业务工人同盟罢工之事，层见叠出，惟各国刑法从未对于罢工之人并无其他犯罪行为而规定处刑者，即前俄帝国及日本现行刑法，亦无之。可见世界各国皆不认为同盟罢工为罪。其认为犯罪者，独吾国《暂行新刑律》而已。该律一不合刑法主义，二不合犯罪观念，三不合世界刑法通例，四不合时势趋向，应亟行修正等语。经众讨论之后，决议将全文咨国会修正。经国会审查委员会审查决议认为："本案成立，在《中华民国刑

---

① 《暂行新刑律》对有期徒刑等级的分法是：一等有期徒刑，十五年以下十年以上；二等有期徒刑，十年未满，五年以上；三等有期徒刑，五年未满，三年以上；四等有期徒刑，三年未满，一年以上；五等有期徒刑，一年未满，二月以上。拘役，二月未满，一日以上。

律》未制定以前，所有《暂行新刑律》第二百二十四条，应行废止，相应报告大会，敬候公决。"最后，非常国会于同年 3 月 14 日开会，决议："总统咨请废止新刑律第二百二十四条罢工处刑律，通过。"①

3. 关于废除《治安警察条例》

在北洋军阀统治时期，还有一件与《暂行新刑律》第 224 条相呼应的反动法律，就是 1914 年 3 月 2 日公布的《治安警察条例》。该条例对于限制人民的集会结社游行罢工，作了种种限制和惩罚的规定。其中仅以处罚工人集会罢工为例，就有以下规定：如第二十二条，警察官吏对于劳动工人之聚集，认为有下列情形之一者，得禁止之：①同盟解雇之诱惑及煽动；②同盟罢业之诱惑及煽动；③强索报酬之诱惑及煽动；扰乱安宁秩序之诱惑及煽动。第三十八条，不遵第二十二条禁止之命者，处以五个月以下之徒刑，或五元以上五十元以下之罚金。可见，这一条例实际上是对《暂行新刑律》的重要补充。

1920 年 11 月，孙中山等在广州重组军政府不久，就在 1921 年 1 月 23 日，由广东军政府明令宣布废止《治安警察条例》。到 1924 年 10 月 1 日，孙中山以大元帅令发布《修正工会条例》中，再次重申上述既定方针。该条例第二十条规定："凡刑律违警律中所限制之聚众集会条文，不适用于本法。"

上述孙中山关于废止《治安警察条例》和废止《暂行新刑

① 上海《民国日报》1922 年 3 月 16 日第 3 版。另据《中华民国史资料丛稿·大事记》第 8 辑，中华书局，1979，第 33 页记载：1922 年 3 月 14 日国会召开非常会议议决：《暂行新刑律》第 224 条，侵害人民自由，应予废止。附带说明：现在有些论著或工具书，将 1922 年 3 月 14 日广州非常国会废除《暂行新刑律》第 224 条，误认为"废止暂行新刑律"，是不确切的。实际情况是，无论是护法军政府或后来的国民政府，除已明令宣布废除的部分章条之外，原则上仍然继续适用《暂行新刑律》。如广州国民政府制定的《陆军刑律》第 17 条规定："暂行刑律总则与本律不相抵触者，均得适用其规定。"

律》第 224 条及其补充条例的规定，在中国刑法史上是一件重要改革举措，特别是使工人运动在广东地区取得了合法地位，这对促进全国工人运动的发展，具有积极影响。同时，关于《暂行新刑律补充条例》的废除，对于改革婚姻家庭制度，确定实行男女平等，一夫一妻原则方面，也有重要影响。

(二)《统一广东军民财政及惩办盗匪奸宄特别条例》

1925 年 9 月 30 日广州国民政府公布，1925 年 12 月 14 日修正公布，1926 年 3 月 27 日再次修正公布。1926 年 3 月 31 日根据广西省的要求删去"广东"二字，适用广东以外各省。全文 24 条。

其一，规定了本条例的性质适用范围和适用期限。①第一条规定：本条例为统一军民财政及惩办盗匪奸宄之特别规定。②第二、三条规定：本条例于凡在国民政府所辖地内犯罪者，不问何人适用之。其在政府所辖地之中华民国船舰内犯罪者亦同。本条例于凡在国民政府所辖地外犯罪者，不问何人亦适用之。③第廿四条规定：本条例自公布日施行，其施行期限至广东军民财政统一时为止（后修改为"至军民财政统一盗匪肃清时为止）。

其二，自第四条至第廿一条具体列举各主要犯罪行为及量刑标准。这一特别刑法的基本特点是突出打击勾结外国势力及破坏爱国运动者，增加了某些新罪名，并对《暂行新刑律》的某些重要罪行，加重了量刑标准。从这一角度来看，本条例实际上是对《暂行新刑律》的补充和修正。

(1) 第四条规定：海陆军军人意图利己或危害政府，而上抗上官之命令，或不服从者，处死刑、无期徒刑或一等有期徒刑；其情轻者，处二等以下有期徒刑或拘役。第五条规定：无论何人，不待命令，无故为战斗或自相残杀者，刑同前条。

（2）第六条规定：擅委文武官吏者，处二等以下有期徒刑或拘役，并科 5000 元以下罚金。其被委就职者，处三等以下有期徒刑或拘役，并科 3000 元以下罚金。第七条规定：官吏调任或撤差而抗不交代者，处三等以下有期徒刑、拘役，或 1000 元以下罚金。教唆他人使之实施犯本条之罪者，依正犯之例处罚。

（3）第八条规定：擅自征收或截留租税及各项入款者，处三等至五等有期徒刑或拘役（系图利自己者，处二等至五等有期徒刑、拘役，并科与征收或截留同额之罚金）。第九条规定：犯前条之罪，所征收或截留租税及各项入款，没收其全部或一部。若不能没收时，追征其价额。

（4）第十条规定：犯内乱罪者，依刑律第 101 条至第 107 条处断（即《暂行新刑律》第二章内乱罪之 7 条）。

（5）第十一条规定：聚众械斗者，依下列处断：①首魁处无期徒刑或二等以上有期徒刑。②执重要事务者，处一等至三等有期徒刑，或 1000 元以下 100 元以上罚金。③附和随行仅止助势者，处四等以下有期徒刑、拘役，或 300 元以下罚金。第十二条规定：于前条所列情形内犯杀伤、放火、决水、损坏及其他各罪者，援用所犯各条，分别首魁、教唆、实施，依刑律第 23 条之例处断（即按"俱发罪"的规定办理）。

（6）第十三条规定：犯刑律第 373 条之罪者，得处死刑（按《暂行新刑律》第 373 条规定：强盗，侵入现有人居住或看守之第宅建筑物者；伙同三人以上者；伤害人而未致死及笃疾者；处无期徒刑或二等以上有期徒刑。原无死刑之规定）。

（7）第十四条规定：犯下列各罪者，处死刑：①刑律第 374 条之罪（原规定强盗，结伙三人行劫者，致人死或伤害二人以上者，于盗所强奸妇女者，处死刑、无期徒刑或一等有期限徒刑）。②刑律第 376 条之罪（原规定犯强盗罪故意杀人者处死刑或无期徒刑）。③犯强盗之罪故意放火者。④掳人勒赎者。③④两项原刑律无规定。1925 年 12 月在第④项之后，又补充规定："打单勒索者处一等有期徒刑"。

（8）第十五条规定：无政治目的而犯下列各款之罪者，处死刑、无期徒刑或二等以上有期徒刑：①意图妨害公安而制造收藏或携带爆烈品者；②聚众掠夺公署之兵器、弹药、船舰、钱粮及其他军需品，或公然占据都市城寨及其他军用地者。

（9）第十六条规定：犯刑律第 229 条之罪者，得处死刑（原刑律规定：伪造通用货币者，处无期徒刑或二等以上有期徒刑）。

（10）第十七条规定：于禁止粮食或其他必要品出口之际，未受政府允准而运输出口者，处无期徒刑或一等以下有期徒刑、拘役，或处 1000 元以下罚金。前项之物品没收。第十八条规定：以破坏爱国运动为目的，而反抗群众一致之举动者，处无期徒刑或一等以下有期徒刑、拘役，或 1000 元以下罚金。因而酿成不利于国家者处死刑。第十九条规定：除前二条所列外，以其他行为将政治上之利益给与外国，或酿成政治上之不利于国家者，得处死刑或无期徒刑；其情节轻者，处一等以下有期徒刑、拘役，或 1000 元以下罚金。

（11）第廿一条规定：意图陷害而诬告他人犯本条例之罪者，处死刑，无期徒刑或三等以上有期徒刑。犯前项之罪未至确定判决而自首者，得减轻或免除其刑。

其三，关于褫夺公权与死刑的规定。

（1）第廿条规定：犯本条例之罪宣告二等有期徒刑以上之刑者，褫夺公权。宣布五等有期徒刑以上之刑者，得褫夺之。

（2）廿三条规定：凡死刑、无期徒刑，非经司法行政事务处（后改为司法行政委员会，下同）覆准，不得执行。司法行政事务处认为有疑义者，得令其再审（后修正为"得咨由特别刑事审判所再审）。

（3）第廿二条规定：死刑得用枪毙。

1926 年 3 月 23 日发布的《统一军民财政及惩办盗匪奸宄特别刑事补充条例》，又补充以下三条：

第一条，未受政府之命令允准，而组织或扩充军队者，处一等至三等有期徒刑或五万元以下五百元以上罚金。

第二条，对政府有公然诬蔑之行为者，处一等至三等有期徒刑，或一万元以下一百元以上罚金。

第三条，凡涉有统一军民财政及惩办盗匪奸宄特别刑事条例第十条、第十三条、第十四、第十六条各罪之重大嫌疑者，得因处罚被告人施以三年以下二月以上之监禁处分。

（三）军事刑律

1. 1923 年的《临时军律》

1923 年 6 月 27 日大元帅公布。在大元帅孙中山的训令中指出：前因广州市内竟有白昼抢劫情事，惊扰闾阎，妨害治安，经令行该省，兼卫成总司令督饬所属一体严防密查。近闻更为有冒充军人，擅自逮捕商民，或入民居搜索，或滥封渡船，或强拉伕役等类情事，愈堪痛恨。特制定《临时军律》6 条：

（1）抢劫财物者，枪决。

（2）冒充军队及不知会警察，擅自拉伕者，枪决。

（3）未奉长官命令，不知会警察，擅自逮捕商民或入铺屋搜索者，枪决。

（4）不经由兵站，擅自封用船渡者，枪决。

（5）强占商民铺屋者，枪决。

（6）掳人勒索及打单吓诈者，枪决。

2. 1924 年的《航空局暂行军律草案》

1924 年 5 月 16 日大元帅指令施行，共 17 条。在大本营军政部长程潜向大元帅的呈文中说明这一暂行军律尚属可行，一俟陆军刑法公布，即将此律销除。

本律分别规定以下犯罪和刑罚：

（1）凡本局人员有不遵守普通法令或违抗上官之特别命令者，处三等有期徒刑。或因违背命令，以致损失本局公物及损害他人身体者，处三等有期徒刑。或更伤害他人性命者，应由临时裁判处判处一等有期徒刑或死刑。

（2）在战事时期有不服从普通法令或上官之特别命令者，得处以死刑。

（3）本局人员奉命办理公务，若发生欺伪报告，处三等有期徒刑。如在战时有犯此种情事者，处以死刑。

（4）职员受有命令而故意造成障碍，以图延滞及规避者，处以无期徒刑或死刑。

（5）违反哨令者，处五等有期徒刑；如在军中或戒严地域者，处四等有期徒刑；在敌前者处三等有期徒刑。

（6）凡有意谋害及侵犯长官情事者，处一等有期徒刑；若在战时得处以无期徒刑或死刑。

（7）凡犯有抢劫奸淫等罪，或滥毁坏他人财物者，得处以无期徒刑或死刑。

（8）凡擅将飞机或其他公物滥行使用及毁坏者，处以无期徒刑或死刑。

（9）除因执行职务或自卫时，凡有滥用本局军器者，得处以无期徒刑或死刑。

（10）如有擅离职守，或弃职潜逃者，得处以无期徒刑或死刑。

（11）本局人员如有兼受他国职务，或将本局机密计划及军事消息与秘密图本泄漏于他国或他人者，应处以无期徒刑或死刑。

（12）凡有图谋破坏本局情事，使局员解体，希图离间使他人辞职，而致害本局工作之进行者，应处以无期徒刑或死刑。如有联同罢职以图要挟者亦同。

以上两个临时军律的制定与实施，为制定《陆军刑律》，提供重要经验。

3. 1925 年的《陆军刑律》

1925 年国民政府成立后，为了整饬国民革命军的军纪，参照 1915 年北洋政府制定的《陆军刑事条例》，并依照广东根据地的军事政治形势和实施《临时军律》的经验，特制定《陆军刑律》83 条，于 1925 年 10 月 9 日由民国政府公布实施。这是中国近代刑法史上具有重要意义的军律。

《陆军刑律》分为总则、分则两编（附则条在外）。

第一编总则，共 7 条。其主要规定是：

本律适应范围：①凡陆军军人犯罪者，适用之。凡与陆军共同作战之他种军队犯罪者，照陆军军人办理。②陆军现役军人及召集中之在乡军人，服陆军勤务或履行服务义务之在乡军人，均为陆军军人。③虽非陆军军人，犯下列各罪者，战时亦适用本律：包括叛乱罪；私自募兵、强占民房、强拉夫役者；暴力胁迫者；对上官哨兵加以侮辱者；强奸妇女者；掠夺者；诈伪罪；军有物品损坏罪；欺蒙或不服哨兵禁令。

对于若干术语的法定解释：①称在乡军人者，谓陆军现役以外之续备、后备等兵役及退役陆军准尉以上之官佐。②称陆军军属者，谓陆军文官现服勤务之人；但预备或退职者不在此限。③称上官长官者，谓有命令关系之军官，有下命令权者，或无命令关系而官价在上者。④称哨兵者，谓军队驻在地为卫戍或任警戒之军人。⑤称部队者，谓陆军军队、官署、学校及一切之特设机关。

本律刑罚之执行：①凡执行死刑时，依管辖陆军刑律之长官所定处，枪毙之。②宣告徒刑者，于陆军监狱执行之。无陆军监狱之处，得以其他监狱或禁闭室执行之。

第十六条规定：镇压极大之暴行，或战时部队警急，为保持军纪之故，而有不得已之行为，不为罪；但超过必要程度者，以其情节酌量处罚。

第二编分则，共 12 章 65 条。另有附则一条。本刑律与1915 年北洋政府的《陆军刑事条例》相比较，将强奸罪单列为第七章，并将"关于俘虏之罪"和"违令罪"两章合为"违背职守罪"。各章的要点如下：

第一章叛乱罪：①叛乱本党主义而聚众谋叛乱之行为者，首魁处死刑；参与谋议或为群众之指挥者，处死刑或无期徒刑；其他任各种职务或附从者，处二等至四等有期徒刑。意图谋乱、掠夺兵器、弹药及其他军用物品者，刑同前条。②意图叛乱而有下列行为之一者，处死刑：以军械或军用物品资敌人；泄漏军事上之机密；胁迫长官；阴谋不轨；私通敌人等。意图利敌而有下列行为之一者，处死刑：毁弃要塞；阻碍交通；解散队伍；诈传命令；煽惑军心；自损军实等。意图使军队暴动而煽惑之者，处死刑。③预备或阴谋犯以上各条之罪者，处三等至五等有期徒刑。但于事前自首者，得免除其刑。

第二章擅权罪：①不遵守命令擅自进退或无故而为战斗者，处死刑；但有不得已之事由，或敌人开衅而为正当防卫者，不在此限。②未受长官允许私自募兵者，强占民房或私卖公物者，把持各种机关或截留款项者，强拉人民充当夫役或强封其舟车者，干预他人民刑诉讼事件者，皆处三等至五等有期徒刑。

第三章辱职罪：①不尽其所应尽之责，而率队降敌或临阵退却或托故不进者，故意纵兵殃民者，或无故不就守地或私离守地而失误军机者，皆处死刑。②冒功、诿过及赏罚不公者，处二等至四等有期徒刑。③意图利己而收受贿赂、侵吞粮饷、缺额不报、得枪不缴、扣饷激变者，皆处三等至五等有期徒刑。④当部下多众有犯罪行为，不尽弹压之方法者，处四等有期徒刑，如因此扰害地方者，处一等有期徒刑。⑤哨兵及卫兵无故离去守地者，依下列各款处断：敌前处死刑；军中或戒严地域处三等有期徒刑；其余处五等有期徒刑。⑥哨兵及卫兵因睡眠或酒醉怠其职务者，依下列各款处断：敌前处三等有期徒刑；其余处五等有期徒刑。⑦卫兵巡查、侦探及其任警戒或传令之职务，无故擅离勤务所在地或应到之处不到者，依下列各款处断：敌前处死刑或无期徒刑；军中或戒严地域处三等有期徒刑；其余处五等有期徒刑。⑧无故不依规则使哨兵交代或违反其他之哨令者，依下列各款处断：敌前处三等有期徒刑；军中或戒严地域处四等有期徒刑；其余处五等有期徒刑。⑨在军中或戒严地域掌传达关于军事之命令、通报或报告而无故不为传达者，处三等有期徒刑，因而失误军机者，处死刑或无期徒刑。在军中或戒严地域服侦探巡察或侦探勤务而报告不实者，处四等有期徒刑，因而失误军机者，处二等有期徒刑。⑩保管军事机密之图书物件当危急时，不能尽其委弃于敌之方法致委于敌者，处三等有期徒刑。⑪在军中或戒严地域掌支给或运输兵器、弹药、粮食、被服及其他供军用物品无故使之缺乏者，处四等有期徒刑，因失误军机者，处死刑或无期徒刑。⑫因取用兵器或弹药之不注意伤毁他人之身体者，处五等有期徒刑；致死者，处三等有期徒刑。⑬不守军纪而借势勒索、调戏妇女、包庇烟赌、吸食鸦片者，皆处三等至五等有期徒刑。

第四章抗命罪：①反抗上官命令，或不听指挥者，处死刑。②伙同犯前条之罪者，首谋处死刑，余众处无期徒刑或二等以上有期徒刑。

第五章暴行胁迫罪：①对于上官为暴行胁迫者，依下列各款处断：敌前处死刑或无期徒刑；其余处一等有期徒刑。伙党犯前条之罪者，敌前首谋处死刑，余众处死刑或无期徒刑，其余首谋处死刑或无期徒刑，余众处一等有期徒刑，如发生重大变故者，得依敌前处断。②对于哨兵为暴行胁迫者，敌前处二等有期徒刑；其余处三等有期徒刑。伙党犯前条之罪者，敌前首谋处无期徒刑，余众处二等有期徒刑，其余首谋处二等有期徒刑，余众处三等有期徒刑。③对于上官或哨兵以外之陆军军人当执行职务时为暴行或胁迫者，处三等有期徒刑。伙党犯前条之罪者，首谋处一等有期徒刑，余众处三等有期徒刑。④滥用职权而为凌虐之行为者，处四等有期徒刑。

第六章侮辱罪：①对于上官面加侮辱或直接以文书侮辱者，处五等有期徒刑。其以图书、文书、偶像、演说或其他方法公然侮辱上官者，处四等有期徒刑。②对于哨兵面加侮辱者，处五等有期徒刑。

第七章强奸罪：1915 年《陆军刑事条例》在掠夺罪一章中规定："抢掠或强奸妇女者，处死刑或无期徒刑"。本刑律将强奸罪从掠夺罪中分出，单列专章规定："强奸妇女者处死刑"。足见国民革命军对强奸罪的重视。

第八章掠夺罪：①掠夺财物者，处死刑，其情节轻者，处无期徒刑。②盗取财物或强迫买卖者，处二等至四等有期徒刑。

第九章诈伪罪：①捏造军情或伪造关于军事上命令者，处死刑。②意图免除兵役勤务为虚伪之报告者，或军医有伪证之行为者，处三等至五等有期徒刑。③冒用军制服、徽章或构造谣言以淆惑听闻者，处三等至五等有期徒刑。

第十章逃亡罪：①无故离去职役者，敌前处一等有期徒刑；军中或戒严区域过三日者，处四等有期徒刑；其余过六日者，处五等有期徒刑。伙党犯前条之罪者，敌前首谋，处死刑或无期徒刑，余众处一等有期徒刑；军中或戒严地域过三日者首谋处一等有期徒刑，余众处二等有期徒刑；其余过六日者，首谋处三等有期徒刑，余众处四等有期徒刑。②犯前条之罪携带兵器、马匹及其他重要物品者，敌前处死刑或无期徒刑；军中或戒严地域处一等有期徒刑；其余处三等有期徒刑。伙党犯前条之罪者，敌前首谋处死刑，余众处死刑或无期徒刑；军中或戒严地域，首谋处死刑或无期徒刑，余众处一等有期徒刑；其余首谋处一等有期徒刑，余众处三等有期徒刑。③投敌者，处死刑。

第十一章军用物损坏罪：①烧毁或炸毁军用仓库、工场、船舶、汽车、电车、桥梁及其他战斗用之建筑物者，处死刑或无期徒刑。②损坏前条所列各物及军用铁道、电线、水陆通路或使之不堪使用者，处一等有期徒刑。③烧毁露积兵器、弹药、粮食、被服、马匹及其他军用物品者，军中或戒严地域处死刑或无期徒刑；其余处一等有期徒刑。④毁弃或伤害兵器、弹药、粮食、被服、马匹及其他军用物品者，处三等有期徒刑。

第十二章违背职守罪：①监视或护送俘虏使之逃亡者，处二等有期徒刑；出于疏忽者，处四等有期徒刑。②在乡军人无故逾召集之期限者，处三等至五等有期徒刑。③欺蒙哨兵通过哨所，或不服哨兵之禁令者，敌前处三等有期徒刑；军中或戒严地域处四等有期徒刑；其余处五等有期徒刑。④发礼炮、号炮及其他空炮时，装填弹丸或瓦石者，处三等至五等有期徒刑。⑤军中或戒严地域闻急呼之召报而不集合者，处三等至五等有期徒刑。⑥意图违背服从之义务而结私党或以图书散布者，处三等至五等有期徒刑。⑦违背职守而秘密结社集会及入非政府所许可之党者，处一等至五等有期徒刑。⑧哨兵或卫兵无故发枪炮者，处五等有期徒刑。

（四）1926 年《党员背誓罪条例》

中国国民党中央执行委员会议决，1926 年 9 月 22 日广州国民政府公布施行。

此处所谓"党员"，系指国民党员。由于当时各级行政司法官吏，皆须加入国民党。[①] 所以《党员背誓罪条例》实际上是对违法官吏的治罪条例。本条例共 8 条，涉及刑法者有 5 条。

党员任官职违背誓言而为不法行为者，分别情形，按刑律加一等以上处罚。

---

① 根据 1926 年 9 月 28 日国民政府令规定：嗣后各机关任用人员，文职委任以上，武职尉官以上，应以本党党员为准。但事务人员不必人人入党。

党员反革命图谋内乱者，不分既遂未遂，一律处死刑。

党员以职权操纵金融，图利自己或他人者，处死刑，并没收其财产。

党员舞弊侵吞库款满一千元者，处死刑，并没收其财产。但因公挪移未及弥补者，不适用本条。

知党员犯罪而不举发者，常人依违警法处罚，党员以从犯论。

此外，规定党员犯处死刑各条之罪，由中央执行委员会组织临时法庭审判之。

（五）1927 年《国民政府反革命罪条例》

1. 反革命罪的提出是反帝反封建革命深入斗争的必然产物

革命与反革命的斗争，是一场不以人们主观意志为转移的、受阶级斗争客观规律制约的、关系到革命胜败的尖锐斗争。这一斗争反映在法制建设上，必然要求革命政权及时制定惩治各种反革命罪犯的刑事立法。所以说反革命罪的提出，是我国反帝反封建革命斗争的必然产物，并且在相当长的历史时期内，成为刑事立法的主要惩罚对象。直到反动政权被彻底推翻，人民政权牢固确立，并要进一步消除产生反革命罪犯的社会基础之后，才算完成这一历史任务。

我国在第一次国内革命战争时期，在国共合作的历史条件下，在工农革命运动中，根据国际国内斗争形势的变化和阶级力量对比关系的发展，在同国际国内敌人进行斗争的实践中，逐步在各个不同领域，提出各种具体的反革命的犯罪行为和罪名，并规定不同的处刑原则。在取得一定经验后，最后确立在专门的刑事法规中，以后又随着中国革命历史的新发展，使之得到不断的充实和完善。

在第一次国内革命战争时期，关于反革命罪的种种罪行和罪名的提出，主要有以下几个方面的规定：

（1）1924 年孙中山坚决镇压商团反革命武装叛乱。

商团，原是广州商人的自卫组织，后来被广州汇丰银行买办陈廉伯所操纵，变成为英帝国主义和买办阶级服务的反革命武装组织，在 1924 年 9、10 月间，向孙中山为大元帅的广州革命政府进行武装叛乱活动。10 月 10 日商团军竟然开枪射击庆祝双十节游行的工团军和学生，死伤二三十人。孙中山在中国共产党和工农群众的坚决支持下，于 14 日下令解散商团军，15 日粉碎商团军的进攻，除首恶分子逃到香港外，大部缴械投降。

孙中山在 1924 年 9 月 1 日，向英国政府提出抗议的《致麦克唐纳电》中，明确指出："汇丰银行广州支行买办近来在组织一个所谓中国法西斯蒂的团体，其倾覆我政府之目的现已被揭露"。"对于帝国主义干涉中国内政的这一最新行动，我不得不提出最强烈的抗议。"①当商团武装叛乱发生后，孙中山自 10 月 10 日至 24 日，先后以大元帅训令或电函②形式发布以下规定：①"商团本多安分，不幸其中有一二十人甘为某国鹰犬，通番卖国，图倾覆革命政府"。"竟敢开枪屠杀庆祝革命纪念日之学生与工人，残忍无法。"②"今授全权于革命委员会，使之便宜行事，以戡定祸乱"，"斯反革命之祸可望消熄也"。③善后处分：未入商团的商店，即日开市；已入商团者，应分别处罚，为首者没收财产，附从者处以罚金。后又规定"各该团除陈廉伯

---

① 《孙中山全集》第 11 卷，中华书局，1986，第 3 页。
② 《孙中山全集》第 11 卷，中华书局，1986，参见第 167～243 页有关的训令电函。

等十一名外，一律遵缴，均免深究"。"其所属商团无附乱行为，并免予处罚。"此即革命政府镇压反革命武装叛乱最早的例证。上海《民国日报》1924 年 10 月中旬，连续报导："政府严惩反革命行动之商团"；"不捕灭反革命，革命是无建设的余地"。可见，镇压反革命武装叛乱，是打击反革命势力最紧迫的斗争任务。

（2）1925 年省港罢工工人代表大会提出镇压反革命间谍侦探罪。

1925 年 6 月，在著名的省港大罢工中，采取"罢工、排货、封锁"等手段，同帝国主义进行斗争。帝国主义者除了出动兵舰或指使土匪对执行封锁任务的工人纠察队进行武装袭击外，还从香港派遣暗探到广州进行破坏活动。为了惩办这些罪犯，省港罢工工人代表大会于 1925 年 7 月 15 日通过的《省港罢工纠察队应守的纪律》，明确提出纠察队要负责"镇压一切反革命行为"，"队员发现敌人间谍侦探时……应即拘送队本部审讯处分。"接着在同年 11 月 15 日公布的《会审处办案条例》中，将"侦探罢工消息报告敌人者"，"私运人货往港澳沙面者"，列为主要罪行加以惩处。同年 12 月 6 日公布的《水陆侦查队暂行条例》，也把"受敌国主使有危害罢工团体者"，列为主要侦查对象。

（3）1926 年广州国民政府《党员背誓罪条例》提出反革命内乱罪。

1926 年 9 月 22 日广州国民政府制定的《党员背誓罪条例》第二条规定："党员反革命图谋内乱者，不分既遂未遂，一律处死刑。"第六条规定："知党员犯罪而不举发者，常人依违警法处罚，党员以从犯论。"可见该条例最早确定了反革命内乱罪的惩治规范。

（4）1927 年《湖北省惩治土豪劣绅暂行条例》提出反抗革命罪和反革命宣传罪。

1927 年 3 月，正当农民运动高涨时，湖北省制定了《惩治土豪劣绅暂行条例》，第一条第一项就规定："反抗革命或作反革命宣传者"，"处以死刑或无期徒刑，并终身褫夺其公权"。这是针对当时破坏农民运动的反革命罪犯而规定的刑法规范。

2. 武汉国民政府颁布的《反革命罪条例》是我国最早确立反革命罪的单行刑事法规

1927 年春，"迁都之争"以后，以蒋介石为代表的国民党右翼集团，正在阴谋准备叛变，各类反革命分子活动猖狂之际，武汉国民政府在共产党人和国民党左派人士的共同努力下，制定了《国民政府反革命罪条例》16 条。据《汉口民国日报》1927 年 1 月 26 日报道：由司法部长提出《反革命罪条例》提交中央联席会议审议。2 月 10 日报道：昨日中央联席会议通过《反革命罪条例》。1927 年 3 月 30 日武汉国民政府正式颁布施行。其主要内容是：

第一，提出反革命罪的主要特征及量刑原则。第一条规定："凡意图颠覆国民政府，或推翻国民革命之权力，而为各种敌对行为者，以及利用外力，或勾结军阀，或使用金钱而破坏国民革命之政策者，均为反革命行为。"以下条文皆标明"以反革命为目的"。此即明确规定反革命罪的特征是：利用外力，勾结军阀，意图颠覆革命政权，或推翻革命权力，或以反革命为目的进行各种破坏活动者，即构成反革命罪。并区别三类情况，分别规定量刑原则：①其首魁，处死刑，并没收财产；②执重要职务者，处死刑或无期徒刑，并没收其财产；③帮助实施者，处无期徒刑至二等有期徒刑，并没收其财产。

第二，列举各类反革命的主要罪行及处刑标准。自第二条至第十条，分别规定：①凡以反革命为目的，统率军队或组织武装暴徒或集合土匪盘据土地者，处死刑，并没收其财产，但缴械投降者，得减轻或免除死刑。②与世界帝国主义或其代表通谋，以武力干涉国民政府者，依第一条之例，分别处分。③凡组织各种反革命团体，其重要分子，处三等至五等有期徒刑，并解散其团体，及没收其个人与团体之财产。④凡图利敌军，或妨害国民政府，而有下列行为之一者，处死刑，并没收财产：组织机关，以炸药烧毁或其他方法损坏铁路或其他交通事业，及关于交通各项建筑物，或设法使不堪使用者；将要塞军港军队船舰，及其他军用处所建筑物或兵器弹药钱粮交通材料及其他军用品，交付敌军，或烧毁损坏，或设法使不堪使用者；设法煽动陆海军队互相冲突，或发生叛变者；引诱敌人之军队船舰使侵入或迫近国民政府领域者；以反革命为目的，盗窃刺探或收集重要军政秘密之消息文件图画，而潜通敌军或帝国主义者，处死刑、无期徒刑或一等有期徒刑，并没收其财产；以反革命为目的，破坏国家金融机关或妨害其信用者，处二等至四等有期徒刑，并没收其财产；宣传反革命各种煽惑文字图画者，处三等至五等有期徒刑，并科两千元以下之罚金；以反革命为目的，捏造各种谣言，足使社会发生恐慌者，处四等有期徒刑，并科两千元以下之罚金；对革命运动或农工运动曾有积极压迫行为者，处一等以下有期徒刑，并没收其财产。其有杀伤行为者，依俱发罪处断。

第三，其他规定：①本条例对在中国境内境外犯反革命各条之罪者，不问何人适用之。在本条例公布前未经确定审判之案，亦适用。②本条例之未遂犯罪之预备或阴谋犯第一条至第三条及第五条之罪者，处一等有期徒刑，并科 5000 元以下罚金。③本条例宣告二等有期徒刑以上之刑者，褫夺公权，其余亦得褫夺之。④凡犯本条例之罪，如有情节较轻者，得酌减本刑一等或二等。

综观本条例，基本体现了反帝反封建和扶助农工政策的革命精神，因而在我国刑法史上居于重要的地位。这是由革命政权正式颁布的专门规定惩治反革命罪的单行法律，也是对上述工农运动中提出的反革命罪的正式确认。对以后制定惩治反革命条例，具有重要影响和直接参考价值。

（六）1927年惩治土豪劣绅条例

1. 惩治土豪劣绅条例的制定

土豪劣绅，是封建地主阶级的政治代表，是帝国主义军阀官僚统治农民的"地头蛇"。他们凭借政治权势和经济实力，在地方横行霸道，做出许多欺压群众的罪恶勾当。农民运动兴起后，他们又与农民协会为敌，勾结土匪团防武装，组织反革命团体，进行各种破坏活动，甚至杀害农民或农运干部。1927年2月27日湖北省阳新县发生的"二二七"惨案，就是最突出的例证。阳新县是当时农民运动发展最快的地区之一，因而引起反动势力的极端仇视，反动豪绅与反动的县长、公安局长相勾结，经过密谋策划，将省农协特派员成子英和农会干部和农友共9人拘捕吊打后，竟惨无人道地用煤油柴火将9人活活烧死。以上土豪劣绅的罪恶活动，激起农民群众的极大义愤，坚决要求予以回击。1926年末1927年初，湖南、湖北、江西等省的农民代表大会都通过了《惩办土豪劣绅决议案》。为了统一方针政策，减少阻力，并将这一斗争纳入法制化的轨道，湖南、湖北两省的国民党省党部、省政府制定单行刑事法规。湖南省组成了谢觉哉等参加的起草委员会，制定了《湖南省惩治土豪劣绅暂行条例》，① 于1927 年1 月28 日公布实施。湖北省在董必武领导下，组成邓初民等参加的起草委员会，制定了《湖北省惩治土豪劣绅暂行条例》② 于1927 年3 月公布实施。

2. 惩治土豪劣绅条例的主要内容

现以湖北省的条例为主，以湖南省的条例作补充，综述如下：

第一，规定了"土豪劣绅"的定义及其主要罪行。

湖北省的条例第一条规定："凭借政治、经济、门阀身份以及一切封建势力或其他特殊势力（如凭借团防勾结军匪），在地方有左列行为之土豪劣绅，依本条例惩治之。"③〔湖南省则规定："凭借政治、经济或其他特殊势力（如团防等），在地方有左列行为之土豪劣绅，依本条例惩治之。"〕

接着在第一条内具体列举了11 项罪行（湖南为9 项）：

---

① 全文见长沙《大公报》1927 年1 月29 日。

② 后一条例制定后，正值国民党二届三中全会在武汉开会，为了减少阻力，并将这一条例推向全国，经共产党人的建议，将这一条例提请全会审议通过，作为"附录"公布在国民党中央执行委员会印行的《中国国民党第二届中央执行委员第三次全体会议宣言训令及决议案》里。

③ 关于《湖北省惩治土豪劣绅暂行条例》原文的说明：现在国内外广为流传的版本，是人民出版社1953 年出版的《第一次国内革命战争时期的农民运动》翻印了日本人田中忠夫在30 年代所写的"图解介绍"，而不是原文。因而错误百出，是一件极不可靠的史料。经笔者多方查找，现已掌握1927 年5 月《国民党二届中央执行委员第三次全体会议宣言训令及决议案》的附件，1927 年3 月6 日汉口《民国日报》登载的条例草案和武昌"毛泽东同志旧居和中央农民运动讲习所旧址纪念馆"收藏的早年油印稿。将上述3 种版本互相对照，已校正出该条例的全部条文。该条例全文，曾发表在《江汉论坛》1980 年第4 期笔者撰写的《一九二七年〈湖北省惩治土豪劣绅暂行条例〉简介》和1983 年北京市法学会《法学论集》刊载的《再论田中忠夫对〈湖北省惩治土豪劣绅暂行条例〉图解介绍中的主要问题》。详见拙著《中华人民共和国刑法史》第2 章第3 节"关于《湖北省惩治土豪劣坤暂行条例》版本真伪正误的考辨"（中国人民公安大学出版社，1998，第39~54 页）。

①反抗革命或阻挠革命及作反革命宣传者；②反抗或阻挠本党及本党所领导之民众运动（如农民运动、工人运动、商民运动、青年运动、妇女运动）者；③勾结军匪蹂躏地方党部或党部人员者；④与匪通谋坐地分赃者；⑤借故压迫平民，致人死亡者；⑥借故压迫平民，致人有伤害或损失者；⑦包揽乡间政权，武断乡曲，劣迹昭著者；⑧欺凌孤弱，强迫婚姻，或聚徒掳掠为婚者；⑨挑拨民刑诉讼，从中包揽，图骗图诈者；⑩破坏或阻挠地方公益者；⑪侵蚀公款或假借名义敛财肥己者。（湖南省的条例无上述⑦⑧两项，多一项"杀害人民及纵火、决水、强奸、虏掠者"。湖南还将"假借名义敛财肥己者"和"侵蚀公款者"分列在⑥⑨两项，湖北则将两者合并到第⑪项。后者较为恰当。）

　　上述规定，将土豪劣绅的反动身份和法定的各种罪行相结合，便为执法机关和革命群众提供了识别和处理土豪劣绅的法律根据。这样，既可以防止放纵土豪劣绅，又可避免因无法可依而出现的乱捉乱杀现象。这是一条十分重要的历史经验。

　　第二，依照罪行轻重规定了各种刑罚。

　　湖北条例规定的刑种有：死刑、无期徒刑、有期徒刑、罚金、剥夺公权、没收财产六种。湖南条例多一刑种，拘役。

　　湖北省的条例根据罪行轻重，划分五个量刑阶梯，由重到轻是：①死刑或无期徒刑；②无期徒刑或一等有期徒刑；③一等或二等有期徒刑；④二等至四等有期徒刑；⑤四等或五等有期徒刑。湖南省的条例则分得较多：①死刑、无期徒刑或一等有期徒刑；②死刑、无期徒刑或二等有期徒刑；③一等或二等有期徒刑；④二等以上有期徒刑；⑤二至四等有期徒刑；⑥三等以上有期徒刑；⑦四等或五等有期徒刑。

　　两省对于贪污犯的处理办法，是基本一致的。即按贪污款数多少，分别列为四个阶梯：①10 元以上，未满 500 元者，处四等或五等有期徒刑（湖南还规定"或拘役"）并科千元以下之罚金；②500 元以上，未满千元者，处二等至四等有期徒刑，并科2000 元以下之罚金；③千元以上，未满 3000 元者，处一等或二等有期徒刑，并科 6000 元以下之罚金；④3000 元以上者，处死刑或无期徒刑，并没收其财产。这种按贪污款数确定量刑轻重的方式，为以后革命根据地的惩治贪污条例所沿用。

两省条例都专门规定一条："犯本条例之罪者，终身剥夺其公权"。湖南省还规定："本党党员犯本条例之罪者，加一等处断"。

第三，其他规定。

（1）第九、十条规定，本条例之最高解释权属于中国国民党湖北省党部。本条例经湖北省政府公布施行。

（2）第八条规定："凡触犯本条例各罪另组湖北省审判土豪劣绅委员会审判"。为此，专门制定了《湖北省审判土豪劣绅委员会暂行条例》。

（3）第七条规定："暂行新刑律总则与本条例不抵触者，得适用之"。因为本条例是个单行的刑事法规，不可能对刑法总则的若干规范，作详细规定。因此决定对当时全国通用的暂行新刑律总则，采取灵活运用的策略。例如刑罚的种类和有期徒刑五个等级的划分，就是借用《暂行新刑律·总则》的规定，这也是当时广州、武汉国民政府通用的处刑办法。另在审判实践中，许多审判土豪劣绅的判决书里，也有此类例证，如数罪并罚的处理原则，也是参用《暂行新刑律》的规定。以湖北省审判土豪劣绅委员会第 7 号判决书为例，被告傅宗说，在任当阳县瓦仓区团总时，犯有"侵蚀公款罪"，处二等有期徒刑 3 年，并科罚金

1000 元；犯"伙同摧残党部罪"，处一等有期徒刑 10 年零 6 个月；又犯"武断乡曲罪"，处一等有期徒刑 10 年零 6 个月。系"俱发罪"（即数罪并罚），合并执行有期徒刑 17 年，并科罚金 1000 元，褫夺公权全部终身。第 4 号判决书，被告汪律彬，犯"侵蚀公款罪"，处四等有期徒刑 2 年 8 个月；犯"摧残党部罪"（解散"乡俗改良会"），处无期徒刑；犯"强迫婚姻罪"，处二等有期徒刑 8 年。系俱发罪，应执行无期徒刑，剥夺终身全部公权。上述判决，即适用了暂行新刑律第五章俱发罪第二十三条的下列规定："科无期徒刑者，不执行他刑"。"科多数之有期徒刑者，于各刑合并之刑期以下，其中最长之刑期以上，定其刑期；但不得逾二十年"。科处有期徒刑，其罚金"并执行之"。"褫夺公权及没收，并执行之"。

（七）1927 年《处分逆产条例》

为了在财产上给反革命罪犯以处罚，武汉国民政府在 1927 年 5 月 10 日，公布了《处分逆产条例》8 条。其主要内容是：

（1）确定了逆产的范围。第 1 条规定：凡与国民革命为敌者，或为帝国主义之工具者，或压迫人民，以巩固封建制度社会者，或侵吞国家地方收入，剥削人民生活利益，以饱私人贪欲者，或操纵金融以动摇革命势力者，例如军阀、贪官、污吏、土豪、劣绅及一切反革命者，其财产皆为逆产。

（2）确定逆产的没收保管机关。第 3 条规定：逆产的没收及保管机关，为国民政府、省政府，特别市政府及县、区、乡自治机关。中央及各级党部对之有监督之权。何项逆产属于何机关，视其财产之性质、来源及法律关系而定。逆产所属之解释权在国民政府。

（3）确定逆产的处分和分配办法。第4条规定：逆产之处分，在革命战争时期，得全数收作军政费用。但逆产属于农村耕地者，应以所得利益百分之三十，用以农村改良土地、设立农民银行等事业。第5条规定：被没收之逆产，至革命战争终了时，除仍应保留一部分归第3条所列机关管理外，应分配于人民及革命军人。分配方法：①实质分配；②利益分配。分配以①款为原则，不能适用第①款时，依第②款之法分配。由中央党部及省市党部分别组织逆产分配委员会执行之。分配不动产或利益不得买卖及移转，受分配人死亡时，报告该管委员会另行分配。

（八）其他刑事法规

1. 1921年《贩运人口出国治罪条例》

早在1921年5月4日，广东军政府就明令发布《贩运人口出国治罪条例》，具体规定对贩运人口出国各种罪行的量刑标准。以后国民政府仍然参照适用。其主要内容是：①意图营利或其他目的，以强暴胁迫或诈术拐取20岁以上①之男子，移送于中华民国外者，处一等至三等有期徒刑。以其他方法而犯前项之罪者，处三等至四等有期徒刑。②意图营利或其他目的，而预谋收受、藏匿前条之被害人者，依该条第一二项之例处断。未预谋者，依左列处断：一. 收受、藏匿第一条一项之被害人者，处三

---

① 本条例为什么专门规定拐取20岁以上之男子呢？这是对《暂行新刑律》的重要补充。该刑律第30章"略诱及和诱"规定：以强暴、胁迫或诈术拐取妇女或未满20岁之男子者，为略诱，处二等或三等有期徒刑。移送自己略诱之妇女或未满20岁之男子于中华民国外者，处无期徒刑或二等以上有期徒刑。意图营利移送自己略诱之妇女或未满20岁之男子于中华民国外者，处死刑、无期徒刑或一等有期徒刑。

等或四等有期徒刑。二. 收受、藏匿第一条二项之被害人者,处四等或五等有期徒刑。③犯第一条之罪而移送至 10 人以上者,分别该条一二项情形,加本刑一等。④预谋收受、藏匿第一条之被害人至 10 人以上者,依前条之例处断。未预谋者,依第一条一二项之例处断。⑤检察、警务、官吏或其他佐理人,知有犯前四条之罪人而不予以相当处分者,以刑律第 145 条之罪论(即处四等以下有期徒刑或拘役)。

2. 1922 年《严行禁止蓄婢令》

1922 年 2 月 24 日,大总统孙中山发布《严行禁止蓄婢令》①首先指出:蓄婢之风,前清末业已成为厉禁,凡买卖人口者科以重刑。民国成立,人民一律平等,载在约法,所有专制时代之阶级制度,早经完全废除。乃查私家蓄婢,至今未已,甚至买卖典质,视同物品,贱视虐待,不如牛马,既乖人道,尤犯刑章。接着明确规定:嗣后如再有买卖典质人为婢、蓄婢者,一经发觉,立即依法治罪。着内务部、大理院分别咨令各省行政、司法长官,令饬所属一体遵行。并着内务部通行各省妥筹贫女教养办法,以资救济。

以上两件是我国保护人身自由权利的早期单行法令。

3. 1925 年《禁烟条例》

1925 年 7 月 21 日广州国民政府发布禁烟令和《禁烟条例》12 条。同日还公布《禁烟督办组织章程》和《禁烟领牌章程》。《禁烟条例》主要是规定关于管理禁烟的行政措施,但也规定了以下刑罚条款:

(1)凡违犯第四条(禁止栽种、贩运、收藏鸦片烟者),第

---

① 上海《民国日报》1922 年 3 月 5 日。

六条（藏有鸦片烟而不据实呈报者）之规定者，除鸦片烟及其运船、制具没收或铲除外，科以所值二倍以下之罚金，并得处以5年以下之监禁。

（2）违犯第七条（禁绝吸烟馆舍）之规定者，除将所有鸦片烟及一切物品没收外，科以3000以下之罚金，或5年以下之监禁。

4. 1927年《惩治贪官污吏条例》

1927年1月，湖南省政府公布《湖南省惩治贪官污吏暂行条例》共20条。本条例前部分属于刑法规范，后部分为审判机关的组织法规。刑事法规主要规定是：

（1）湖南省各机关服务之官吏，有贪污不法行为者，剥削人民或部属图饱私囊者，侵蚀或故意虚縻国款公款者，财政税务人员非法征收变卖证券从中渔利者，依照赃款数额，规定了不同的量刑标准。其中最高者规定赃款在3000元以上者，处死刑、无期徒刑或一等有期徒刑，并得没收其财产。

（2）依照职权规定，应理而不理，或不应理而理，其所处理之事务显系舞法弄弊，故意颠倒是非曲直者，处二等或三等有期徒刑，并科4000元以下罚金。

（3）因犯本条例之罪而致人民或部属死亡或残废者，处死刑或无期徒刑，并赔偿其损失。

1927年4月，武汉国民政府为了整肃吏治，惩治官吏中贪污腐败现象，也制定了《惩治贪官污吏条例》。该条例规定：凡官吏有下列行为之一者，依本条例治罪：出卖差缺或收受贿赂；私取浮收或勒索苛派；营私舞弊或携款潜逃；侵吞公款或贪赃枉法；勾结土豪劣绅捣毁党部及合法民众组织；勾结反革命分子在其辖区境内活动确有实据；怂恿差役诈脏有据以及借故（如祝寿等）敛财者；皆分别情节，判处死刑或无期徒刑，并得没收财产。此外，还规定本条例对既往的罪行，有溯及力，凡是官吏在本条例公布前犯有上述罪行的，依然适用本条例。

十九　婚姻继承立法

（一）中国国民党历次决议中关于婚姻立法原则的规定

1924 年 1 月 23 日，国民党第一次全国代表大会通过的《国民党之政纲》"对内政策"第十三条明确规定："于法律上、经济上、教育上、社会上确认男女平等之原则，助进女权之发展。"

1926 年 1 月 16 日，国民党第二次全国代表大会通过的《妇女运动决议案》，具体提出下列有关婚姻问题的立法原则和口号：

1. 制定男女平等的法律，（或男女在法律上绝对平等）。
2. 从严禁止买卖人口。
3. 反对多妻制。
4. 反对童养媳。
5. 根据结婚离婚绝对自由的原则，制定婚姻法。
6. 保护母性。
7. 保护被压迫而逃婚的妇女。

8. 社会对于再婚妇不得蔑视, 应一律待遇。

9. 打破奴隶女性的礼教。

10. 反对司法机关对于男女不平等的判决。

同时, 还决定"应督促国民政府从速依据党纲对内政策第十三条"之规定, 实行上述各项原则。

为此, 何香凝在 1926 年 1 月 18 日的会议上又提出动意: "请大会令国民政府将议决之依照党纲修改法律案, 于半年内修改完竣案。"其理由是: 敝代表等的提议, 虽已通过, "但恐修改期迁延过长, 则妇女之希望难达到, 谨请令饬国民政府从速修改, 至迟是半年内将法律修改完竣。"最后大会决议: "众无异议, 通过。"①

从上述规定中, 不难看出, 当时已经确定了改革婚姻制度的基本原则, 即反对买卖婚姻、反对多妻制和童养媳, 实行男女平等、一夫一妻、结婚离婚自由、允许寡妇再婚和保护母性的新型婚姻家庭制度。这些原则对日后制定更为完善具体的新民主主义婚姻法规, 奠定了基础。

但是, 国民政府当时并未制定出具体法规。只是在 1926 年 5 月 29 日以《国民政府为颁布妇女运动决议案令》的形式, 抄发原决议案第九项所列各项法律原则和理由, 令各地行政机关转饬所属切实施行。

国民政府司法行政委员会在 1926 年 10 月, 向广东、广西、湖南各省高等审检各厅发出通令, 规定在未颁布男女平等法律之前, 关于妇女问题, 应根据上述妇女运动决议案中的法律方面的

---

① 《中国国民党历次代表大会及中央全会资料》(上), 光明日报出版社, 第138～139、211页。该《妇女运动决议案》内容较广泛, 此处只引证与婚姻问题有关者。

原则，进行裁判。

（二）武汉国民政府颁布的财产继承法规

1926 年 1 月，国民党第二次全国代表大会通过的《妇女运动决议案》，提出在法律方面要"规定女子有财产承继权"。在妇女运动适用的口号中，又提出"女子应有财产权与承继权"。这就是从法律原则上明确规定妇女既要有与男子平等的财产所有权，又要有平等的财产继承权。

根据上述原则，武汉国民政府发布了第一个承认女子享有继承权的法规。据汉口《民国日报》1927 年 2 月 12 日报道：国民政府司法部函政委会①云：

迳启者，中国国民党中央执行委员国民政府委员临时联席会议第 16 次会议决议如左："财产继承权应以亲生子女及夫妇为限。如无应继之人及生前所立合法之遗嘱，所有财产收归国有，为普及教育之用。但在死者生前确系直接受其扶养者，得按其生计状况，酌给财产。至北京反革命政府所定继承法例，一概无效。此项决议，各级法院应遵守，即希贵会转令各县司法委员遵照。"

上述法规，原则上确定继承分为法定继承和遗嘱继承两种。法定继承以亲生子女和夫妇为限。范围虽然偏窄，但却是破天荒地以革命政府名义，将女子继承权明确规定在法律文献中，这在中国法制史上是一件具有伟大历史意义的创举。

---

① "政委会"，是各省政务委员会的简称。是省政府正式成立前的省级临时行政机关。

（三）何香凝就国民党《妇女运动决议案》的
实施情况给笔者的复信

以上关于婚姻继承立法的基本原则，虽然已经确定，但是由于各种主客观的原因，并未真正实施，中国的第一次大革命即宣告失败。

至于《妇女运动决议案》当时未能实施的原因，笔者在20世纪50年代，曾通过全国妇联办公厅，请教过中国妇女运动的先驱、革命老人何香凝。她当时曾回过两封信，作了原则性的答复。现将这两封复信的全文，公之于世。

1955年11月23日何香凝的复信：

　　迳启者关于转来张希坡同志所提的问题，现在简复如下：

　　当时在一九二四年的中国国民党第一次全国代表大会中，已经通过了全国男女在社会上政治、经济、教育各方面一律平等。后来在第二次全国代表大会上，又通过了女子有财产继承权，有结婚离婚自由，男女同工同酬、保护童工、保护女性等决议，并提议由国民政府在半年之内将法律修改完竣。就在第二次全国代表大会之后不久，一九二六年的三月二十日，蒋介石就叛变了。以后在蒋介石的反动政权统治之下，这些决议都没有切实执行。

　　专复

全国妇联办公厅

　　　　　　　　　　　　　　　　　何香凝

　　　　　　　　　　　　　　　　　十一月廿三日

1956 年 5 月 15 日何香凝的复信:

张希坡同志:

　　您致妇联函件, 经已转到, 对于大革命时期法权方面问题, 因为我当时多是负责妇女工作, 对法权情况, 了解不够详细, 兼之现在年月已久, 以前保存有关资料, 经战乱又已散失无遗, 所以不能确切解答, 甚为抱歉, 请谅。

　　专复并致

　敬礼

何香凝 (签字)

五月十五日

（附两封信原件如下）

中华全国民主妇女联合会　中华全国民国...

迳启者兹就来谕希所提问题，谨在...间

复如下

当特表一九二四年的中国国民党第一次全国代表大会中已经通过了全国男女在社会上政治、经济、教育各方面一律平等。在未在第二次全国代表大会上又通过了女子有财产继承权，有结婚离婚自由，男女同工同保护童工，保护女性等决议，并提议由国民政府来半年之内将法律修改完善。就在第二次全国代表大会之后不久，一九二六年的三月二十日，蒋介石就报复了。以后蒋介石的反革命政变以下，这些决议都没有切实

执行

答复

全国妇联办公厅

何香凝

十一月廿三日

(1956年11月23日)

中華人民共和國華僑事務委員會

張希坡同志:

　　您致婦聯函件,經已轉到.對於大革命時期婦女方面問題,因為我當時多是負責婦女工作,對此情況了解尚較詳細,惟現在年月已久,以前保存有關資料,經戰亂又已散失甚遠,所以不能確切解答,甚為抱歉,諒諒.

何香凝

　　此復並致

敬禮

五月十三日

二十　司法机关与诉讼制度

（一）审判机关与诉讼法规

1. 1918 年《大理院暂行章程》

1918 年 4 月 22 日，大元帅孙中山核准发布《公布大理院暂行章程令》，作为设置大理院的临时法规。《大理院暂行章程》8 条。

大理院为最高审判衙门，于护法期内，依法院编制法之规定，设立于广州。大理院暂设一庭审理民刑诉讼。大理院所辖案件，其讼费送达费等均按现行章程加倍征收。

大理院置院长 1 人，推事 5 人，候补推事 2 人。总检察厅设检察长 1 人，检察官 1 人。大理院及总检察厅应置书记长、书记官、录事等。大理院、总检察厅各员之职务权限及办事方法，依法院编制法及各级审判厅试办章程并按诉讼律管辖各节及其他法令所定办理。

本章程施行期间，自大元帅核准大理院开办之日起，俟国会正式开会议决《大理院组织大纲》颁行后，本章程即停止施行。

1923 年建立大元帅大本营时，审判机关基本上沿用上述体制。在中央设立大理院、总检察厅，省以下设立高等审判厅、检察厅和地方审判厅、检察厅。此外还设有大本营军法处。

大元帅孙中山于 1923 年 3 月任命赵士北为大理院院长，卢兴原为总检察长，陈融为广东高等审判厅厅长，陆嗣曾为广州地方审判厅厅长，黄镇磐为广东高等检察厅检察长，区玉书为广州地方检察厅检察长，罗翼群为大本营军法处处长。

2. 1923 年大理院拟定"除弊考绩整顿司法十条"

1923 年 5 月 30 日，大元帅指令第 219 号批准大理院拟定"除弊考绩整顿司法十条"，其要点是：

首先指出：积案之清理，实对于人民之生命财产有莫大之关系，进行不容或缓。查近年司法腐败，以粤省为最，于事实上无可讳言。推事之贪贿，手段不一，然大要必先将案搁置，予诉讼人以运动之时机，诉讼人知其志在索贿，势必生败诉之恐慌，由是争相贿托，惟恐居后。欲除此弊，莫若使之将案速结。改良之道正多，而急治其标，则尤以除弊与考绩二者为先务。为此，提出以下临时办法。

责成各厅长或推事监督，限令每员每月结案若干件，则先交十件，俟其结一件再续交一件。无论新旧案件，概归长官保存，不使积压于推事手中。如发交各案中如确有特殊情形，不能依限办结者，准于该推事附以理由，将案送还长官。如长官认为正当，即将该案交该推事延期若干日判结。如认为理由欠当，即将该案改分其他推事审理。倘若任意延滞，则由该长官开列职名，呈请惩戒。

关于法官之考绩办法，则规定如法官所结之案件有十件上诉，其中如有五件为上诉审所推翻者，去之；不及五件者，留之。其去之者，即非贪贿，而其法律知识亦必不足。此即古人所谓："不贪不明，尤甚于贪而不明，诚非苛论"。

对于检察官则规定无论所拟为何种罪名，倘于侦察期限届满后，尚不能搜获罪证者，应即将在押人交保候审。对于检察官之考绩，则应以其起诉意见书，与审庭判决相比较，以视二者之符合与否，作为去留之标准，其办法大体与上述推事相同。

3. 1925 年《修正法院编制法》——废除"司法不党"原则

早在 1923 年孙中山建立大元帅大本营时，任命赵士北为大理院院长。后因他主张"司法不党"，孙中山以其违反"以党治国"原则，于 1924 年 4 月 1 日发布大元帅令："大理院长兼管司法行政事务赵士北，着免本兼各职"。同日"特任吕志伊为大理院院长兼管司法行政事务"。

为了贯彻"以党治国"原则，广州国民政府于 1925 年 11 月 28 日公布《修正法院编制法》，主要是删改了原第一百二十一条的第二项。

原《法院编制法》第一百二十一条第二项规定："为政党员政社员及中央议会之议员"，不得担任推事及检察官职务。

因上述第二项与国民党党义有抵触之处，故应予修正。现修改为：推事及检察官在职中不得为左列事宜：①于职务外干预政事；②为中央议会或地方议会之议员；③为报馆主笔及律师；④兼任非本法所许之公职；⑤经营商业及官吏不应为之业务（删掉"为政党员政社员"的规定）。

到 1927 年武汉国民政府改革司法制度时，全面贯彻这一原则。明文规定法官必须是国民党党员。

4. 1925 年《特别刑事审判所组织条例》与《特别刑事诉讼条例》

《特别刑事审判所组织条例》

1925 年 9 月 30 日公布，同年 10 月 9 日修正公布，共 15 条。

特别刑事审判所以国民政府所辖地为管辖区域。凡《统一广东军民财政及惩办盗匪奸宄特别刑事条例》所揭各罪者，由特别刑事审判所审定。军人犯上述条例所揭各罪者，亦由特别刑事审判所审定。

特别刑事审判所为合议制，其审判权以审判员 3 人之合议庭行之。合议审判以所长或资深审判员为审判长。开庭审判时，得禁止旁听。

特别刑事审判所设置下列职员：①所长一人（特任），总理全所审判事务，并监督其行政事务。②审判员 3 人以上（简派），掌理审判案件。③检察员 2 人以上（荐任），掌理起诉莅庭执行及其他代表公益之事务。④主任书记员 1 人（委任）承所长之命，掌理指挥监督书记室事务，并处理全所行政事务。⑤书记员 4 人以上（委任），承长官之命，分掌诉讼记录、会计、文牍及庶务。此外，得设雇员，司法警察若干人。1925 年 10 月 6 日特派林翔为所长，9 日派詹大悲、林云陔、林德轩为审判员。

《特别刑事诉讼条例》

1925 年 9 月 30 日公布，同年 12 月 24 日修正公布，共 20 条。

特别刑事审判所之事务及土地管辖，以国民政府所辖地为管辖区域。一人犯数罪，其中有不属于特别刑事审判所之管辖者，应将该无管辖权之案件，移于有管辖权之审判机关受理。

审判员、检察员、书记员回避或拒却之声请，应由特别刑事审判所所长裁判之。所长回避或拒却之声请，由司法行政事务处裁决之。前二项裁决不得声明不服。12 月 24 日修正补充规定：所长受回避或拒却之声请时，由资深之审判员代行审判长职务。

告诉人或告发人得为原告迳行起诉。告诉人告发人应于诉状内填明住址，并具保状保证随传随到。保证人为虚伪之保证者，处二百元以下之罚锾，告诉人或告发人得勾摄。

　被告人所在地在外县时，得向该县县长为告诉告发。县长接受告诉告发时，应即调查事实。如无犯罪嫌疑时，应即将被告人释放，并录案呈请特别刑事审判所核定。认为有犯罪嫌疑时，应即勾摄被告人，连同卷证于 24 小时内解送特别刑事审判所，不得擅行审判。但犯《统一广东军民财政及惩办盗匪奸宄特别刑事条例》第 11、12、14、15、16、17 条之罪者（即聚众械斗者、因前条犯杀伤放火决水者，强盗放火者，制造携带爆烈品者等），得由该县县长径行审判。

　公判准备程序，由审判长指定审判员一人行之。于被告人到场 24 小时内开始，并准用刑事诉讼律关于侦查预审之规定。审判员办理公判准备程序，应于 24 小时内终结，并报告所得结果于公判庭。公判庭接受前项之报告，应于 24 小时内开始公判。遇有案情重大或其他原因不能依限终结而需延长者，得由审判员呈请所长核定。

　公判庭非左列各员出席不得开始审判：①审判员；②书记；③检察员；④告诉人或告发人；⑤被告人；⑥辩护人。被告人如无委任辩护人时，应由审判长依刑事诉讼律第 318 条之规定选任。

　审判长对于被告人询问后，原告人应即陈述案件要旨。告诉人或告发人为原告时，检察员应于言词辩论终结前，陈述意见。辩论应于可能的限度内迅速终结。

　宣告判决于辩论终结后即日为之。12 月 24 日修正补充规定：辩论终结后不能即日宣告判决者，得延长之，但不得逾三日。宣告判决时发现该案件不属于特别刑事审判所管辖者，应即移送有管辖权的审判机关办理。宣告死刑或无期徒刑时，应即日将卷证咨由司法行政事务处核办。执行死刑，应公布犯罪事实及理由。

最后注明本条例无规定时，适用刑事诉讼律之规定。

5. 1925 年《特别陪审条例》

1925 年 11 月 24 日公布，共 15 条。

本条例专适用于特别刑事审判所审判关于《特别刑事条例》第十八条第十九条案件（系指非法运输粮食或其他必需品出口者和以破坏爱国运动为目的而反抗群众一致之举动者）。特别刑事审判所公判上述案件时，须召集陪审员 3 人出席。陪审员之席次，设在辩护人席次之左。

陪审员，由罢工委员会①预选三倍之人数，具报特别法庭审判所注册，遇有陪审案件，由审判长按照名册次序通知出席。下列人等不得被选为陪审员：①非中华民国国籍者；②未成年者；③褫夺公权尚未复权者；④有精神病者；⑤吸食鸦片烟者；⑥不识文义者。

召集陪审员用通知书，应记载下列事项：①陪审员之姓名住址；②审理案件的案由；③应到日时处所；④发通知书之官署。审判长应于通知书上签名。通知书应于出席日期 24 小时前送达。当场由审判长告知下次出席日时者，以已经送达通知书论。陪审员于公判日期不出席，或出席不足定数者，特别刑事审判所得径行判决。

陪审员于公判开始后，须为事实之陈述及证明其真实，并陈

---

① 陪审员产生于省港罢工中。省港罢工委员会内设有会审处，负责审理关于破坏罢工的各种案犯。后由于广东总检察厅进行干预，经省港罢工委员会与国民政府的交涉，最后决定将此类案犯交由特别刑事审判所审理，省港罢工委员会得派出陪审员参与陪审。

述对于本案之意见，但不得干预审判。陪审员于陈述前应向总理遗像宣誓，对于该公诉事件为本于良心诚实陈述。特别刑事审判所于陪审员陈述之事实，仍须依职权调查判决。陪审员于出席时，非得审判长许可，不得离席。陪审员适用关于司法官之回避拒却之各项规定。

另据 1925 年 11 月 11 日《国民政府致（省港）罢工委员会函》称："查特别法庭审判所业经成立，在此罢工期内，应由贵会派员三人陪审，其职权以关于罢工案件为限。除分别令行司法行政处特别刑事审判所知照外，特此函达查照。"

6. 1926 年《禁止干涉民刑审判令》

1926 年 3 月 9 日国民政府公布，指出：

> 查五权宪法创自先总理，本党久奉为政纲，司法关系人民生命财产，尤不容他人妄加干涉。且考之现行法例，普通民刑诉讼，概采三审制，即令法官审判偶失平允，自有正当救济之法。嗣后各级党部各团体，对于民刑案件，概不许干涉，以维法权，而保公平。自经此次命令之后，如再有积习相沿，干预司法者，定予从严惩治，决不宽贷。

7. 军法机关及其办事细则

《军法委员会组织大纲》

1926 年 3 月 19 日军事委员会公布，共 19 条。

（1）为维持国民革命军之军法军纪秩序，制止财政上之舞弊，消灭间谍谋叛，反对政府反对长官及其他罪恶等行为，特于国民革命军政治训练部之下，设立军法委员会。军法委员会之责任，在提高士兵之普通政治智识，对国民革命及政府与军队之一切敌人为严厉之惩罚机关。为此军法委员会之行为，应以最明瞭、公开为原则。军法委员会根据国民政府所颁之法令，承政治训练部之指导，处理职务。

（2）军法委员会设主席一人、副主席一人、委员三人、副委员二人、秘书长一人，由政治训练部推荐于中国国民党中央执行委员会、政治委员会任命。军法委员会主席为理论之指导者，并统率委员会所属人员，指挥处理一切行政事宜。军法委员会全体委员及副委员组织军法委员会的军法会议，解决各种问题，如增减刑及免刑、再审等。

（3）军事法庭，由军法委员会主席或副主席为主席，及二名委员组成。若军法委员缺席时，由副委员充任。秘书则任审判之记录。法庭人员须经军法委员会主席的批准。军事法庭于各项问题决议中，须以有利于国民革命为原则。对于犯人之刑罚，由委员多数同意决定。

（4）检察所。军法委员会设检察所，置检察所长一人，检察员四人。其任命方式与军法委员会同。检察所长承军法委员会主席或副主席之命，执行检察事务。检察所长得分配各种案件于各检察员进行检察，其检察结果须提交军法会议审定。军法会议对于已检察案件，认为欠明确者，有要求检察所再行检察之权。被告人罪状不成立时，其消案权在军法委员会之军法会议。

（5）总务处，管理关于军法委员会及检察所和卫队（直隶总务处长）等机关及人员之经济事宜。卫队负有保护本会委员、守护本会屋宇财产、维持秩序之责。

（6）拘留所，监禁各种犯人，拘留所长、副所长及卫队长秉承政治训练部主任及军法委员会主席或委员之命令，执行逮捕任务。拘留所长只服从军法委员会主席、副主席的命令，在未受军法委员会主席、副席之书面命令前，不得释放监押人犯。

《广西军法处办事细则》

1927 年 2 月 13 日发布，[①] 共 7 条

规定军法处办事程序分为以下四种：办理文件程序，审理案件程序，执行判决程序，管理看守程序。

（1）办理文件程序（略）。

（2）审理案件程序是：①本处受理人犯到案，须于羁押人犯簿内将人犯姓名、案由及到案月日，分别登记。②对到案人犯应随到随审，至迟不得逾 24 小时。③提审人犯须用本处盖章的提签，卫兵接到提签后，应即照办。讯毕即交卫兵带回还押。④审讯人犯，由录事一员录供，录毕先交出庭员查阅，再交被讯人看后签押。如被讯人不识字义及不能签名时，须由出庭员宣读，并令被讯人在名下加盖指模。⑤审讯各犯后，出庭员应具意见书，连同犯人供词，呈由处长核阅盖章，转呈军长党代表核示。⑥本处审讯人犯，得斟酌情形，禁止旁听。⑦因案情轻重，得由处长临时指定出庭人员，并核定有无会审之必要。⑧依照犯罪人身份，按陆军审判条例规定，由处长呈请军长党代表组织军法会审。

（3）执行程序是：①奉准枪决人犯，应由处长提堂，验明正身，标朱施行，并将罪状宣布。②执行枪决人犯，须由本处通知副官处，派员率队押赴刑场执行，并取具收条附卷。③奉准保释人犯，由本处核明后，呈军长党代表批准后，即将人犯提堂，交保开释，并通知卫兵放行。④以上人犯经宣判后，由书记员将执行日期、徒刑起止日期、开释日期，于人犯簿内分别注明。

---

① 此年月日是在汉口《民国日报》上全文公布的时间。

⑤收押人犯附有银钱枪弹各物品者，应交由军需处或军械处保管，俟案结后，决定没收或发还时，再由本处通知照办。并须取得收据存卷。

（4）管理看守所程序：①看守所人犯，由本处逐日轮派一员，督同卫兵司令负责管理。②看守所内，除要犯应具锁镣以防疏虞外，对其余人犯不加锁镣。③值日管理人犯饮食居住，均宜注意，不使有碍卫生或过于酷虐，以重人道。④管理员斟酌情形，令人犯出室运动，每次 30 分钟。⑤人犯有病者，通知军医处派员疗治，病情重者报请移出。⑥看守所内应备有日记簿，由管理员将人犯数目，本日经过情形，逐一登记。⑦值日员对于看守所内有应改良事项，须随时呈请办理。

8. 审判土豪劣绅委员会（特别法庭）

到 1927 年，在南方各省的农民运动中，相继成立了专门审判土豪劣绅的司法机关。湖南、江西称作"特别法庭"，湖北称作"审判土豪劣绅委员会"。

长沙《大公报》1927 年 1 月 16 日登载湖南省政府公布的《湖南省审判土豪劣绅特别法庭组织条例》12 条。规定设立县、省两级审判土豪劣绅特别法庭。县特别法庭由委员 3 人组成（包括县长、县市党部一人，并由县农民协会、县总工会、县商民协会、县教职员联合会、县学生联合会联合推选一人）。开审时以县长为主席。省特别法庭由委员 5 人组成（包括省政府 2 人，省党部 2 人，省农民协会、省总工会、省商民协会、省教职员联合会、省学生联合会联合推选 1 人）开庭时互选 1 人为主席。

湖北省政府参照上述条例，并根据该省的实际情况，于

1927 年 3 月制定了《湖北省审判土豪劣绅委员会暂行条例》10 条。这个条例包括审判委员会的组成和主要诉讼原则两部分。

湖北省设立省、县两级审判土豪劣绅委员会，皆由 10 人组成。其中人民团体的代表占有较大比例。即由省县两级的国民党党部、省县政府和农民协会各选派委员 2 人，另由工会，商民协会、妇女协会、学生联合会各选派 1 人组成。开庭时以县长或省政府派员为主任委员。由审判委员会委任书记 1 人。这一条例的特点，是将县农民协会置于特别重要的地位。如该条例规定："上举各人民团体有未成立者，其委员从缺。但无县党部及县农民协会之组织者，则不适用本条例"。

湖南、湖北的条例确定以下主要诉讼原则：

（1）审判合议制原则，即须有审判委员会的过半数同意，始得判决。如湖南规定县省"各委员会之审判，第一审须委员 2 人，第二审须委员 4 人同意，始得判决之"。湖北规定：县省审判委员会"须有过半数委员出席，其审判结果须有过半数出席委员同意，始得判决之"。

（2）公开审判原则。如湖北规定：省县两级审判委员会一律实行公开审判，并将判决书在报上公布。

（3）复核制和上诉制度。湖南规定："第一审判决后，五日内附具全案，报由第二审复核"。"第二审核准后，交县署执行。但认为有疑义时，应提案复审"。湖北则规定："不服县审判委员会判决者，得于五日不变期间内，向原审判委员会声请上诉，由原审判委员会录案详请省审判委员会复判之。如逾期不声请上诉者，即照判执行"。

9. 1927 年武汉国民政府关于法院体制的重大改组

1927 年初，武汉国民政府对法院体制决定进行重大改组。我国审判机关改称"法院"即始于此时。据《汉口民国日报》1927 年 1 月 7 日报道：《崭然一新之革命化的司法制度》① 其要点如下。

（1）改正法院名称和设置。

司法机关废止沿用行政厅名，改称法院。中央法院分为二级：①最高法院，②控诉法院（冠以省名）。地方法院也分为二级：①县市法院（冠以县市之名），②人民法院。最高法院设于国民政府所在地，控诉法院设于省城，县市法院设于县或市。但诉讼不发达的县，得并两县或三县设一法院。人民法院设于镇或乡村。原则上采用二级二审制，死刑案件以三审为终审。

（2）人民法院的审判职权。

民事。诉讼目的物价格自 300 元以下，以及其他现行法规规定归初级法院管辖的案件。

刑事。主刑为五等有期徒刑及拘役、罚金之犯罪；并户外窃盗罪及其赃物罪。

（3）县市法院的审判职权。

民事。诉讼目的物价格超过 300 元以上者，以及人事诉讼。

刑事。主刑自四等有期徒刑以上之犯罪。

以上两项判决案件为第一审。

（4）控诉法院的审判职权。

对于不服县市法院第一审判决之民事、人事及刑事诉讼案件，为第二审，即为终审。但死刑案件不在此限。

---

① 参阅《国闻周报》1927 年第 4 卷第 4 期所载《武汉国民政府新司法制度》。

对于反革命之内乱罪、外患罪及妨害国交罪为第一审。

（5）最高法院的审判职权。

对于不服县市法院第一审判决关于法律问题之民事、人事及刑事诉讼案件，为第二审，即为终审。对于不服控诉法院第一审判决之案件，为第二审，即为终审。

对于不服控诉法院第二审判决之死刑案件，为第三审，即为终审。

（6）废止司法官不党之法禁。明确规定："非有社会名誉之党员，兼有三年以上法律经验者，不得为法官"。法院用人，地方法院由司法厅长提出于省政府委员会任免。中央法院由司法部长提出于国民政府委员会任免。

（7）废止法院内设行政长官制。院内行政，组织院内行政委员会处理。院内行政，如收发、分案、宣判、分配事务、编造预算决算、会计保管、稽核公费、罚金、赃物、编制统计表册等，皆由院内行政委员会处理。

（8）各级法院内行政委员会之组成如下：①人民法院以审判官1人，参审员1人，书记官1人为院内行政委员。②县市法院以民事庭长、刑事庭长、检察官、书记官长为院内行政委员。③控诉法院及最高法院，均以民事庭长、刑事庭长、首席检察官、书记官为院内行政委员。

（9）废止检察厅，酌设检察官，配置法院内执行职务。检察官的职权是：①对于直接侵害国家法益之犯罪，及刑事被害人或其家属放弃诉权之非亲告罪，得向法院提起公诉；②关于应判处死刑的犯罪，得向刑事法庭陈述意见；③指挥军警逮捕刑事犯，并执行刑事判决；④其他法定职务。

（10）减少讼费及状纸费，征收执行费。提出讼费须减少

50%，状纸费须减少 60%，但对于确定判决执行之民事案件，要征收累进执行费。

此外，还规定采用参审制和陪审制，详见下题。

10. 1927 年《参审陪审条例》

武汉国民政府于 1927 年 1 月制定《参审陪审条例》① 32 条，其主要内容如下：

（1）人民法院除设审判官外，并设参审员参与法律及事实之审判。①关于党员诉讼，由人民法院所在地之党部所选参审员 1 人参审；②关于农民诉讼，由人民法院所在地之农民协会所选参审员 1 人参审；③关于工人诉讼，由人民法院所在地之工会所选参审员 1 人参审；④关于商人诉讼，由人民法院所在地之商民协会所选参审员 1 人参审；⑤关于妇女诉讼，由党部妇女部所选参审员 1 人参审。⑥关于不属于上列各团体之人民诉讼，即由党部所选参审员 1 人参审。前项团体外，如有由其他团体选出参审员参审之必要时，由国民政府司法部核定。

（2）县市法院及中央法院之审判，除设庭长及审判官行使审判权外，兼设陪审员，参与事实点之审判。陪审员 2 至 4 人，选出方法与前项同。同时应选出同数之候补当选人，每星期轮流执行职务。

参审员或陪审员，任期半年，每三个月改选半数。

（3）参审员陪审员资格：第一，凡有中华民国国籍之人民，具有下列资格者，得被选为参审员和陪审员：①有法律知识者；②在党部及农工商各会确有成绩者；③年龄在 25 岁以上 60 岁以下者。第二，有下列情形之一者，不得有选举权及被选举权：

---

① 《参审陪审条例》，《国闻周报》第 4 卷第 9 期，1927，《新法令汇辑》，第 4～6 页。

①曾在反革命军中服役，或曾加入反革命党派者；②土豪、劣绅、讼棍；③曾充旧日衙役者；④僧道或其他宗教师；⑤不以体力或脑力服劳，而坐收财产上之利益为生活者；⑥依中央党部或省党部以及中央政府之命令剥夺选举权及被选举权者；⑦聋哑盲人、无能力者，及精神病患者；⑧褫夺公权尚未复权者；⑨吸食鸦片者；⑩不识文字者。第三，下列人员停止其选举权及被选举权：①中央或地方政务委员；②在交通机关服务之职员；③现为审判官、检察官、军法官；④现任行政官吏；⑤现役海陆空军人；⑥现任警察官员或监狱官吏；⑦律师、公证人和承发吏。

（4）参审员、陪审员停止职务或回避的规定：①参审员或陪审员，因渎职或其他刑事被诉，确有重大嫌疑者，该管法院应停止其职务。②参审员或陪审员，有审判官应自行回避之情形者，应即回避，不得执行职务。③当事人对于参审员或陪审员有前条所揭情形而不自行回避，或认定其执行职务有偏颇之虞者，得声请其回避。

（5）参审员或陪审员的职权：①参审员或陪审员得查阅所参与案件之卷宗及证物。②经审判长许可，得直接对当事人、证人、鉴定人为必要之发问。③审判长于辩论终结后，审判评议开始前，得向参审员或陪审员说明本案法律上之论点、事实上之要点、及证据要领。④审判评议，由审判长会同参审员或陪审员于评议室进行。各员皆有权陈述意见进行评议。审判评议取决于多数；如审判官与参审员各仅一人，其意见不同时，该审判官有决定权；但参审员不服时，得声请该管法院之直接上级法院审定之。前项声请，应当场声明，并须于二日内提出声请书，在未经审定以前，应中止审判之进行。

以上武汉国民政府关于参审陪审的规定，与省港罢工委员会会审处及特别法庭关于陪审员的实施，开辟了我国陪审制度的先河。对日后建立陪审员制度，具有重要参考价值。

上述新司法制度颁布后，各地即按此规定逐步进行改革，司法部也有些补充规定。

1927年1月13日《汉口民国日报》报道：国民政府司法部开会，中央执行委员国民政府委员临时联席会议第七次会议决议案，湖北高等审检两厅，并为湖北控诉法院，武昌地方审检两厅，并为武昌县法院，将汉阳划归该院管辖，院内行政委员会亦经组成，于民国十六年一月一日实行。

1927年2月23日报道：最高法院广东分院，前经遵令改组成立。司法部长徐谦于2月7日委任各行政委员。已于9日举行就职典礼。

据《汉口民国日报》1927年3月25日报道，司法部在其发布的《司法行政计划及政策》中对筹建各级法院，提出以下工作计划：分期筹设最高法院及分院、各省控诉法院及分院分庭，并指导各省司法厅，筹备各县市法院及人民法院。在武昌建设最高法院，原广东的大理院已改为最高法院广东分院。各省商埠原有的高等地方审判检察各厅，已改并为控诉法院。县市法院正在着手改并，其计划是分四期进行：

第一期（第一年），应设立下列各种法院：①省会及商埠之人民法院。②人口繁盛交通便利地方之县法院。③就原有高等分厅，改为控诉分庭。

第二期（第二年），应设立下列各种法院：①人口繁盛交通便利地方之人民法院。②其他各县之县法院。③就原设控诉分庭改为控诉分院，并斟酌各省情形，添设控诉分院。④于边远省分，设立最高法院分院。

第三期（第三年），就人口一万以上之乡镇，设立人民法院。

第四期（第四年），应就人口二千以上之乡村普设人民法院。

11. 1927 年《新法制施行条例》

国民政府宣布法院体制进行重大改组后，为了解决过渡时期的案件管辖问题，司法部于 1927 年 3 月 6 日公布了《新法制施行条例》11 条。其要点是：

（1）新法制施行前起诉之民事案件，及已经开始侦查预审或审判之刑事案件，除本条例有特别规定外，应依新法制之审级裁判之。

（2）未设人民法院以前，县市法院得暂受理属于人民法院管辖之案件。未设法院地方之县司法委员，得暂行受理县市法院及人民法院管辖之案件。

（3）新法制施行前，业已上诉之民刑案件，如原审应属于人民法院管辖者，其第二审由县市法院审查之，其第三审由控诉法院审查之。前项审查时，应为左列之裁判：①原判法律事实相符者，为核准之判决。②原判事实相符而引律错误或判决失当者，为更正之判决。③有前款以外之情形者，为应行复审之裁决。前项复审判决后，不得上诉。

（4）新法制施行前业经上诉之民刑案件，如原审应属于县市法院管辖者，其第二审如已在县市法院或控诉法院审理中，应即继续审理，对此判决不得上诉。但死刑案件不在此限。前项上诉案件，尚未开始审理者，应依新法制之审级审判之。原审应属于县市法院管辖之民刑案件，如已经第二审判，并在新法制施行前，已声明上诉者，应准送最高法院裁判之。

（5）原审应属于县市法院管辖之民刑案件，如已经北京在反革命势力下之大理院为第三审裁判，并发还卷宗，其收受日期在各省区隶属于国民政府以后者，北京之非法裁判无效，应将该案送最高法院更新裁判。

（6）新法制施行前业经声请再议案件，由县市法院配置之首席检察官审查之。前项审查时应为左列之处分：①认声请无理者，应予驳斥。②认声请有理由，应移送管辖法院裁判。新发生之杀伤案件，其勘验由法院配置之检察官行之。但审判须由法院审判官行之。

（7）新法制施行前兼理司法之县知事判决的刑事案件，应送复判者，仍依向例办理。向例所定应由县知事行使职权之程序，以县司法委员行之。

（二）司法行政机关与司法行政法规

1. 司法行政机关的演变

在孙中山建立广州军政府时，没有设立专门的司法行政机关，经历了由内政部管理—大理院内设司法行政处—司法行政委员会—司法部的发展过程。

（1）1918 年由内政部管理。

1918 年 2 月 23 日，大元帅孙中山《批内政部呈令》[①] 指出：内政部呈请明令撤销地方行政长官监督司法，以维司法独立。查三权分立，约法具有明文。以行政长官监督司法，实为司法独立之障碍。军政府以护法为职志，自宜遵守约法上之规定。所请撤

---

① 《孙中山全集》第 4 卷，第 351 页。

销地方行政长官监督司法，应即照准。至司法行政及筹备司法事务，应暂由内政部管理。

（2）1921年由大理院长兼管，设立司法行政处。

1921年5月11日大总统孙中山发布命令：司法行政事务暂归大理院长兼管。

到1923年建立大元帅大本营时，明令规定由大理院院长兼任司法行政事务。在大理院内设置司法行政处，具体管理有关司法行政事宜。

（3）1926年1月成立独立的司法行政委员会。

广州国民政府成立后，于1926年1月21日决定成立独立的司法行政委员会。在其令文中指出：行政、司法两权，各官分立，实五权宪法所明定。前因军务紧急，百事草创，以大理院长兼管司法行政事务，不过一时权宜。现在庶政刷新，亟应将行政、司法两权划分，各设机关，以明权责。嗣后司法行政事务处，着即裁撤。国民政府于同日公布了《司法行政委员会组织法》，并宣布特派徐谦、伍朝枢、林翔、卢兴原为司法行政委员会委员，以徐谦为主席（未到任前以伍朝枢代理）

（4）1926年11月成立司法部。

1926年11月10日，国民政府令撤销司法行政委员会，正式成立司法部，并于11月13日公布了《国民政府司法部组织法》。

2.《司法行政委员会组织法》

1926年1月21日公布，共15条。

司法行政委员会直隶于国民政府，管理民事刑事非讼事件，户籍登记，监狱及出狱人保护事务，并其他一切司法行政。

司法行政委员会置委员5人，由国民政府特派之，承国民政府之命，管理本会事务监督所属职员所辖各官署。司法司政委员会对于省政府及各地方最高行政长官之执行本会主管事务有监察指示之责。司法行政委员会于主管事务，对于省政府及各地方最高行政长官之命令或处分，认为违背法令，或逾越权限者，得呈请国民政府予以停止或撤销。

司法行政委员会置秘书处，设秘书2人。秘书处的掌理事务如下：①关于法院之设置、废止及其管辖区域之分划变更事项；②关于司法官及其他职员之考试任免事项；③关于律师事项；④关于稽核罚金赃物事项；⑤关于本会经费并各项收支预算决算及会计事项；⑥关于司法经费及稽核直辖各官署之会计事宜；⑦管理本会所管之官产官物；⑧撰辑保存收发文件；⑨编制统计及报告；⑩记录职员之进退；⑪典守印信；⑫管理本会庶务及其他不属于各司之事项。

司法行政委员会置民刑事司，设司长一人，掌理如下事务：①关于民刑事事项；②关于非讼事件事项；③推检民刑事诉讼审判及检察之行政事项；④关于公证事项；⑤关于户籍登记事项；⑥关于赦免、减刑、复权及执行刑罚事项；⑦关于国际交付罪犯事项。

司法行政委员会置监狱司，设司长一人，掌理如下事务：①关于监狱之设置废止及管理事项；②关于监督监狱官事项；③关于假释、缓刑及出狱人保护事项；④关于犯罪人异同识别事项。

3. 《国民政府司法部组织法》

1926年10月国民党中央各省区联席会议通过的《国民政府发展决议案》，决定成立司法部。根据这一决定，制定了本组织法，于1926年11月13日公布，共10条。

国民政府司法部受国民政府之命令，管理全国司法行政，并指挥监督司法行政。

司法部置部长一人，管理本部事务，并监督所属职员及所辖法院。司法部长于主管事务，对于各省各地方最高级行政长官之命令或处分，认为不合法或逾越权限，得呈请国民政府取消之。

司法部内设秘书处及一、二、三处。置秘书长一人承司法部长之命，指挥秘书掌理秘书处事务，并撰核文稿及办理指定之事。各处设处长一人，承部长之命分掌各处事务。各处分科办事，得酌设科长、科员、并得任用法律技术人员及雇员。

秘书处掌理：①关于法院之设置、废止及管辖区域之分划变更事项；②关于司法及其他职员的任免、惩奖并考试事项；③关于本部官产官物事项；④关于收发及保存文件事项；⑤关于本部及各法院司法经费之预算、决算并会计事项；⑥关于典守印信事项；⑦关于本部庶务及其他不属各处事项。

第一处掌理：①关于民事事项；②关于非讼事件事项；③关于民事诉讼审判之行政事项。

第二处掌理：①关于刑事事项；②关于刑事诉讼审判及检察之行政事项；③关于赦免、减刑、复权及执行刑罚事项；④关于国际交付罪犯事项。

第三处掌理：①关于监狱之设置、废止及管理事项；②关于监督监狱官吏事项；③关于假释缓刑及出狱人保护事项；④关于犯罪人识别事项；⑤关于律师事项；⑥关于罚金赃物事项；⑦关于统计表册事项。

4. 《法官学校规程》

1924 年 11 月 28 日大元帅孙中山核准备案，共 10 章 31 条。章名是：总纲、分科、修业年限、入学资格、学费、试验、毕业待遇、组织、经费、附则。

本校以养成精通法理，适合国情及世界潮流之司法人材为宗旨。本校设在广州，直隶于广东高等审检两厅。分设特别科和普通科。特别科分民刑事及刑事检察两班。普通科酌照现行法政专门学校规程办理。特别科修业三学期，一年半毕业。普通科修业六学期，三年毕业。

入学资格。有下列资格之一者，得应考本校特别科：①在专门以上学校修习法政之学三年以上者；②在法政讲习所一年半以上毕业，曾在法院供职满二年以上者；③在各种专门学校毕业，曾在法院充当书记官三年以上者。有下列资格之一者，得予免试：①现任及曾任各厅候补推检者；②修习法政之学三年以上，曾任法院书记官二年以上者；③现在各厅学习或实习推检事务一年以上者；④曾在本校普通科毕业者。有下列资格之一者，得应考普通科：①在中学以上毕业者；②有与中学毕业相当学力，曾在各官署供职一年以上者。

组织。设校长一人，直隶于广东高等审检厅，由高等审检厅令派，总理全校事务。下设教务处和总务处。延聘教员若干人。设评议会，议决本校根本计划事宜。评议员由校长聘任。

课程。特别科所学课程是：民事审判实务、刑事审判实务、民诉判例及实务、刑事判例及实务、民法总则及判例、债权及判例、物权法则及判例、亲属法则及判例、继承法则及判例、商事法则及判例、登记法则及实务、公证法则及实务、法院行政法则及实务、破产法规及实务、证据法规及实务、强制执行法实务、刑法及判例、特别刑法及判例、比较刑法学、审判心理学、法医学、刑事政策学、监狱法规及实务、中华民国建国大纲、社会经济学、比较法学、社会学、犯罪学、采证学、工场法规。普通科所学课程，参照现行法政专门学校课程另定。

考试与毕业待遇。考试分为临时、学期、毕业三种。特别科考试以 70 分为及格，普通科考试以 60 分为及格。

特别科学生毕业考试及格者，由校长呈送高等审检厅，以推检任用。普通科学生毕业考试及格者，得免试升入特别科修业。不愿升级者，由校长呈送高等审检厅，分别录用。

5.《法官考试条例》

1926 年 5 月 24 日国民政府公布，共 4 章 28 条。章名是：总纲、典试委员会、考试、附则。

第一，应试资格与免试条件。

（1）中华民国人民年满 22 岁以上，有下列各款资格之一者，得应法官考试：①在本国国立大学或专门学校修法政学科三年以上毕业，得有毕业证书者。②在外国大学或专门学校修法政学科三年以上毕业，得有毕业证书者。③在经政府认可之本国公私立大学或专门学校修法政学科三年以上毕业，得有毕业证书者。④在国内外大学或专门学校学习速成法政学科一年半以上毕业，并曾充推事、检察官一年以上或曾在第一款或第三款所列各学校教授法政学科二年以上，经报告政府有案者。⑤在本条例施行前，曾应法官考试及格者。

（2）凡具有下列资格之一者，经法官考试典试委员会之审查认可，得免应考试：①在国内外大学或专门学校修法律之学三年以上毕业，并曾在国立大学或专门学校教授主要科目任职三年以上者。②具有前条资格之一，曾任司法官或办理司法行政事务继续三年以上，具有成绩，经该管长官认为属实出具证明书者。③曾在法官学校、高等研究部修业期满，得有毕业证书者。

（3）有下列各款情事之一者，虽具有前二条资格，不得应法官考试及免试：①曾受五等以上有期徒刑之宣告者。②受禁治产或准禁治产之宣告尚未有撤销之确定裁判者。③受破产之宣告后尚未有复权之确定裁判者。④有精神病者。⑤亏欠公款尚未清结者。⑥其他法令有特别规定者。

第二，法官考试录取之等第与补缺。

法官考试取录等第分为甲乙丙三等。①甲等。考试分数平均在 85 分以上者为甲等。取录甲等者，以推检遇缺先补。②乙等。考试分数平均在 70 分以上者为乙等。取录乙等者以候补推检遇缺先补。③丙等。平均分数在 60 分以上者为丙等。取录丙等者，以书记官遇缺先补。免试人员，由司法行政委员会审查资格分别擢用。

第三，典试委员会。

（1）法官考试典试委员会以下列各员组成：①典试委员长，掌理考试事务，监督典试、襄校各委员。委员长有事故时，得以首席典试委员代理。②典试委员、襄校委员，受委员长之监督，管理考试事务。③监试委员，管理监试事务。

（2）典试委员长，由司法行政委员会于司法行政委员会委员、大理院长、总检察厅检察长中遴选一人，呈请国民政府简派。

（3）典试委员若干人，由司法行政委员会于司法行政委员会司长，大理院庭长及总检察厅首席检察官，法制编审委员会委员，高等审判厅厅长，高等检察厅检察长，广州地方审判厅厅长，广州地方检察厅检察长以及其他具有相当法律学识人员中遴选，呈请国民政府简派。襄校委员由司法行政委员会于司法行政委员会荐任各职员，大理院推事，总检察厅检察官，高等审判厅推事及高等检察厅检察官，各属地方审判厅厅长及检察厅检察长，其他具有相当法律学识人员中遴选，呈请国民政府派充。

（4）监试委员由司法行政委员会咨由监察院遴选，呈请国民政府派充。

第四，考试方法与科目。

（1）考试，分为笔试和口试两种。笔试及格者，得应口试。

（2）笔试科目：①三民主义②五权宪法③宪法史④行政法⑤刑法⑥国际公法⑦民法⑧商法⑨民事诉讼法⑩刑事诉讼法⑪国际私法⑫拟公判请求书⑬民刑事判决书⑭公文程式。

（3）口试科目：①民法②商法③刑法④民刑诉讼法⑤普通社会状况。

笔试、口试均以考试各科目平均满60分以上为及格。

《法官考试条例》颁布后不久，广东大学校长褚民谊向国民政府提出呈文，请求修正法官考试条例，以便使该校法科毕业人员与法官学校同样取得法官资格。此事经司法行政委员会会议讨论决定：法官学校毕业学生之有免试法官资格，系基于该校规程先有规定其取得免试法官之资格，即犹如法科毕业学生取得学士学位。待遇虽殊，而事理则一，不能援例，易地皆然。原呈所陈既无充分理由，自未便准予修正条例。最后国民政府于1926年7月1日令批国立广东大学校长褚民谊："据此自应依议办理，仰该校长即便转饬知照。"

6.《司法行政委员会法官政治党务训练班规程》

1926年10月4日公布，共11条。

（1）本班按照司法行政方针，以训练司法人员深明党化司法适应革命需要为宗旨。凡国民党党员有下列资格之一者，填具志愿书后，得入本班为学员：①有应征资格条陈根本改造司法意见书，经审查认为有见地者；②现任推事、检察官、书记官经司法行政委员会调受训练者（除广州市外其他各地所遗职务由司法行政委员派员暂代）；③曾在法政专门学校以上学习法律三年以上取得毕业证书，经司法行政委员会主席指定者。

（2）每期学员以60～100名为限，不收学费。两个月为一期，每周授课24小时。本班所授科目是：①世界最新宪法；②苏俄司法制度；③苏俄民刑法概论；④世界政治经济状况；⑤中国政治经济状况；⑥孙文主义；⑦国民党史；⑧本党宣言及训令；⑨政治训练；⑩各种民众运动；⑪各国革命史；⑫帝国主义史；⑬社会主义概论；⑭革新司法计划；⑮革命与司法；⑯法官实务问题。前项科目于必要时得予增改。

（3）学员期满及格者，由司法行政委员会发给训练及格证书。毕业学员成绩优良者，现任推检，准供原职，或予以升调。其余人员由司法行政委员会分别授予"推检试署"。试署期限为六个月。成绩优良者，分别荐任。

（4）本班设主任一人，总管全班事务及教授事宜。由司法行政委员会主席指派教授若干人，分别讲授各学科。由主任商请司法行政委员会主席函聘之事务员若干人分掌各种事务，由主任委任。

7.《律师暂行章程》

1923年7月19日大元帅指令公布。

广州革命政府对律师法规极为重视，最早曾由大理院院长徐谦主持修正公布。大元帅府成立后，大理院长兼管司法行政事务赵士北再次修正。他在1923年7月16日向大元帅的呈文中提出：近日迭接各方请领律师证书，纷至沓来，亟应规复旧制，准其照章请领。但前订律师章程没有"律师公会"专章，并"资格"各条间与现在南方政府情形也有不合，理应予以增删修订，现将修正律师章程折呈鉴核。

大元帅孙中山于同年7月19日发布第331号指令："准如所拟办理"。该章程共8章38条。章名是：职务、资格、证书、名簿、义务、公会、惩戒、附则。

（1）律师职务。律师受当事人之委托，或法院之命令，得在通常法院执行法定职务，并得依特别法之规定，在特别审判机关行其职务。律师受当事人之委托，为契约、遗嘱之证明，或代订契约等法律文件。

（2）律师资格。第一，律师应具有下列资格：①中华民国人民满二十岁以上之国民。②依律师考试合格，或依本章程有免试之资格者。第二，有下列资格之一者，不经考试得充律师：①在外国或本国大学修业三年以上，得有毕业文凭，并专修法律之学得有学位者，或在外国修法律之学得有律师文凭者。②在外国或本国大学，或经政府认可之公立私立法律或法政学校修业三年以上，得有毕业文凭，并曾充司法官一年以上，或办理司法行政事务三年以上者。③具前项上段之资格，曾充国立或经政府认可之公立私立大学，或专门学校之法学教授三年以上者。④依本章程充律师后，经其请求撤销律师名簿之登录者。⑤在本章程施行前，领有司法律师证书者，但在护法政府成立之后，如领有北京司法部律师证书者，须另领证书，照章纳费。第三，有下列情形之一者不得充律师：①曾处法定五等有期徒刑以上之刑者，但国事犯已复权者不在此限。②受破产之宣告确定后，尚未复权者。

（3）证书与名簿。经考试合格或有免试资格者，得依本章程请领律师证书，但应纳证书费一百元，印花税费二元。

司法总长发给律师证书时，应将该律师列入总名簿。律师名簿须载明：姓名、年龄、籍贯、住址、律师证书号码、事务所、登录年月日、惩戒。领有证书之律师，得声请指定一高等审判厅管辖区域行其职务。

（4）律师义务。①律师执行职务时，不得兼任官吏或其他有俸给之官职；但充国会、地方议会议员，学校讲师，不在此限。②律师受诉讼事件之委托后，而不欲承诺者，应通知委托人，否则应赔偿因此所生之损失。③律师不得故意延滞诉讼之进行，如因懈怠过失，或不谙习法令程式致委托人受损失时，应负赔偿之责。④律师应于执行职务之法院所在地置事务所，并应报告所在地之法院。

（5）律师公会。律师非加入律师公会不得执行职务。律师公会受所在地方检察长或高等分厅监督检察官之监督。律师公会置会长，副会长和常任评议员。律师公会得提议决定下列事项：①法律命令及律师公会会则所规定之事项。②司法总长或法院所咨询之事项。③关于司法事务或律师共同之利害关系，建议于司法总长或法院之事项。④律师公会或常任评议员之会议，有违反法令及律师公会会则者，司法总长或高等检察长得宣示其决议无效或停止其会议。

（6）惩戒。律师有违反本章程及律师公会会则之行为者，律师公会会长应依常任评议员或总会之决议，声请所在地方检察长将该律师付之惩戒。地方检察长受理前项声请后，应即呈请高等检察长，提起惩戒之诉于该管高等审判厅。惩戒处分分为以下三种：①训诫。②停职一月以上二年以下。③除名。受除名处分者，非经过四年不得再充律师。被惩戒人或高等检察长，对于惩戒裁判有不服者，得向司法总长提出复查之请求。本章程关于司法总长之职权，由兼管司法行政事务之大理院长行使。

为了按照《律师暂行章程》甄拔律师，大元帅还在 1923 年 12 月 7 日发布第 676 号指令，公布了《甄拔律师委员会章程》。

8. 关于监所的规定

（1）关于清理庶狱。

早在 1921 年 10 月 5 日，大总统孙中山曾明令清理庶狱，后因粤乱发生，未得实行。到 1923 年 4 月 6 日，孙中山又以大元帅名义发布第 62 号训令。决定由大理院督率广东高等审检两厅及所属各厅庭，各派专员清理现有监狱中执行刑罚之罪犯，分别情形作如下处理：①择其情有可原者，呈请减刑。②所有羁押民事被告人，无论有无保人，均应一律释放。③对刑事被告人，凡证据不充分者，或系应处五等有期徒刑以下之刑者，凡案经上告卷宗于上年变乱中损失，一时难结案者，应取保释出候审。④督促所属，以后务遵刑事审限，并依法励行缓刑、假释、责付保释。同时还决定，凡军事犯及受行政处分而羁押者，或因犯已废止之《治安警察法》而被惩治者，应由各军事长官及广东省长遵照前令分别办理，统一限定在三个月内办理完竣具报，勿稍延玩。

（2）关于减刑省释。

接着孙中山于 1923 年 5 月 21 日，又以大元帅指令第 192 号，令大理院长兼司法行政事务赵士北，重申清理庶狱的原则，指出：此次申令清理庶狱，重在平反冤狱，省释无辜。凡在疑狱，从宽免刑。轻罪可原，迅予开释。至于减刑一节，除真正命盗要案外，宜详加审查，视其情罪之轻重与在监狱执行刑罚久暂，分别等差，呈请减免。

在 1923 年 4 月 10 日《大本营公报》上，曾刊登孙中山发布的一道训令，涉及一件典型案例的处理。其主要案情是，华侨潘嘉集资返国在广州河南开设一织造厂。不料在 1922 年 5 月 13 日夜，强徒在墙外挖洞而入，被厂中工伴陈、胡、潘三人发现，急以铁棍木棒与挥刀横来的匪徒抵御，将其戳伤而逃，该匪徒在中途因伤重倒毙。当时正值大总统蒙难离粤，由陈炯明窃权的司法界判处拒盗三工伴有期徒刑各一年（已被押八个月）。孙中山回粤后，华侨潘嘉于1923年3月上书孙中山，要求将三工伴特赦出狱。孙中山在训令中指出："查陈、胡、潘三名，事出自卫，情有可原，业经执行徒刑数月，应予从宽减刑省释。仰该院（大理院）长转饬该管检察厅遵照办理。"

（3）总政治部提出《改良粤省监狱计划》。

1926年11月29日，由总政治部负责召开后方政治工作联席会议第十三次会议，特议决呈请国民政府清理广东全省庶狱，并依照核准此项清理整顿计划，通令国民政府治下，各省遵照施行。

根据广州市公安局对广州看守所、南石头惩戒场、南海、番禺两县监狱、广州分监与看守所以及公安局拘留所等地的调查，除南石头惩戒所稍形优异外，其余均弊窦丛生，例如：久不审讯，克扣囚粮、待遇残酷，侵蚀囚款，空气龌龊，狱所潮泾，重染成病，还有随意严加镣铐，任其冻馁，停滞书信，断绝音信，不胜枚举。

会议采纳各方呈报意见，提出以下改革要求：①清理监狱，凡久押未决之人犯当饬各该管分别情况，及时处理，早释无辜。②增加囚粮。一方派员检查囚犯之饮食，一面严惩克扣囚粮者，③改良待遇，革除一切非法陋规。④注重卫生，添置浴场厕所。⑤增设工艺，按日操作。⑥设教化班，按时上课，变化其原质而生向上之志愿。⑦建设新狱，以资安置更多囚犯。

（4）司法部关于整顿监所的计划。

司法部在1927年3月25日发布的《司法行政计划及政策》

中，关于整顿监所工作，提出以下计划：

监狱分为国立及省立两种。所有原设新监及将来以中央经费建设之监狱，为国立监狱，由司法部管辖。所有旧式监狱，及将来以地方经费建设之监狱，为省立监狱，由各省司法厅管辖。所有看守所，亦由各省司法厅管辖。

监所法令，于半年内修订公布。

采用最新式方法，对于在狱囚人施以管理及教诲。

看守所注重建筑之方法及卫生清洁，并严禁滥押。

9. 司法部制定《司法行政计划及政策》

1927 年 3 月 25 日发布。①

（1）政策。依照去年九月间中央政治会议议决之司法行政方针，实行党化革命化司法，夺回军阀官僚及存留乡村封建势力所操纵之司法权，并以司法为工具，拥护农工利益及保护被压迫之妇女。

（2）计划。①严惩土豪劣绅，批准各省分别情形，规定惩办土豪劣绅条例，并准设立人民审判委员会作为特别审判机关，审理土豪劣绅案件。②分期筹建各级法院。③整顿监所。以上几项，分别参见相关部分。

（3）编订各种司法法规。

由司法部设立改造司法法规审查委员会，延聘专门人才，分别拟订各种法规草案。根据 1927 年 3 月 22 日《汉口民国日报》登载的《改造司法法规审查委员会组织条例》的规定，改造司法法规审查委员会，设主任审查委员一人，专任审查委员九人，由司法部长委派。另设兼任委员无定额。各委员就所担任起草或

---

① 此为汉口《民国日报》发布日期。

审定事项，应按预定期间编竣，提交其他委员审查。审查期限由委员会议决定。前条审查完毕，再由委员会议决定为草案。当时由改造司法法规审查委员会拟制了以下法规草案，准备提交中央政治会议决定：①法院组织法案，于一月内草定。②民事诉讼法、刑事诉讼法各案，于三月内草定。③刑法、亲属法、继承法各案，于六月内草定。④民法总则及债权法各案，于八月内草定。⑤物权法、公证法各案，于一年内草定。⑥商法附订于民法内，其不能附入者，为单行条例，随时草定。此外还规定：一、于最短期间内，会同各主管机关，拟订关于保护农工之法规及其他关于土地之法规。二、扩充法官党务政治训练班名额，增设监狱及司法吏警察各班，于本年暑假后实行。三、确定司法经费：①所有司法收入，作为特别会计，为改造司法经费。②中央法院及国立监狱临时费及经常费，由司法部提出预算，经通过后，应由财政部按时实发。四、推广登记①规定土地所有权移转变更及地上权等各项登记。②于民商法律完全公布后，增设人事及商业登记。

10. 司法部长徐谦《报告司法改良近况》

1927年3月30日《汉口民国日报》发表此文。这是徐谦部长在第13次宣传会议上的报告，可以看作是对武汉国民政府进行司法改革的总结。

（1）司法革命，成为革命司法。

政治要革命，司法是政治的一部分，所以司法也应该革命。今分述其须革命的几个要点：

首先，法规的革命。在反动势力的范围，姑且不论，即在革命的区域内，也只是旧的习惯，旧的法律。如司法原则"不告不理"就是明证。自辛亥革命后，所有的法规，如民法、刑法及手续法，都依然沿用旧的。这些法规都是采用自日本及欧洲大陆，完全是帝国主义、资本主义及封建制度的保障，故应革新。其次，因为以前的司法机关都是由不革命者来组织的。司法机关若不革命，则司法法规虽革命了，也是不行，故司法机关也应革新。最后，司法人员是司法法规及司法机关的应用者，司法人员如不革命，则法规和机关虽革命了，终成不革命的。因此，人员要革新，才可以实行革命的理论。

司法法规分为实体法（民法、刑法）及手续法（诉讼法）等等。旧法律是禁止革命的，他根本就不承认革命，只有用革命手来推翻之。把旧法律根本取消是很容易的事，但是没有新的代替不行，因为革命司法要用法来革命，就是要用新法来代替旧法。但法规繁冗，一天能推翻他，可一天不能另造个法规来代替。不过我们有一个原则，可以拿党义来做我们法的最高原则。合乎党义的，虽旧亦沿用之，否则虽新亦随时废止之。如刑法同盟罢工有罪，在资本主义国家，同盟罢工杀伤才有罪，而中国则同盟罢工即有罪。可见中国法规比资本主义国家法规专制尤甚。故应立即废除。余如解散集会结社等规定，都应废除之。如民法，凡人皆应平等，但规定男女不平等的"特别身份"，亦应废除。

诉讼法，以前所有的复杂手续应予废除，现只为人民的利益而规定，人民诉讼是人民之权利，无论刑事民事人民都是有诉讼权利的。但过去的民事诉讼用金钱加以限制，如不缴纳讼费则不能诉讼。故民事诉讼法不革命不行。旧的刑事诉讼权，在帝国主义势力之下，只有国家来诉讼，人民则没有，这种剥夺人民的刑事诉讼权的法规，应即废除。

法院组织法，也应革命，第一要党化，第二要民众化。以往的司法，都抄袭欧美大陆的制度，如"四级三审制"，"法官独立"，"法官不党"。而司法权全由国家行使，都为官僚操纵，民众完全没有参与权利。现在要打破法官不党，要党化，要有学识的党员去做法官。故司法一面独立，一面要听党指挥。以前的"四级三审制"，实际变成多审，手续繁多，讼费亦多，并且荒废职业，人民受尽讼累之苦。现在司法机关进行重大改组，实行"两级终审"原则，便利人民。至于司法人民化，则实行参审制、陪审制。各人民团体得参加有关案件的审判，另有陪审员制度。关于司法人民的培训问题，已在广州开办过法官党务训练班，现正在湖北开办。

（2）镇压反革命。

我们要知道，只有革命的自由，没有反革命的自由。镇压反革命，一要有镇压反革命的法律。二要有镇压反革命的机关。反革命罪，有内乱罪、外患罪及内乱兼外患罪，还有反革命团体的宣传罪等，都须用革命军来镇压。但封建势力土豪劣绅等，则须用革命司法来镇压。普通的，以控诉法院为第一审，最高法院为第二审。特别的，则由人民审判委员会及革命军事裁判所来审判。

（3）废除不平等条约与司法各点。

要民族平等，就要废除不平等条约，但若在革命成功后才能废除，那就太迟了。故在革命区域内，就不承认不平等条约。如外人陪审就要改正。会审公堂本是慢慢形成的。由观审而陪审，由陪审而竟由外人主审，最后变为外国人的会审公堂，现在必须改正。在外人为被告者，如最近神电轮船一案，已由外交部、交通部、司法部派员组织审判委员会，以司法部为审判主席，审判此案。结果，亚细亚公司业已承认这一审判。他如不承认，我们便停业其内河航行权。现在政治委员会已决定，华洋案件，交中国法院审判，不准外人观审。

作 者 简 介

　　张希坡　男，汉族，1927 年 10 月出生，山东省章丘人。中国人民大学法学院教授。1947 年 2 月于东北解放区参加工作，曾任宝清县人民法院副院长。1951 年 8 月至 1953 年 8 月为中国人民大学法制史研究生。1953 年至 1964 年任中国人民大学法制史教研室副主任、主任。1964 年 8 月至 1986 年 8 月任中国人民大学法律系副主任。

　　主要从事中国近现代法制史研究，专著有：《马锡五审判方式》、《革命根据地劳动立法史》、《革命根据地经济立法史》、《中华人民共和国刑法史》、《中国婚姻立法史》等。主编有：《中国革命法制史》、《中华民国开国法制史——辛亥革命法律制度研究》、《中国法制通史·新民主主义政权》（第 10 卷）等。主要论文有：《应当恢复〈中华民国临时约法〉的条文原貌》、《还〈劳动法案大纲〉的本来面目——评〈中共中央文件选集〉所印该大纲的主要问题》、《对李新等著〈伟大开端〉一个编者按的质疑》、《我国人民民主专政和人民代表大会制度的演进》、《中国共产党开创了社会主义中华法系的新纪元》等。

中国法制史考证续编·第十二册（全十三册）

中国近代法律文献与史实考

主　　编／杨一凡

著　　者／张希坡

出 版 人／谢寿光

总 编 辑／邹东涛

出 版 者／社会科学文献出版社

地　　址／北京市西城区北三环中路甲 29 号院 3 号楼华龙大厦

邮政编码／100029

网　　址／http：//www. ssap. com. cn

网站支持／(010) 59367077

责任部门／人文科学图书事业部 (010) 59367215

电子信箱／bianjibu@ ssap. cn

项目经理／宋月华

责任编辑／魏小薇

责任校对／吴小云

总 经 销／社会科学文献出版社发行部

　　　　　(010) 59367080　59367097

经　　销／各地书店

读者服务／市场部 (010) 59367028

印　　刷／三河市文通印刷包装有限公司

开　　本／787mm×1092mm　1/16

印　　张／25.75（全十三册共 365 印张）

字　　数／306 千字（全十三册共 4351 千字）

版　　次／2009 年 8 月第 1 版

印　　次／2009 年 8 月第 1 次印刷

书　　号／ISBN 978-7-5097-0821-7

定　　价／4600.00 元（全十三册）

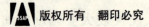